BEITRÄGE ZUR GESCHICHTE OSTEUROPAS

HERAUSGEGEBEN VON

DIETRICH GEYER UND HANS ROOS

BAND 10

DIE RUSSISCHE AGRARREFORM VON 1861

Ihre Probleme und der Stand ihrer Erforschung

von

PETER SCHEIBERT

1973

BÖHLAU VERLAG KÖLN WIEN

Satz und Druck: Neudruck KG, Köln
Buchbinderische Verarbeitung: Klemme & Bleimund, Bielefeld
Printed in Germany
ISBN 3 412 01073 1

INHALT

Walter Schlesinger

zum 65. Geburtstag

verehrungsvoll zugeeignet

VORWORT

Im Vorliegenden sollte eigentlich nur über die neueren Forschungen in der Sowjetunion zu diesem zentralen Thema der neueren Sozialgeschichte des Russischen Reiches berichtet werden; doch zwang nicht nur die Fülle der Arbeiten zu größerer Ausführlichkeit, als sie in einer Zeitschrift eingeräumt werden konnte, sondern mancherlei Überlegungen knüpften sich an, die den unbefangenen, landwirtschaftlich etwas vorbelasteten Betrachter veranlaßten, quer zu den Argumentationsketten der sowjetischen Kollegen zu fragen, d. h. vor allem von der damals gegebenen Rechtslage und dem Erfahrungshorizont jener Zeit her zu argumentieren.

Aus mancherlei Gründen, die der Autor nicht zu vertreten hat, hat sich die Drucklegung längere Zeit hingezogen, so daß vor allem die regionale Literatur, die außer in Wien vor allem in Moskau zu einem Teil erreichbar war, nur bis etwa 1968 hat verwertet werden können. Vor allem konnte das grundlegende Werk von B. G. L i t v a k, Russkaja derevnja v reforme 1861 goda. Černozemnyj centr 1861—1895 gg. Moskau 1972 nur mehr als Anhang eingearbeitet werden. Daß die oft wertvollen maschinenschriftlichen sowjetischen Kandidatendissertationen dem ausländischen Interessenten vorenthalten werden, sei angemerkt, schon um eventueller Polemik einigen Wind aus den Segeln zu nehmen.

Dem Herausgeber und der Redaktion der „Jahrbücher für Geschichte Osteuropas" sei herzlich und mit einiger Beschämung gedankt, daß sie so viel Arbeit in ein Unternehmen gesteckt haben, das ihnen schließlich nicht zugute komm& konnte. Herr Kollege Geyer hat sich des Manuskriptes selbstlos angenommen und damit den Autor tief verpflichtet.

Marburg, 10. September 1973

PETER SCHEIBERT

ABKÜRZUNGEN

Blum	J. Blum, Lord and Peasant in Russia from the ninth to the nineteenth Century. Princeton 1961, X, 656 S.
Confino, 1963	M. Confino, Domaines et seigneurs en Russie vers la fin du XVIIIe siècle. Etude de structures agraires et de mentalités économiques. Paris 1963, 311 S.
Confino, 1969	M. Confino, Systèmes agraires et progrès agricole. L'assolement triennal en Russie aux XVIIIe — XIXe siècles. Etude d'économie et de sociologie rurales. Paris-Den Haag 1969, 495 S.
Emmons	T. Emmons, The Russian Landes Gentry and the Peasant Emancipation of 1861. Cambridge 1968, XL, 484 S.
Ežegodnik	Ežegodnik po agrarnoj istorii Vostočnoj Evropy, 1958 ff (zitiert nach dem Jahr des Symposiums, in Klammern das des Erscheinens).
Genkin	L. B. Genkin, Pomeščič'i krest'jane Jaroslavskoj i Kostolrmskoj gubernii pered reformoj i vo vremja reformy 1861 goda. t. 1. Jaroslavl' 1947, 202 S. (= Učenye zapiski. Jaroslavskij gosud. pedag. institut t. 12/22).
Indova	E. I. Indova, Krepostnoe chozjajstvo v načale XIX v. (po materialam votčinnogo archiva Voroncovych). Noskva 1955, 197 S.
Iz istorii	Iz istorii krest'janstva XVI—XIX vekov. Sbornik statej. Moskva 1955, 176 S. (= Trudy gosudarstvennogo istoričeskogo muzeja, vyp. 27).
Kornilov	A. A. Kornilov, Očerki po istorii obščestvennogo dviženija i krest'janskogo dela v Rossii. SPbg. 1905, 473 S.
Koval'čenko, 1959	I. D. Koval'čenko, Krest'jane i krepostnoe chozajstvo Rjazanskoj i Tambovskoj gubernii v pervoj polovine XIX veka. Moskva 1959, 275 S.
Koval'čenko, 1967	I. D. Koval'čenko, Russkoe krepostnoe krestjanstvo v pervoj polovine XIX veka. Moskva 1967, 399 S.
Kovan'ko	P. L. Kovan'ko, Reforma 19 fevralja 1861 goda i ee posledstvija s finansovoj točki zrenija (Vykupnaja operacija 1861 g — 1907 g.). Kiev 1914, 484, 81 S.
Krest'janskaja reforma. Sbornik	Krest'janskaja reforma v Rossii 1861 goda. Sbornik zakonodatel'nych aktov. Moskva 1954, 499 S.
Krest'janskoe dviženie ...	Krest'janskoe dviženie v Rossii v ... gg. Sbornik dokumentov (ed. M. N. Družinin). Moskva 1963 ff.

Krest'janskoe dviženie, 1949	Krest'janskoe dviženie v 1861 g. posle otmeny krepostnogo prava, čč. 1—2. Donesenija svitskich generalov i fligel'-adjutantov, gubernskich prokurorov i uezdnych strjapčich. Moskva, Leningrad 1949.
Ljaščenko	P. I. Ljaščenko, Očerki agrarnoj ėvoljucii Rossii, t. 1—2. SPbg. 1908—1913.
Materialy	Materialy po istorii sel'skogo chozjajstva i krest'janstva SSSR. Moskva 1959 ff.
Morochovec	E. A. Morochovec, ed. Krest'janskoe dviženie 1827—1869 godov. t. 1—2, Moskva 1931.
Naučnye doklady	Naučnye doklady vysšej školy. Istoričeskie nauki Moskva 1958 ff.
Ostrouchov	P. A. Ostrouchov, Obchod s chlebovinami a pohyb cen chlebovin na Nižnenovgodském výročníu trhu od r. 1827 do r. 1860. Prag 1927, 44 S. (= Rozpravy česke akademie ved a umení, tř. 1, č. 73).
Otmena krepostnogo prava	Otmena krepostnogo prava. Doklady ministrov vnutrennych del o provedenii krest'janskoj reformy 1861—1862. Moskva, Leningrad 1950, 311 S.
Peršin	P. N. Peršin, Agrarnaja revoljucija v Rossii. Kn. 1, Ot reformy do revoljucii. Moskva 1966, 489 S.
Povališin	A. Povališin, Rjazanskie pomeščiki i ich krepostnye. Očerki iz istorii krepostnogo prava v Rjazanskoj gubernii v XIX stoletii. Rjazan' 1903, (443) S.
Revol. situacija	Revoljucionnaja situacija v Rossii v 1859—1861 gg. Moskva (nicht numeriert, zitiert nach dem Erscheinungsjahr).
Rubinštejn	N. L. Rubinštejn, Sel'skoe chozjajstvo Rossii v vtoroj polovine XVIII v. Moskva 1957, 494 S.
Ščepetov	K. N. Ščepetov, Krepostnoe pravo v votčinach Šeremetevych (1708—1885). Moskva 1947, 377 S. (= Trudy Ostankinskogo dvorca-muzeja, t. 2.)
Semenov	N. P. Semenov, Osvoboždenie krest'jan v carstvovanie Imperatora Aleksandra II. Chronika dejatel'nosti kommissii po krest'janskomu delu. T. 1—3,2 SPbg. 1889—1892.
Semenov-Tjan-Šanskij	P. P. Semenov-Tjan-Šanskij, Memuary. T. 3—4 SPbg. 1915. 1916.
Sivkov	K. V. Sivkov, Očerki po istorii krepostnogo chozjajstva i krest'janskogo dviženija v Rossii v pervoj polovine XIX v. (Po materialam archiva stepnych votčin Jusupovych.) Moskva 1951, 250 S.
Skrebickij	A. Skrebickij, Krest'janskoe delo v carstvovanie Imperatora Aleksandra II. (4 Bde in 5). Bonn 1862—1868.
Statut des paysans	Le Statut des Paysans libérés du servage. 1861—1961. Recueil d'articles et de documents, ed. R. Portal. Paris, Den Haag 1963, 310 S.

S t r u v e   P. B. S t r u v e , Krepostnoe chozjajstvo. Issledo-
                      vanija po ėkonomičeskoj istorii Rossii v XVIII i
                      XIX vv. Moskva 1913, IX, 340 S.
Tezisy   Tezisy dokladov i soobščenij ... sessii simpoziuma po
                      agrarnoj istorii Vostočnoj Evropy. 1959 ff.
Velikaja reforma   Velikaja reforma. Russkoe obščestvo i krest'janskij
                      vopros i prošlom i nastojaščem, t. 1—6, Moskva 1911.
Vestnik IX   Vestnik Moskovskogo universiteta. Serija IX
                      (Istorija).
Voprosy (Družinin)   Voprosy istorii sel'skogo chozjajstva, krest'janstva i
                      revoljucionnogo dviženija v Rossii. Sbornik statej k
                      75-letiju akademika N. M. Družinina. Moskva 1961.
                      434 S.
Voprosy   Voprosy social'no-ekonomičeskoj istorii i istočniko-
Novosel'skij)   vedenija perioda feodalizma v Rossii. Sbornik statej k
                      70-letiju A. A. Novosel'skogo. Moskva 1961, 365 S.
Z a j o n č k o v s k i j,   P. A. Z a j o n č k o v s k i j , Provedenie v žizn' krest'-
1958   janskoj reformy 1861 g. Moskva 1958, 469 S.
Z a j o n č k o v s k i j,   P. A. Z a j o n č k o v s k i j , Otmena krepostnogo
1960   prava v Rossii. Moskva 2 1960, 366 S. (nach dieser
                      Auflage zitiert)
Žurnaly, 1915   Žurnaly Sekretnogo i Glavnogo komitetov po krest'-
                      janskomu delu, t. 1—2, SPbg. 1915.
Žurnaly, 1918   Žurnaly Glavnogo komiteta ob ustrojstve sel'skogo
                      naselenija, t. 1, Pgd. 1918, XXVII, 813 S.

I. GUTSWIRTSCHAFT UND BAUERNWIRTSCHAFT VOR DER REFORM

1.

Es ist nicht leicht, sich über Gutswirtschaften früherer Zeiten ein rechtes Bild zu machen, in denen noch nichts Wesentliches für rationale, „kapitalistische" Wirtschaftsführung sprach. Weder zwang der Druck der Steuern oder fester Barlöhne zu durchdachter Sparsamkeit, noch legte die unmittelbare Verbindung zu einem Markt voller Konkurrenten nähere Überlegungen über die Herstellungskosten der eigenen Produkte nahe. Aus den Zeiten der Hauswirtschaft sind uns idealtypische Beschreibungen des rechten Haushälters überliefert; tatsächlich zwangen nur Größe und Unübersichtlichkeit der Eigenwirtschaft zu genauerer Haushaltsführung [1]. Auch in Rußland finden wir im 18. Jahrhundert und in der ersten Hälfte des 19. Jahrhunderts fast nur für große Herrschaften betriebswirtschaftliche Angaben, Instruktionen der in den Hauptstädten residierenden Magnaten für ihre Verwalter draußen auf dem Lande [2], bei denen es meist um erhöhte Abgaben ging. Daneben haben wir theoretische Arbeiten vor allem der „Freien Ökonomischen Gesellschaft", die die Erfahrungen einiger weniger gebildeter und zur Wiedergabe ihrer Überlegungen fähiger Landwirte enthalten [3]. Diese sorgten sich um die Verbesserung der Landtechnik, auch um das Wohlergehen ihrer Bauern, aber nicht eigentlich um die Rentabilität ihrer Betriebe [4]. Auch Nachrichten über einige große Güterkomplexe, Instruktionen und Abrechnungen der Verwalter, geben die Realitäten an Ort und Stelle nicht unbedingt getreu wieder; wir haben vor allem keine Vorstellung von dem Unterschleif, der vom Verwalter bis zum Pferdejungen alle miternährte. Der Erforscher der russischen landwirtschaftlichen Verhältnisse des 18. Jahrhunderts R u b i n š t e j n hat aus dem vorliegenden, soeben charakterisierten Material zu weitgehende Schlüsse hinsichtlich Intensität und Rationalität der Wirtschaftsführung wie des Eingespannt-

[1] W. A b e l, Geschichte der deutschen Landwirtschaft vom frühen Mittelalter bis zum 19. Jahrhundert. Stuttgart 1962; O. B r u n n e r, Adeliges Landleben und europäischer Geist. Salzburg 1949.
[2] R u b i n š t e j n, S. 132—144. Über Bestand und Erforschung der Herrschaftsarchive I. F. P e t r o v s k a j a, in: Voprosy istočnikovedenija 6 (1958) S. 18—66, dort eine Bibliographie der Arbeiten über Gutswirtschaften bis 1955.
[3] Außer R u b i n š t e i j n vor allem C o n f i n o, 1963.
[4] Zum Beispiel A. T. B o l o t o v s bekannte Erinnerungen (Žizn i priklju-čenija A. T. Bolotova, zuerst 1870/71).

seins der Bauern gezogen. Eine vergleichende Untersuchung der Verkaufs-
preise bzw. der Beleihungssummen von Gütern könnte weitere Aufschlüsse
über deren Rentabilität geben, je nachdem, wie die Revisionsseele eingeschätzt worden ist.

2.

Wir verfügen über eine Reihe neuer Monographien großer Gutsherr-
schaften [5], so der Voroncov [6], der Jusupov [7], der Šeremetev [8], oder einzelner
Komplexe solcher Familien, die in mehreren Regionen begütert waren, so
der Besitzungen der Orlov an der Wolga [9] oder der Gagarin in den Gouvernements Rjazań und Tambov [10]. Solche großen Herrschaften umfaßten
gewiß einen nicht geringen Teil des Ackerlands; sie repräsentierten aber
nicht die durchschnittliche Gutsherrschaft, auch nicht in bezug auf Belastung
der Gutsbauern. Die größten Besitzungen waren vielfach auf Zinszahlungen
der Bauern gerichtet; eigene Gutswirtschaft wurde so lange nicht betrieben,
wie der Markt nicht in unmittelbare Nähe rückte.

In der Regel war bei den ganz reichen Familien das Zinsaufkommen so
groß, daß man, außer in unmittelbarer Nähe der Ausfuhrhäfen [11], sich
nicht um Intensivierung der Wirtschaft zu kümmern brauchte. Intensivierung hätte eigenes Inventar, umfassende Rechnungslegung und eine Kontrolle erfordert, die bei den Möglichkeiten zum Unterschleif schon auf
einem kleineren Gutsbesitz kaum gehandhabt werden konnte. Für die
mögliche Zinsbelastung — um dies vorwegzunehmen — gab es eine obere
Grenze; aber die Magnatenfamilien waren verschieden interessiert an den
Einkünften — ein rücksichtsloser Eintreiber war z. B. Graf Michail Seme-
novič Voroncov, der das Letzte herauszuholen versuchte [12]. Die Jusupov [13]

[5]) Nützliche Übersicht über die russischen Latifundien (über 50 000 Desjatinen)
aus dem Ende des 19. Jahrhunderts: L. P. M i n a r e k , in: Materialy 6 (1965),
S. 356—395.
[6]) I n d o v a , 1955.
[7]) S i v k o v , 1951.
[8]) Š č e p e t o v , 1947.
[9]) I. M. K a t a e v , Na beregach Volgi. Istorija Usol'skoj votčiny grafov
Orlovych. Čeljabinsk 1948.
[10]) K o v a l ' č e n k o , 1959.
[11]) Vor allem auf den neurussischen Besitzungen der Voroncov.
[12]) I n d o v a , passim.
[13]) Die Daten für das Folgende bei S i v k o v , passim; über einen Jusupov-
schen Besitz im Kurskschen mit Frondiensten I. I. N i k i š i n , in: Istoričeskie
zapiski 44 (1953), S. 177—205, interessant für die einzelnen Kulturen, z. B. den
mißglückten Kleeanbau.

andererseits hatten ihre Zinsbauern vor allem in den Steppenregionen; an Rationalisierung und eigener Wirtschaft waren sie nicht interessiert; vielmehr wollten sie ihre Bauern gegen Ablösung überhaupt freilassen und ihnen die gesamten Ländereien verpachten. Die Höhe des Zinses schwankte etwas; er sollte sich dem sehr instabilen Getreidepreis angleichen, was jedoch nicht gelang. Wir haben so gut wie keine Unterlagen für Überlegungen, nach denen der Zins jeweils festgelegt worden ist. Die Jusupov betrieben nur dort Fronwirtschaft, wo die Moskauer Residenz und die Besitzungen bei Moskau mit Gartenwirtschaft und Manufakturen mit eigenem Getreide versehen werden sollten. Dieses wurde über 200 Verst mit Pferden herangeschafft, aber nicht in Moskau selbst gekauft — Lebensstil und patriarchalisches Denken forderten Selbstversorgung auch dann, wenn der Weg über den Markt billiger gewesen sein mochte. (Auch auf ostpreußischen Gütern wurden bis in unser Jahrhundert hinein Werkzeuge gefertigt, die man bei genauer Kalkulation des Naturallohnanteils billiger im Großen draußen hätte kaufen können.) Bis in die Mitte der dreißiger Jahre gingen bei den Jusupov, aber auch bei vielen anderen die Dinge ihren Gang: Die Bauern zahlten vielfach nicht, der Herr murrte und drohte, alles blieb beim alten. Offenbar war die Familie so reich, daß sie sich kostspielige Liebhabereien [14] leisten konnte, ohne ihre Bauern zu ruinieren. Trotzdem wurden große Schulden aufgenommen, so daß 1830 — und das ist keine Ausnahme — fast 50 Prozent der Bauern der Jusupov an die Adelsbank verpfändet waren und ständig mit neuen Krediten gearbeitet werden mußte. Immerhin blieb dieser Besitz immer in einer Hand, im Gegensatz zu manchen anderen Familien, wo nicht nur der parasitäre Luxus, sondern auch Erbteilungen das Grundvermögen gefährdeten.

Wir hören von Versuchen, den Zaren zur Genehmigung von Majoratsstatuten zu bewegen; doch gelang dies nur selten — auch ein Symptom für die weithin abgeleitete „unständische" Dignität des russischen Adels der petrinischen Epoche. Daher blieben die Grundvermögen ungesichert und konnten rasch vertan werden [15]. Diese Gefahr war für den eigentlichen Hofadel besonders groß. Schon Elisabeth und Katharina II. hatten einen solchen Maßstab an Prachtentfaltung bei Hofe festgelegt, daß die Mittel auch großer Familien rasch überfordert waren. Es gab andererseits Geizige, die das Vermögen wieder zusammenbrachten, das ihre Eltern mit vollen Händen verschwendet hatten [16]. Leider fehlt eine historische Soziologie der

[14]) So die Diamantensucht der Fürstin Tatjana Vasil'evna. E. P. K a r n o v i č, Zamečatel'nyja bogatstva častnych lic v Rossii. SPbg. 1874, S. 229.

[15]) Beispiele bei K a r n o v i č, passim.

[16]) „Roman, bol'šoj karman", so der Spitzname des Grafen Roman Ilarionovič Voroncov (1707—1783).

führenden russischen Familien, vor allem im Hinblick auf den Wechsel ihres Stellenwertes in der Petersburger Gesellschaft. Eine solche Darstellung würde — mit einer Untersuchung der Besitzverhältnisse — die „objektiven" Voraussetzungen für einen Lebensstil ergeben, der sich auch auf die bäuerlichen Untertanen auswirkte. Nicht alle größeren Familien standen in enger Beziehung zum Hofe; der Kreis war begrenzt, er umfaßte nicht einmal alle Fürsten.

Es ist festzuhalten, daß die Einkünfte der großen Herrschaften so lange vom unmittelbaren Verbrauch des „Hauses" einschließlich der großen Dienerschaft aufgezehrt wurden, bis Versuche eigener Gutswirtschaft, nun mit Fronbauern, wesentliche Investitionen erforderten. Die Grafen Šeremetev waren die größten Grundbesitzer; sie hatten zeitweilig etwa 200 000 Bauern, fast alle auf relativ niederen Zins gesetzt; doch waren 1500 Menschen in der Buchhaltung beschäftigt. Die Šeremetev zogen 1838 fast 75 Prozent ihrer Einkünfte aus den Geldleistungen der Bauern und nur 9 Prozent aus dem Verkauf landwirtschaftlicher Produkte. In diesem Jahre nahmen sie etwa 2,1 Millionen Assignatenrubel ein, die sie zu einem überwiegenden Teil für persönlichen Aufwand verbrauchten; das heißt, sie steckten kaum etwas in die Betriebe. Dimitrij Šeremetev hatte im Jahre 1859 6 Millionen Rubel Schulden. Der riesige Besitz verkam zusehends trotz erhöhter Verpflichtungen der Bauern. Vor allem verfiel die Verwaltung — als Starosten wurden reiche Bauern eingesetzt, die gewiß nach oben Schmiergelder zahlten und sich selbst in die Taschen wirtschafteten — die Kulaken der ersten Generation [17].

Eigene Unternehmerinitiative zeigten auch kapitalkräftige Herren nur selten; allen voran aber der erwähnte Graf Michail Voroncov (1782 bis 1856), der als Generalgouverneur von Neurußland seit den zwanziger Jahren die wirtschaftlichen Chancen bei der Erschließung der Schwarzmeerküste und der Krim für eine großzügige Marktwirtschaft im Getreide- und Weinbau entschieden erkannte, einen guten Teil seiner Ländereien im Norden, in Zentralrußland, verkaufte und seine Bauern scharenweise nach dem Süden verpflanzte, selbstverständlich unter Umsetzung von Zinsabgaben auf Fronarbeit. Für seine Besitzungen baute er 1837 in Jalta einen eigenen Hafen [18].

Gerade dieses Beispiel zeigt deutlich, daß innerhalb des Rahmens der Leibeigenschaft durchaus Entwicklungsmöglichkeiten gegeben waren. Jedenfalls galt dies für funktionierende Gutswirtschaften mit entsprechender

---

[17]) Außer Š č e p e t o v, V. K. S t a n j u k o v i č Bjudžet Šeremetevych, 1798—1910. Moskva 1927.
[18]) I n d o v a passim.

Kapitalausstattung und Marktbezug. Zwischen den Jusupov und den Voroncov der dreißiger Jahre ergibt sich ein grundlegender Unterschied. Eine nähere Betrachtung würde zudem zeigen, daß Besitzungen in den Industriegebieten des Ural ständig sichere Einkünfte brachten und daß einige der größten Herren, nicht nur die Stroganov, dort erhebliche Ländereien hatten. Ein besonderes Kapitel sind die Manufakturen auf den großen Gutsbetrieben; auch hier arbeiteten Leibeigene, doch diese neuerdings eingehender untersuchten Produktionsverhältnisse erfordern andere Modelle der Betrachtung.

3.

Nur in wenigen Fällen können, wie gesagt, Gutskomplexe bzw. -herrschaften genauer beschrieben werden; die Überlieferung ist lückenhaft, und man kann nur teilweise quantifizierend vorgehen. In der sowjetischen Forschung geht es in der Regel nicht um die Wirtschaftseinheit Gutsherrschaft und deren Rationalität, sondern um die bäuerliche Wirtschaft, die in dem Maße zu einem — gesamtwirtschaftlich gesehen — subsidiären Faktor wurde, in dem — noch vor der Reform — sich die Produktion für den Markt in den einzelnen Teilen des Reiches zu entwickeln begann. „Markt" meint hier nicht nur den Absatz von Getreide und anderen Landesprodukten, sondern auch von Erzeugnissen des Handwerks, der bäuerlichen Manufakturen, kurz, die gesellschaftliche Arbeitsteilung. Wenn um die Jahrhundertmitte 50 Prozent des Bruttoernteertrages der Gutswirtschaften auf den Markt gekommen sind — die Schätzung hat viel für sich —, so wären knapp 60 Prozent des Marktgetreides vom Großbesitz geliefert worden, von den Bauern etwas über 12 Prozent, im mittleren Wolgagebiet 16,5 Prozent. Zwar wurde von den Gutsbauern auf ihren eigenen Feldern gewiß mehr Getreide pro Desjatine geerntet als auf dem Gutsanteil — im Fronsystem —, aber in der Summe sind auch die Staatsbauern enthalten [19].

Die Verhältnisse vor der Reform weisen auf solche nach der Reform hin, bzw. die Reform läßt sich nur vom Markt her in Hinsicht auf die Funktion der Freisetzung maximaler Produktionsmittel beurteilen. Im Sich-Behaupten der Großproduzenten, der Differenzierung der Bauern und der Verelendung der potentiell vorhandenen Unterschichten auf dem Dorfe äußerte sich eine gesellschaftliche und wirtschaftliche Ratio, durch die allein eine zunächst langsam, dann schneller wachsende ländliche und städtische Bevölkerung ernährt werden konnte.

[19]) K o v a l' č e n k o , 1967, S. 338—339.

4.

Um die Bedingungen einer mehr oder weniger für den Markt produzierenden Gutswirtschaft zu verdeutlichen, wird einiges über die verschiedenen geographischen Zonen zu sagen sein: Die Randgebiete mit anderen historischen und rechtlichen Voraussetzungen, wie die Baltischen Provinzen, das Königreich Polen, der Kaukasus und Mittelasien werden beiseite bleiben — soweit es dort Gutsherrschaft und Gutsbauern gab, wirtschafteten sie in anderen Verhältnissen. Das Europäische Rußland teilte sich mehrfach auf: in das Zentrale Schwarzerdegebiet, mit fruchtbarem Boden, relativ zahlreicher Bevölkerung und einigermaßen entwickelter Landtechnik bei vorwiegender Fronarbeit; das Zentrale Gewerbegebiet mit schlechterem Boden, ungünstigerem Klima, höherer bzw. überwiegender Bedeutung des bäuerlichen Gewerbes und vorwiegender Zinsung der Leibeigenen; West- oder Weißrußland mit Litauen mit vielfach schlechtem Boden, polnischem Adel und meist ungünstigen Besitzverhältnissen; den Norden und das Seengebiet um Petersburg mit geringen Erträgen, spärlicherer Bevölkerung, urtümlichen Wirtschaftsmethoden, aber größerem Einfluß der Hauptstadt auf die Mobilität der Landbevölkerung; das Uralgebiet mit national gemischter Bevölkerung, unterschiedlicher Lage der Leibeigenen auf dem Lande und in den Fabriken; das Wolgagebiet mit zum Teil sehr großen Besitzungen und dünnerer Bevölkerung; schließlich Sibirien, wo es kaum Gutsbauern gab und das daher, wie das Gebiet der Donkosaken, im wesentlichen unberücksichtigt bleiben kann. In der Ukraine unterscheiden wir die Rechtsufrige Ukraine mit polnischem Adel und massenhaftem Bauernlegen in dem letzten Jahrzehnt vor der Reform[20], die Linksufrige Ukraine mit fruchtbarem Boden, großer Landarmut und vielem adligem Kleinstbesitz, schließlich Neurußland und die Krim mit großen Landreserven, die sich rasch auffüllten, und einer sich lebhaft entwickelnden Gutswirtschaft.

Die Voraussetzungen wirtschaftlichen Fortschrittes und sozialer Strukturierung waren durchaus verschiedenartig; Boden und vor allem Klima spielten für Produktivität und Produktionsweise eine ausschlaggebende Rolle und erschweren die Abschätzung der relativen „Ausbeutung der Bauern". In den einzelnen Regionen bestimmte die Beziehung zum Markt vielfach den Umfang der Eigenwirtschaft des Gutsherrn und entschied damit über die Ansetzung der Bauern als Zins- oder Fronpflichtige. Daß diese Faktoren sich aus klimatischen, agrartechnischen und ökonomischen

---

[20]) Darauf wies der dort ansässige Pozen bereits in der Redaktionskommission 1859 hin. S e m e n o v , S. 290.

Gründen ändern konnten, versteht sich von selbst; dies ist nur in den seltensten Fällen festzustellen. Im großen und ganzen ist die traditionelle Einteilung in Gebiete mit überwiegender Zinsabgabe und solche mit überwiegender Fronwirtschaft richtig, aber in keiner Weise ausschlaggebend. Gegenüber dem Mittleren und Nördlichen Rußland, dem Nicht-Schwarzerdegebiet, trat die Schwarzerde als Produktionszentrum von Getreide — und um das ging es im wesentlichen — in den Vordergrund, vor allem mit wachsender Ausweitung des Getreidefernhandels [21]. Je enger der Bezug zum Markt, vor allem zum Export, sich entwickelte, um so mehr mochten Fronwirtschaften ganz oder zusätzlich zu freier Lohnarbeit, das heißt zu rationeller Wirtschaftsweise, übergehen. In der Umgebung Moskaus fanden sich Fronwirtschaften mit umfangreicher Marktproduktion, obwohl Boden und Klima nicht eben günstig waren. Auch war der Status von in der Nähe gelegenen Staats- und Apanagebauern nicht ohne Einfluß; nicht selten haben Gutsbauern rebelliert und eine Angleichung ihrer Lage an die der rechtlich besser gestellten Nachbarn verlangt [22]. Daß es auch im Schwarzerdegebiet Zinsbauern gegeben hat und diese in manchen Gouvernements nicht unerheblich zugenommen haben [23], spricht gegen eine allzu weitgehende Zuordnung des einen bzw. des anderen Status zu einer bestimmten Wirtschaftsform.

Durch Gesetze ist das Verhältnis des Gutsherrn zum Bauern nur in allgemeinen Umrissen geregelt gewesen — doch galt eine Art Gewohnheitsrecht, über das die Adelsversammlungen in nicht eben effektiver Weise wachten und von dem der Staat bei seinem Eingreifen angesichts besonders gravierender Mißbräuche sich leiten ließ [24]. Wieweit hier eine Art Standesethos das Verhalten des ansässigen Adels gegenüber seinen Gliedern bestimmte, möchte ich dahingestellt sein lassen. Nicht immer war ein Kläger da, damit ein Richter auftrete. Aus den Quellen geht nicht deutlich hervor, wann der Bauer als einzelner dem Gutsherrn bzw. dem Gutskontor gegenüber in Erscheinung trat oder inwieweit bezüglich der Dienstleistungen mit der Dorfgemeinde bzw. mit deren Ältesten verhandelt wurde. Jedenfalls wurden Dorfbeschreibungen zum Zwecke der Feststellung der Kapazität der Bauern angefertigt; in ihnen war der einzelne Hof mit seiner Ausstattung an Menschen, Vieh und Landanteil aufgeführt. Wo die Ältesten bestochen waren, mit welchen Mitteln und Privilegien auch immer, waren die Bauern hilflos: In den Polizeiberichten über Auflehnung wegen übermäßiger Fron-

[21]) Ljaščenko, Kap. IV; Blum, S. 394—396.
[22]) Krest'janskoe dviženie, 1850—1856 gg. S. 638, 704.
[23]) Blum, S. 396 (Tabelle).
[24]) Povališin, S. 38 (immer noch der beste Einblick in mittlere und kleine Gutswirtschaft!).

lasten heißt es immer wieder, die Bauern verlangten bei dieser Gelegenheit die Ablösung der Dorfobrigkeit. Nicht immer mochte deren Stellung beneidenswert sein; sie sollte eine rechtliche Ordnung wahren, die die Bauern nicht als gültig anerkannten. Spannungen ergaben sich oft, aber nicht immer aus dem bösen Willen der Gutsherren. Diese besaßen ja nichts außer dem Land und den Bauern; sie hatten keinen Beruf und keine andere Überlebenschance, als irgendwie mit den Bauern im Rahmen des Gegebenen auszukommen Nur sahen die Herren dies vielfach nicht ein; sie hatten keinen Einblick in ihre ökonomischen Verhältnisse — darin liegt ein wesentlicher Zug der sogenannten „Krise des Leibeigenschaftsrechtes". Die Bauern freizulassen, war fast unmöglich, mußten sie doch mit einem vollen Landanteil ausgestattet werden [25] — wer aber hatte so viel mobiles Kapital, um solches zulassen zu können? Attacken und Morde seitens der Bauern kamen immer auf das Konto von Grausamkeiten, Vergewaltigungen durch Gutsherren und Verwalter; aber als Adeliger geohrfeigt zu werden und das nicht anzeigen zu dürfen, um der Ehre willen, doch gewärtig sein zu müssen, daß die Bauern es schadenfroh überall verbreiteten [26] — das konnte auch eine wirksame Pression darstellen.

5.

Abgesehen von besonderen Verhältnissen in der Nähe von Moskau, war die Entwicklung einer eigenen Gutswirtschaft nicht zuletzt abhängig von der Möglichkeit, Getreide zu exportieren. Es leuchtet ein, daß die neuerschlossenen Gebiete am Schwarzen Meer in ihrer Nähe zu den Häfen dem Absatz von Getreide über See besonders günstig waren. (90 Prozent des russischen Getreideexports, vor allen Dingen Weizen, gingen über die südlichen Häfen.) Schwieriger zu bestimmen ist die Bedeutung der Flußläufe für den Getreidehandel. Vieles ist aus dem Gouvernements Permʹ und Vjatka über Archangelʹsk ausgeführt worden, wobei der Handel in den Händen reicher bäuerlicher Aufkäufer lag [27]. In den letzten Jahrzehnten vor der Reform wurde hier rund ein Drittel des geernteten Getreides exportiert. Der Export war also auf günstige Verbindung zur offenen See angewiesen. Außerdem durften keine konkurrierenden Produzenten näher

[25] Ukaz über die „freien Landbebauer" von 1804. V. I. S e m e v s k i j, Krestʹjanskij vopros v Rossii v XVIII i pervoj polovine XIX veka, Band 1, 1888, S. 256.
[26] Fürst Volkonskij, zitiert bei S t r u v e, S. 96.
[27] N. N. L a t y š e v, Udmurty nakanune reformy 1861 goda. Iževsk 1939, S. 28—32; B. G. P l j u š č e v s k i j, in: Ežegodnik 1961 (1963), S. 390—398.

am Hafen liegen: die Baltischen Provinzen waren marktnäher als etwa
Weißrußland; die Düna scheint nicht entscheidend für den Getreideexport
aus dem Hinterland gewesen zu sein [28].

Der Binnenmarkt für Getreide war begrenzt: Außer den Kapitalen gab
es kaum größere Städte, noch weniger industrielle Mittelpunkte. Schnaps-
brennerei in großem Stil kam erst langsam auf. Allerdings brauchten
manche nördlichen Landschaften des Zentralen Gewerbegebietes Zuschüsse
an Brotgetreide; doch fehlen detaillierte Untersuchungen über den Getreide-
binnenhandel. Im hier untersuchten Zeitraum wurden nur 5 Prozent des
Petersburger Getreidebedarfs über die Wolga und das Kanalsystem in die
Hauptstadt verfrachtet [29]. Offenbar stieg die Warenproduktion nicht laufend an, sondern flaute um das Jahr 1840 ab, wenn man auch nicht von
einer Stagnation sprechen sollte [30]. Die Zeitgenossen waren sich ebensowenig
wie die Historiker darüber im klaren, ob es wirklich eine Überproduktion
an Getreide, die einen wesentlichen Marktdruck ausübte, in der fraglichen
Zeit gegeben habe. Doch wurde der Transport über weite Strecken kost-
spieliger und lohnte nicht mehr. Manche Produzenten verkauften ihre Überschüsse für geringere Preise an örtliche Aufkäufer [31]. Nach verschiedenen
Schätzungen wurden im mittleren Rußland in den fünfziger Jahren im
Winter 30 Prozent, im Sommer 8 Prozent aller Fronarbeit für den Transport des Getreides bereitgestellt [32]. Dieser Teil der Fronarbeit war uner-
setzlich und fiel bei jeder Reform — und von der wurde ja schon länger
gesprochen — ohnehin fort. Daß dem Fronenden kein Lohn gezahlt wurde,
bedeutete nicht, daß er nichts kostete, vor allem dann, wenn er nicht ohne
weiteres anders untergebracht werden konnte, das heißt, wenn der Hof, wie
so oft, mit Arbeitskräften übersetzt war.

Marktbezogenheit und Getreideüberschuß ist seit S t r u v e s 1913 er-
schienener Arbeit über die Leibeigenenwirtschaft eingehend diskutiert
worden; nach seinen Schätzungen fielen aus dem europäischen Rußland
1845 bis 1853 jeweils 30 Millionen *četverti* Produktionsüberschuß für den
Markt an, wovon nur 5 1/2 Millionen exportiert wurden bzw. werden konnten. Die Produktion hätte demnach den möglichen Absatz bereits um ein

[28]) 1866/1870 betrug der Anteil des Getreides am Export über Riga 9,1 %
gegen 41,7 % Flachs usw. W. L e n z , Die Entwicklung Rigas zur Großstadt.
Kitzingen 1954, S. 15.
[29]) O s t r o u c h o v , S. 14; allgemein auch: D. K e r b l a y , in: Cahiers des
Monde Russe et Sovietique 7, 1966, S. 433.
[30]) C o n f i n o , S. 318—319; S t r u v e , S. 112—138.
[31]) K o v a l' č e n k o , 1959, S. 94.
[32]) L j a š č e n k o , S. 205. Zeitgenössische Berechnung bei (A. B u d d e u s)
Rußland und die Gegenwart. Band 1, Leipzig 1851, S. 197.

Vielfaches übertroffen; dabei war das zentrale Schwarzerdegebiet an einer
möglichen Ausweitung des Exports wegen seiner ungünstigen Transportlage
fast unbeteiligt [33]. Schon zu ihrer Zeit galten Struves Schätzungen als
übertrieben und seine Folgerungen für den Absatzzwang als zu weitgehend [34]. Immerhin waren die Getreidepreise ungewöhnlichen Schwankungen und den damit verbundenen Risiken unterworfen, vor allen Dingen
in den Produktionszentren selbst [35].

Solange keine umfassende Untersuchung über den russischen Getreide-
markt vor der Reform existiert, können wir — außer für exportbezogene
Gegenden des äußersten Südens — keine genaueren Vorstellungen darüber
gewinnen, ob sich im Getreideanbau hohe Investitionen zugunsten einer
rationelleren Gutswirtschaft lohnten und ob ein genügend ausgestatteter
Bauernhof auf diese Weise einen über Zins und Steuern hinausgehenden
Profit erzielen konnte. Die enormen Preissteigerungen des 18. Jahrhunderts
(1700—1709 = 100 zu 1796—1801 = 566) lassen nicht auf einen wesentlich verstärkten Absatz schließen — eher wurde zu wenig Getreide angeboten; sie waren wohl ausschließlich vom sinkenden Wert des Edelmetalls
verursacht [36]. Soweit Tabellen vorliegen, scheint es, als sei der Getreidepreis
in der ersten Hälfte des 19. Jahrhunderts im großen und ganzen konstant
geblieben, während andere Güter — die Geldentwertung mitgerechnet —
drei- bis viermal teurer geworden sind [37].

Bei Mißernten mußten Gutsherren unter Umständen Getreide hinzukaufen, um ihre Bauern am Leben zu erhalten und nahmen daher Schulden
auf, die sie in guten Jahren wegen der niedrigen Getreidepreise nicht
abtragen konnten [38]. Vor allem schwankten die Preise im gleichen Jahr
an verschiedenen Orten ungemein stark; dabei wird, was schwer nachzuprüfen ist, ein gewisses Maß Spekulation im Spiel gewesen sein. Aus diesem
Grunde treffen wir seit den dreißiger Jahren immer wieder auf Vorschläge

---

[33] S t r u v e , S. 124.
[34] A. A. K o r n i l o v , in: Naučnyj istoričeskij žurnal, vyp. 5, 1914, S. 42.
Außerdem ist der Marktanteil bäuerlichen Getreides größer als bisher angenommen, aber sehr verschieden hoch. K o v a l ' č e n k o , 1959, S. 59—64;
d e r s., in: Ežegodnik, 1963 (1964), S. 409—486.
[35] Interessante Tabellen über die Preise in Nižnij Novgorod bei O s t r o u -
c h o v am Schluß; ferner S i v k o v , S. 153—154.
[36] D. N. M i r o n o v , in: Tezisy 1969, S. 154—159.
[37] F. L a c h i n , in: Trudy Nižegorodskogo naučno-issledovatel'skogo instituta po izučeniju mestnogo kraja 1926, vyp, 1,1 S. 66—81, zitiert bei B o g o -
r o d i c k a j a , in: Učenye zapiski Gor'kovskogo gosud. universiteta, t. 78,2.
Gor'kij 1966, S. 372.
[38] (B u d d e u s) Band 1, S. 177.

zur Vorratshaltung bzw. zur Sicherung gleichbleibender Preise im allgemeinen Interesse, etwa durch ein Getreidehandelsmonopol des Staates [39].

6.

Man sollte annehmen, die Erreichbarkeit des Marktes und die Preisge-
staltung hätten den Aufbau einer eigenen Wirtschaft gerade für größere
oder kleinere Gutsherrenschaften, damit die intensive Heranziehung der
Leibeigenen zur Fronarbeit, wesentlich bedingt. Solange aber die Existenz
eines Landjunkers fast ausschließlich durch die Naturalabgaben seiner
Untertanen gedeckt werden konnte und er nicht in größerem Umfang, auch
nicht durch Dienstleistungen der Leibeigenen, für den Markt produzierte,
brauchte er keinen eigenen Betrieb, das heißt kein herrschaftliches Vieh,
kein Inventar und keine „Herrschaftsfelder". Alles Land wurde vom
Bauern bearbeitet, um das für das „Haus" Notwendige abzugeben. Doch
wird dies in reiner Form nie der Fall gewesen sein; neben Naturalabgaben
werden immer Geldzahlungen nötig gewesen sein, und seien es nur die
Abgaben an den Staat. Geldsummen mögen auch als Verrechnungseinheiten
für Naturalabgaben gedient haben. So gesehen müßte die Zinswirtschaft,
die keinerlei Investitionen, keine Arbeit und wenig Kontrolle seitens des
Besitzenden erfordert, d. h. die „Grundherrschaft" bzw. „Rentengutswirt-
schaft", die alleinige Form der Ausbeutung der Bauern im alten Rußland
gewesen sein. Sowie aber die Herrschaft selbst Geldbedürfnisse hatte bzw.
Dinge brauchte, die heimische Felder oder bäuerliches Handwerksgeschick
nicht liefern konnten, mußte mobiles Kapital heran; und sei es nur, um den
Sohn für den Staatsdienst mit Uniform, Pferd usw. auszustatten. Höhere
Ansprüche, auch Zivilisationsbedürfnisse, erforderten ein Mehr an Einkünften aus dem Gut, verpflichteten aber noch nicht zur Investition in eine
eigene Gutswirtschaft; noch konnte der Mehrwert völlig verbraucht werden.
   Über die Produktivität der Gutswirtschaften in den letzten Jahren vor
der Reform ein objektives Bild zu geben, scheint uns ausgeschlossen. Entgegen den Annahmen von K o v a l ' č e n k o sind die entsprechenden
Gouvernementsberichte ganz unzuverlässig [40]: Von zwei benachbarten
Gouvernements mit gleichen klimatischen Verhältnissen hatte in dem gleichen Jahr scheinbar das eine eine sehr gute Ernte, das andere eine Mißernte; die Menge des Saatgetreides schwankte ebenfalls auf unverständliche

---

[39]) S t r u v e, S. 128—132.
[40]) K o v a l ' č e n k o, in: Ežegodnik, 1959 (1961), S. 192—227, mit zahlreichen Tabellen.

Weise; gelegentlich wurde in einigen Gouvernements doppelt soviel Winter-getreide eingebracht wie in anderen, — warum? Der Rückgang des adeligen Gutsbesitzes ist bekannt, vor allem das rasche Verschwinden der kleinsten Besitzer unter 20 Seelen. Doch läßt sich kaum erklären, warum zwischen 1834 und 1858 im Gouvernement Kursk die Zahl der adeligen Gutsbesitzer um 1200 (ca. 20 Prozent) abgenommen, sich dagegen im benachbarten Gouvernement Orel um 800 (= 27,6 Prozent) vermehrt hat. Gewiß hat für die Stabilität des Grundbesitzes die bessere Landtechnik eine Rolle gespielt, daher die ständig wachsenden Erträge in den von der Natur nicht besonders bevorzugten Baltischen Provinzen.

Im übrigen stieß die Intensivierung der Gutswirtschaft bald an natürliche Grenzen, von den noch unverbrauchten, marktnahen südukrainischen Gebieten einmal abgesehen. C o n f i n o hat in seinen beiden bedeutenden Büchern ausführlich über die Versuche zur Verbesserung der Agrartechnik in den Gutswirtschaften gesprochen; an Bemühungen hat es im späten 18. und im frühen 19. Jahrhundert nicht gefehlt. Wenn die Versuche, über die Dreifelderwirtschaft hinauszukommen, keine andauernden Erfolge gehabt haben, so liegt das m. E. an der trotz unterschiedlichster klimatischer Bedingungen für alle Teile des Europäischen Rußlands hohen Wahrscheinlichkeit von — in gewissen Abständen einander folgenden — Mißernten. Unter diesen Umständen waren umfassende Investitionen, die vor allem einen größeren Viehbestand erforderten — dieser mußte auch den Winter hindurch ernährt werden —, so riskant, daß nur sehr reiche Gutsbesitzer mit Subsistenzmitteln aus anderen Quellen es sich leisten konnten, moderne Wirtschaftsweisen einzuführen (von den Neurussischen Gouvernements abgesehen). Es war zudem nicht sicher, daß der Adel sein Mehrprodukt an Getreide auch absetzen konnte, oder die Transportkosten waren so hoch, daß der Absatz nicht lohnte. Das Zeitalter industrieller Agrarproduktion mit Kartoffeln, Zuckerrüben usw. war noch nicht angebrochen.

Der Adel hat in Rußland — ebenso wie in Preußen und in Österreich — keine Berufung als wirtschaftender Stand bewiesen; es ist ihm dazu auch kaum Gelegenheit gegeben worden. Sollte eine Gutsherrschaft auf der Grundlage des Fronsystems funktionieren, so durfte der Gutsherr nicht nur kein Tyrann sein, sondern er mußte die Arbeitskraft seiner Leibeigenen erhalten und sich regenerieren lassen; er mußte sich beständig auf dem Felde aufhalten und in kleinen Betrieben selber mitarbeiten. Keine Wirtschaftsweise ist so primitiv, daß sie nicht gewisse Kenntnisse erfordere. Auch die geringste Verbesserung der technischen Ausstattung, der Qualität des Saatgutes oder des Zuchtviehs kostete Geld und mußte wohl überlegt werden. Wenn aber das Wirtschaften als solches nach Tradition und Erziehung außerhalb der Erfahrungswelt des Adeligen lag, blieb er abhängig vom Verwalter. Der Starost oder jeder Bauer verstand mehr von der Sache als er. Zwar gab es angesehene Landwirte; doch fehlte es hier, wie auch sonst in Rußland, an einem kontinuierlichen Bildungsstrom von oben nach unten. Wir wissen zwar einiges über das russische Unterrichtswesen, fast nichts jedoch über seine Auswirkung bei den etwa 50 000 adeligen Grundbesitzern irgendwo draußen in der Provinz; eine Berufsausbildung zum Landwirt hat es jedenfalls nicht gegeben. Auch für den preußischen und für den österreichischen Adel kam die Wende zur moderneren Wirtschaftsweise, der engere Anschluß an den Markt, weithin als wirtschaftliche Katastrophe; viele Zehntausende Hektar Land wurden in Ostpreußen, Schlesien und anderswo von ehemaligen Pächtern aufgekauft, die dann in den Adel aufstiegen. Vor der Reform jedenfalls schien vielfach Oblomovs Nichtstun der einzige Ausweg aus der Unerfahrenheit, dem Mangel an Beruf.

7.

Unter den Gutsherren gab es eine nicht unbeträchtliche Zahl kleiner und kleinster Besitzer, die sich in der Lebenshaltung kaum von den Leibeigenen unterschieden. Im Gouvernement Rjazań waren ganze Dörfer von Adeligen bewohnt, die manchmal in der gleichen Hütte mit ihren Bauern lebten, deren Felder von denen der Bauern völlig ungeschieden waren, so daß sie am gemeinsamen Tisch von den Bauern versorgt wurden oder umgekehrt. Die Gutsherren arbeiteten selbst als Fuhrleute; sie ernteten mit den Bauern; manchmal besaßen sie nur einen einzigen Fahrpelz und ein Paar Filzstiefel, die der bekam, der sich auf den Weg in den Wald oder zur Mühle machen mußte [41]. Hier waren die „Herren" zu einem Teil so arm wie ihre Bauern und ganz ungebildet. Hinterließ solch ein „Herr" bei seinem Tode minderjährige Söhne, so wurden diese von der ständischen Gesellschaft nicht integriert, sondern als Bauernjungen angesehen und ihrem Schicksal überlassen. Ende der dreißiger Jahre sind aus dem Gouvernement Rjazań ganze Gruppen verarmter Adelsfamilien in das Gouvernement Simbirsk umgesiedelt und mit je 60 Desjatinen Land ausgestattet worden [42]. Diese tatsächlich bäuerlichen Wirtschaften im Besitz adeliger Herren sind auch an der Produktion für den Markt nur in dem gleichen geringen Ausmaß beteiligt gewesen wie kleinere Bauernhöfe. Wegen ihrer Armut haben solche Gutsherren ihre Bauern oft ausgenutzt, vielfach Bauernland eingezogen

[41]) A. Košelev, 1858, zitiert bei Povorlišin, S. 23.
[42]) N. Koljupanov, Biografija A. I. Košeleva. Band 1,2 Moskva 1892, Beilage 2.

und die ehemaligen Bauern als Kostgänger ins Haus genommen *(mesjačnik)*. Sowie sie nur ein wenig weitergehende „herrenmäßige" Bedürfnisse hatten und sich einige Kleider aus ausländischem Stoff mit Tressen, einen Wandspiegel, vielleicht auch einige Bücher anschafften, griffen sie auf verhängnisvolle Weise über ihre Möglichkeiten hinaus. Da Güterverzeichnisse fehlen, werden wir nicht feststellen können, inwieweit bei Unruhen unter Fronbauern solche Kleinst-Güter betroffen waren [43]. Zuständige Stellen sahen hier mit Recht einen sozialen Schaden und eine Gefahr. Der Gouverneur von Rjazań forderte im Jahre 1856, daß die kleinen, ungebildeten, ihre Bauern ausnutzenden Besitzer vom Staat ausgekauft werden sollten. Rückblickend auf das Jahr 1860 stellte die gleiche Instanz später fest, daß nur der vierte Teil aller Güter als mit Landbesitz und Kapital ausreichend gesichert angesehen werden konnte [44]. Von den kleinen Gütern unter 20 Seelen sind 1815 bis 1857 ca. 60 Prozent verkauft, d. h. mit größeren Gütern zusammengelegt worden [45].

Armut und gefährdete Existenz umdüsterten also nicht nur das Leben vieler Bauern, sondern auch das kleiner Gutsherren. Selbst ein großer Teil des mittleren Adels steckte tief in Schulden. Die oben genannten großen Familien verbrauchten ihr Geld sorglos im Vertrauen auf einen scheinbar unerschöpflichen Reichtum; sie waren zwar nicht weniger verschuldet, konnten aber mit Hilfe immer neuer Kreditoperationen über die jeweils benötigten Summen verfügen. Manche haben sich rechtzeitig am Eisenbahnbau u. ä. beteiligt. — Haben alle Gutsherren über ihre Verhältnisse gelebt? Was kostete die Ausbildung der Söhne, schon gar ein Studium im Ausland, ein einigermaßen kultiviertes Leben, das Dasein der Literaten, von kostspieligen Ambitionen der Diplomatie abgesehen? Herzen rettete sein beträchtliches Vermögen — die Gelder waren ja auch Bauern abgepreßt — ins Ausland [46] und blieb ein reicher Mann trotz der erfolglosen Spekulation während des amerikanischen Bürgerkrieges. Von den umfangreichen Geldtransaktionen Ogarevs und seiner reichen ersten Frau wissen wir — und von Nekrasovs undurchsichtiger Rolle [47]. Ogarev hat einen großen Teil seiner Bauern unter günstigen Bedingungen freigelassen und mit verfehlten Fabrikgründungen große Verluste erlitten. Čaadaev hat einige seiner Bauern

---

[43]) In den veröffentlichten bzw. zitierten Dokumenten fehlen immer Angaben über die Betriebsgröße der Güter.

[44]) P o v a l i š i n , S. 33.

[45]) K o v a l ' č e n k o , 1959, S. 135.

[46]) Herzens Briefe an seinen Moskauer Bevollmächtigten ed. G. I. K l j u - č a r e v , in: Literaturnoe nasledstvo, t. 39/40. M.-L. 1941, S. 195—243.

[47]) J a. Z. Č e r n j a k Ogarev, Nekrasov, Gercen, Černyševskij v spore ob Ogarevskom nasledstve. Moskva 1935.

verkauft, um seine Italienreise zu finanzieren [48]. Die materielle Seite der russischen Adelskultur fällt heraus aus den Forschungsbemühungen der Verfechter des historischen Materialismus. Von Ausnahmen abgesehen, gehörten die führenden Geister, soweit sie nicht von Freunden lebten — wie Bakunin —, durchaus zur oberen Schicht des mittleren Adels [49]. Muße hatte ein jeder Adelige; um sie geistig zu erfüllen, brauchte man Bücher, ein Piano, man mußte in Moskau wohnen können. Die Schulden der Dichter müßten noch erforscht werden. Wir wollen nur andeuten, daß Schulden unter Umständen durch Bedürfnisse der Ausbildung und des Fortkommens, der Herauskommens aus dem Krähwinkel, bedingt gewesen sein mögen und nicht immer auf Forderungen des Sozialprestiges basierten. Wenn eine Gesellschaft mit geschlossenen Ständen ihren vornehmsten Stand zahlenmäßig nicht so weit beschränken und finanziell nicht so angemessen ausstatten konnte, daß alle seine Vertreter eine führende Rolle im Staate auszufüllen vermochten, hätte sie den Übertritt in andere Stände bzw. Berufe, auch ins Kleinbürgertum, ermöglichen müssen. Insofern der Adel als einheitlicher Stand angesehen wurde, blieb er versteinert: Eine Reform hätte niemals den Adel als Ganzes erhalten dürfen, sondern, ähnlich wie beim polnischen Bauernadel nach dem Aufstand von 1831, die unteren Schichten, die dem Anspruche der Öffentlichkeit nicht genügten, aus diesem Stand ausscheiden und zum Beispiel als Staatsbauern ansiedeln müssen [50].

Die Verschuldung der Güter bzw. die Verpfändung der Bauern hat gegen die Jahrhundertmitte ständig zugenommen: 1855 waren von 100 Bauern 62 verpfändet, 1859 waren es 65; dabei lagen alle Schwarzerdegouvernements über dem Durchschnitt [51]. Die Verschuldung des Adels sollte im Hinblick auf die regionalen Differenzen und die soziale Schichtung untersucht werden, dabei müßten die ökonomischen Grundlagen eines gesunden mittleren Adels erforscht werden, der ja zum Teil die bankrotten kleinen Standesgenossen aufgekauft und die Krisen unmittelbar nach der Reform mit Hilfe eigener Mittel überstanden hat.

---

[48]) P. S c h e i b e r t, Von Bakunin zu Lenin. Band 1, Leiden 1956, S. 47.

[49]) Die Samarins besaßen über 70 000 Desjatinen Land. M i n a r e k, in: Materialy, t. 6, 1965, S. 379. — Für die statistischen Schwierigkeiten bei der Beschreibung des russischen Beamtentums vgl. H. J. T o r k e, in: Forschungen zur osteuropäischen Geschichte, Band 13, 1967, S. 132.

[50]) So auch Kiselev. A. P. Z a b l o c k i j - D e s j a t o v s k i j, Graf P. D. Kiselev i ego vremja. t. 4, SPbg. 1882, S. 267.

[51]) S k r e b i c k i j, t. 4, S. 1250—1251.

8.

Vom „Bauern" schlechthin zu sprechen, ist bei jeglicher agrarhistorischen und agrarsoziologischen Betrachtungsweise mißlich, denn der Begriff meint einen Landmann im Gegensatz zum Städter, und zwar in einem umschriebenen Rechtsverhältnis, primär ohne Bezug auf seine ökonomische Lage. Zum Bauernstande (krest'janstvo) gehörte ein landloser Proletarier, ein Bettler ebenso wie ein wohlhabender Unternehmer, sei er ein Staats- oder ein Gutsbauer — sofern er nur der bäuerlichen Rechtssphäre angehörte; dies galt jedenfalls seit der Angleichung der verschiedenen sozialen Kategorien ländlicher und steuerpflichtiger Bevölkerung unter Peter dem Großen. Gutsbauern — mit denen wir es hier allein zu tun haben — befanden sich also, auch wenn sie nicht als Hofleute (dvorovye) ohne jeden Landanspruch als Dienstboten zum „Haus" des Gutsherrn gehörten, in einem einheitlichen Rechtsverhältnis, sie waren Teil des lebenden Inventars eines Gutes [52]. Der „Bauer" lebte in der Regel von der Landwirtschaft, konnte aber in den für diese ungünstigeren nördlichen Teilen des Europäischen Rußlands, dem sogenannten Gewerbegebiet, einen Teil seiner Einkünfte oder auch sein gesamtes Einkommen aus einem Handwerk, oft als Wanderhandwerk, gelegentlich als kleines Unternehmen betrieben, oder aus dem Handel beziehen. Immer aber blieb er in der rechtlichen Bindung an die Landgemeinschaft (obščina) mit kollektiver Verpflichtung für die Staatsabgaben (nicht für Zins und Fron) [53]. Die Steuereinheit der Bauern, nach der auch die Landzuteilung innerhalb der Landgemeinde und durch diese zugemessen wurde, war das tjaglo, eine Arbeitseinheit, die in der Regel eine Familie mit arbeitsfähigen Kindern und den Alten (im Durchschnitt 2,2 männl. Seelen) umfaßte [54]. Da man bei jeder Reorganisation der tjagla das Gemeindeland völlig neu verteilen und die Felder in zahlreichen Fällen hätte umlegen müssen, ließen die Gemeinden im allgemeinen einmal festgesetzte Anteile möglichst lange unverändert bestehen, so daß die Zahl der tjagla nicht immer der der Familien und schon gar nicht der der Höfe entsprach. Großfamilien hatten mehrere tjagla und waren unter Umständen — bei guten Möglichkeiten für einen Nebenerwerb —, nicht daran interes-

[52] Das Gesetz über den Freikauf bei Auktionen von 1847 wurde im folgenden Jahr zurückgenommen. S e m e v s k i j 2, S. 159, 205.

[53] Die für alle Bauern gleiche Kopfsteuer (95 Silberkopeken pro Revisionsseele) und die sehr ungleich verteilten Abgaben für die Lokalverwaltung u. a. wurden recht ungleichmäßig bezahlt, konnten anscheinend nicht immer eingetrieben werden. Viele Daten bei V. I. N e u p o k o e v , in: Ežegodnik 1966 (1971), S. 348—360 m.

[54] Wer ohne tjaglo zinste: zatjaglyj; der nicht Erwachsene oder nicht voll Arbeitsfähige: polutjaglyj. C o n f i n o , 1963, S. 107—112.

siert, ihren Landanteil mit entsprechenden weiteren Verpflichtungen zu vergrößern. Umgekehrt erhielten zuweilen Familien mit heranwachsenden Söhnen keinen zusätzlichen Landanteil, weil die Dorfhonoratioren aus Eigensucht nicht zu rascher Umteilung zu bewegen waren — in einem Falle, von dem wir wissen, setzte sich schließlich die Gutsverwaltung gegen die Dorfversammlung durch [55]. Die ständigen Verschiebungen in den Besitz- und Machtrelationen innerhalb der Dorfgemeinde haben sich nicht immer so rechtzeitig reguliert, als daß nicht entscheidende Vor- oder Nachteile für einzelne Höfe bzw. Großfamilien daraus entstanden wären. In 16 Gutsbesitzungen des zentralen Rußland stellten die Höfe der sogenannten „ärmsten" Gruppe nicht einmal je ein volles *tjaglo;* es fragt sich, ob sie überhaupt volle Höfe als Wirtschaftseinheiten darstellten oder ob ihre Inhaber nicht vielmehr als „Häusler" von anderen Bauern abhängig waren und bei der nächsten Revision als „Bauern" nicht mehr zu erscheinen brauchten [56]. Andererseits hatten die größten Höfe die meisten Arbeitskräfte (K o v a l ' č e n k o nennt sie mit Recht Familienkooperative) [57]. Vielfach besaßen sie das meiste Eigenland und den höchsten Bildungsstand. Eigenland der Bauern taucht in keiner Gutsbeschreibung *(opis)* auf, machte aber in manchen Gegenden bis zu 50 Prozent des Besitzes der Bauern aus. Daher sind Schlußfolgerungen auf Grund der Ausstattung mit Land pro Seele oder pro Hof oder pro *tjaglo* in Desjatinen fragwürdig, vor allem wenn, wie bei K o v a l ' č e n k o , nur Prozentzahlen angegeben werden [58]. Die Ausstattung einer bäuerlichen Lebens- und Arbeitseinheit mit Subsistenzmitteln und Pflichtigkeiten (Zins, Fron, „gemischte Verpflichtungen") hing von mehreren Faktoren ab: erstens von der Größe der Gutsherrschaft und der Art bzw. Intensität ihrer Bewirtschaftung, zweitens von der Zahl der Revisionsseelen pro Hof, drittens von den klimatischen Gegebenheiten und der Bodenbeschaffenheit, die eine volle landwirtschaftliche Existenz ermöglichten oder verwehrten, viertens wesentlich von dem Vorhandensein ungenutzter Landreserven innerhalb des herrschaftlichen Besitztums, fünftens eventuell vom eigenen Landbesitz der Bauern.

Alle früheren Überlegungen über Landausstattung und Existenzminimum sind durch das neueste grundlegende Werk von C o n f i n o [59] in Frage gestellt: Hier wurden in einer eingehenden Diskussion der Wirtschaftsweise, vorab der Dreifelderwirtschaft, die natürlichen, vor allem klimatischen Grundlagen von Guts- und Bauernwirtschaft und die Grenzen der Inten-

---

[55]) K o v a l ' č e n k o , 1967, S. 273.
[56]) Ebenda Tabelle 45, S. 228—229.
[57]) Ebenda S. 192; vgl. dazu Tabelle 51, S. 254.
[58]) So fast durchweg im genannten Werk.
[59]) C o n f i n o , 1969.

sivierung deutlich gemacht. An dieser Stelle kann auf die interessanten
Überlegungen über frühe Wirtschaftsformen, vor allem der Rodung und
Schwendwirtschaft, und ihre Rückwirkungen auf die Dorfverfassung wie
auf die Ackergeräte nicht eingegangen werden, ebensowenig auf das Verhältnis von Dorfformen und Wirtschaftsweise, z. B. im Flurzwang, im
Gemenge von Gutsland und Bauernanteil. C o n f i n o unterscheidet konsequent zwischen dem eigentlichen Ackerland *(pašnja)* und den Landreserven *(zapol'e)*, die nur von Zeit zu Zeit beackert wurden und in lang-
jähriger Brache als Viehweide dienten. Dort fing die vielbesprochene „Land-
not" der Bauern an, wenn nämlich die Reserve beansprucht wurde [60] und
der Viehbestand entsprechend zurückging — sei es, daß das gesamte Areal
des Gutes unter mehr *tjagla* verteilt werden mußte, sei es, daß der Gutsherr
eine eigene Wirtschaft aufbaute und Land für sich in Anspruch nahm. Der
Zuwachs des Gutsackers mochte die Verdrängung der Anteile der Bauern in
die ungepflegten, verunkrauteten und ungedüngten Außenschläge mit sich
bringen, in der Regel aber nicht die Reduktion des bäuerlichen Landanteils
als solchem.

Vor allem konnte unter den Bedingungen der Dreifelderwirtschaft ein
zusätzlicher Anbau von Futterpflanzen, d. h. von Klee, nicht ohne weiteres
gefördert werden, da zum einen die Ruhezeit der Brache nicht verkürzt
werden durfte, zum anderen in der Gemengelage Futter für den Winter
nur in abgezäunten Feldern so reiche Ernte brachte, daß in Tiefställen
größere Bestände Dung zu intensiverem Ackerbau, vor allem für die
Winterfrucht, gespeichert werden konnte. Kleeanbau und Fruchtfolgewirtschaft forderten eine völlig andere Ackerverfassung: möglichst arron-
diertes Land für den Gutsherrn und für jeden Bauern, Separation der
Gemengelage, Fortfall des Flurzwanges und der Umteilungen [61], damit auch
die rasche soziale Differenzierung im Dorfe. Eine solche Umwälzung der
agrarischen Rechtsverhältnisse hing aber nicht vom Gutsherrn ab, war auch
nicht ohne weiteres durch Aufhebung der Leibeigenschaft zu erreichen [62],
setzte vielmehr eine neue Wirtschaftsgesinnung und eine kapitalkräftige
ländliche Unternehmerschicht voraus. Nur bei gleichmäßiger Berücksichtigung aller dieser Faktoren, die nur zum Teil erfaßt und quantifiziert werden können, lassen sich allgemeine Schlüsse über die Lage der Bauern ziehen.

Die Zeitgenossen sprachen obenhin von der Lethargie und Routine der
Bauern; im Grunde war die Dreifelderwirtschaft ein Schutz: Unter den

---

[60]) Ebenda S. 142.
[61]) Siehe den Idealplan eines Dorfes, ebenda, Plan 4.
[62]) Ebenda, S. 310.

gegebenen natürlichen Voraussetzungen gewährleistete sie ein Optimum des Ertrages bei einem gerade noch erträglichen Einsatz an Arbeit und Saatgut, d. h. die sicherste Bedarfsdeckung. Bessere Ernten, die den Verkauf größerer Mengen erlaubten, schlossen für zinsende Bauern das Risiko höherer Abgaben ein. Die Viehzucht konnte aus den genannten Gründen und im Hinblick auf den Absatz im größten Teil Rußlands nicht vorrangig sein. Der Kartoffelanbau blieb bescheiden, weil er sich nicht in den Dreifelderturnus eingliedern ließ und außerdem für die Arbeitsspitze in der relativ kurzen Vegetationsperiode mit Pflanzen und Häufeln noch zusätzliche Belastungen brachte [63].

Abgesehen von diesen längerfristig wirksamen Faktoren müssen in dem ständigen Auf und Ab kontingente Größen berücksichtigt werden wie Seuchen, Brände usw., die unter Umständen das Sozialgefüge eines Dorfes in kürzester Zeit völlig umgestalteten [64]. Selbst wenn nicht alle Gutsbauern einer Herrschaft betroffen waren, konnte schon wegen des fehlenden Kapitals ein Unglück nicht wieder gutgemacht werden. Es ist also nicht nur die Situation gegenüber dem Herrn wichtig, sondern auch die der Gemeindeglieder untereinander. Die Schichtung des Bauerntums in verschiedene Strata war labil und regelte sich nicht einmal notwendig mit jeder Landumteilung [65].

Daher scheint mir der Terminus *rassloenie krest'janstva* (Differenzierung der Bauernschaft in verschiedenen Schichten) unpräzis, ja irreführend, vor allem wenn er allein mit dem Wachsen der Geldwirtschaft bzw. Marktproduktion innerhalb eines Dorfes unmittelbar in Verbindung gebracht wird [66]. Der Begriff setzt ja voraus, daß es irgendwann einmal einen gleichartigen *krest'janskij sloj* (bäuerliche Schicht) gegeben habe, ein Bauerntum mit gleichen Startbedingungen, wo eine geschlossene Hauswirtschaft konfliktlos neben der anderen lebte. Indessen ist die Sozialgeschichte des Land-

[63]) Ebenda, S. 304. Zum Kartoffelanbau bis ca. 1850 V. S. L e c h n o v i č in: Materialy, t. 2, 1956, S. 258—400 (ohne auf die arbeitstechnischen Probleme einzugehen).

[64]) Daher die problematische Klassifizierung der Höfe allein nach dem Viehbestand, obwohl besser als die nach dem Landanteil. Auch die Zahl der Pferde kann zufällig sein; wurden Jährlinge mitgezählt?

[65]) V. K. J a c u n s k i j in: Ežegodnik 1959 (1961), S. 34, gegen K o v a l'-č e n k o (reiche Höfe steigen ab, ärmere kommen hoch, das Verhältnis bleibt im wesentlichen stabil).

[66]) K o v a l'č e n k o, 1967, S. 351, über „Differenzierung" unter den Gutsbauern ausführlich, d e r s., in: Istoričeskie zapiski 78 (1965), S. 85—149; über den Versuch der mathematischen Bearbeitung ausgewählter Daten zur Bauernwirtschaft, d e r s., in: Vestnik IX, 1966, 1, S. 76—89; zur Methode der Bericht

standes, nicht nur im alten Rußland, seit eh und je die Geschichte von
Verschuldung, Schuldknechtschaft (bzw. freiwilliger Unterordnung unter
den Schutz der Mächtigen) und Kreditgewährung gewesen, also ein dauernder, anfangsloser Prozeß von ökonomischer Differenzierung bzw. ökono-
mischem Ausgleich, der sich freilich in verschiedenen rechtlichen Formen
vollzog.

Andererseits können auch die Einteilungen der Gutsbauern in ihre verschiedenen Pflichtigkeiten, wie oben genannt, nicht auf eine einfache Formel
gebracht werden — Schwarzerdegebiet gleich Fron, Nicht-Schwarzerdegebiet gleich Zins; diese scheinbar so einleuchtende Formel ist längst aufgegeben, aber es lassen sich nur mit Mühe andere eindeutige Kriterien
finden. Einige der Gründe, die größere oder kleinere Besitzer dazu hätte
veranlassen können, ihre Bauern auf die eine oder andere Weise zu belasten, sind oben angedeutet worden. Zur Auswirkung auf die Bauern
selbst wird noch einiges zu sagen sein.

9.

Zuletzt hat K o v a l ' č e n k o den Versuch gemacht, auf Grund der
Gutsbeschreibungen großer Herrschaften die Konstanz der bäuerlichen
Betriebseinheiten (Höfe), ihr ökonomisches Auf und Ab für Fron- wie
Zinsbauern, in den primär landwirtschaftlich genutzten Gegenden wie für
die Gewerbebetriebe, soweit irgend erfahrbar, zu beschreiben [67]. Anscheinend ging die Zahl der sogenannten „mittleren" Höfe zugunsten der wohlhabenderen und der ärmeren zurück. Indessen wuchs die Zahl der Höfe
insgesamt (in den hier untersuchten Fällen) in 25 Jahren um rund 20 Prozent [68], offenbar durch Teilungen der Großfamilien und Schaffung zusätzlicher *tjagla*. Blieb die Gesamtfläche des Bauernlandes die gleiche, konnte
nicht die gleiche Menge Vieh ernährt werden. Zwar benötigten die Bauern
unter den Bedingungen der entwickelten Dreifelderwirtschaft in den
Schwarzerdegebieten zwei Desjatinen [69], in den Nicht-Schwarzerdegebieten

---

der von Koval'čenko geleiteten Arbeitsgruppe D. V. D e o p i k e. a., Quanti-
tative and Machine Processing Methods of Historical Information (XIII Inter-
national Congress of Historical Sciences, Moscow 1970); Übersicht über die
umfangreiche Literatur zur „Differenzierung des Bauerntums" von A. I. K o m -
m i s a r e n k o, in: Trudy Moskovskogo gosud. istoriko-archivnogo instituta,
t. 22, Moskva 1965, S. 125—152.

[67] K o v a l ' č e n k o, 1967.
[68] Ebenda, S. 351—366.
[69] Ebenda, S. 102—103.

2,4 Desjatinen pro Revisionsseele zur einfachen Reproduktion [70], doch konnte unter den gleichen Voraussetzungen jede Revisionsseele insgesamt (also Guts- plus Bauernland) nur höchstens 5 Desjatinen nach dem Stande der Landtechnik im Schwarzerdegebiet bearbeiten (weiter im Norden wahrscheinlich nur 3,5 bis 4 Desjatinen) [71].

Der Ausdruck *pašnja* bzw. *zapaška* ist nicht eindeutig: Handelt es sich um das gegenwärtig in Dreifeldersystem bearbeitete Areal, ist die Landreserve *(perelog)* mitgezählt oder eventuell zum Anteil des Gutsherrn *(barskaja zapaška)* gerechnet? Das Land als solches war, soweit es nicht gegenwärtig genutzt wurde, kein Gegenstand fiskalischen Interesses oder herrschaftlicher Buchhaltung. Daher ist der gesamte Bodenvorrat kaum festzustellen und mit den zahlreichen Durchschnittswerten der Landausstattung nichts anzufangen, wenn allein damit die Wirtschaftslage der Bauern geschildert werden soll.

Es muß ein gewisses labiles Gleichgewicht der Interessen zwischen Gutsherren und Fronbauern bestanden haben, anders gesagt, ein Maximum möglicher Exploitation, das für jede Gegend relativ konstant blieb: Verhungernde Bauern konnten die Gutsfelder nicht bearbeiten, sondern mußten versorgt werden. Das heißt, das der Gutsherrschaft vorbehaltene Land war nicht beliebig auf Kosten der Bauern zu vergrößern. In der Dreifelderwirtschaft und beim Fehlen entwickelter kapitalistischer Produktion (mit freien Lohnarbeiten und entsprechend engem Marktbezug und Absatzrisiko) konnte die Gutswirtschaft nur ausgeweitet werden, wenn a) noch Landreserven verfügbar waren, die in Kultur genommen werden konnten [72], oder wenn Staatsländereien in den Besitz von Gutsherren übergingen — in den Schwarzerdegebieten mehr als eine Million Desjatinen im ersten Drittel des 19. Jahrhunderts [73] — und wenn b) die Bevölkerung so zunahm, daß das neue Land von den Fronbauern noch innerhalb ihrer Arbeitskapazität von 5 Desjatinen bestellt werden konnte. L i t v a k hat darauf hingewiesen, daß bei allen Auflehnungen und Beschwerden der Bauern gegen die Gutsherren kaum ein Beispiel dafür vorliege, wonach der Grund die Ver-

---

[70]) Ebenda, S. 263, zitiert nach L. V. M i l o v Issledovanie ob „Ekonomičeskich primečanijach" k general'nomu meževaniju. Moskva 1965.

[71]) Ebenda, S. 279.

[72]) C o n f i n o, S. 40—41. Im Gouvernement Tula hat von 1776/1780 bis 1858/1859 das Gutsland zu 70 % auf Kosten des Waldes zugenommen, aber 1780 waren nur 47 % des Ackerlandes in Kultur, bis 1858 war das ganze Land besetzt. V. I. K r u t i k o v, in: Tezisy 1969, S. 187—191.

[73]) L i t v a k, in: Ežegodnik 1963 (1964), S. 533.

kürzung des bäuerlichen Nutzungsanteils zugunsten des Guts gewesen sei [74]. Im Fronsystem war das Gleichgewicht gefährdet, wenn sich die Zahl der *tjagla* über die mögliche Ausweitung des beackerten Landes hinaus vermehrte und damit die Viehweide als Allmende gefährlich reduzierte. Um die wirtschaftliche Lage der einzelnen Höfe abzuschätzen, ist übrigens, wie bereits Lenin erkannte, die Ausstattung mit Vieh, vor allem mit Pferden als Zugtieren, ein in Grenzen brauchbareres Kriterium als die fragwürdige Reihung nach Desjatinen. Wenn die Bauern auf Frongütern zu wenig Zugkraft hatten, konnten sie die Gutsfelder nicht bearbeiten; der Rückgang des Zugviehs wird nichts mit verstärkter „Ausbeutung" zu tun haben, sondern auf dem Schrumpfen des Weidelandes beruhen [75]. Einer unkontrollierten Bevölkerungszunahme durch großzügiger erteilte Heiratsgenehmigungen standen die Interessen sowohl des Gutsherrn wie auch der Landgemeinde entgegen.

Das Gleichgewicht war ständig durch Naturkatastrophen gefährdet: Was tat der Gutsherr mit seinen Leibeigenen, wenn er sie nicht ernähren konnte, denn wo blieb in einer primär bedarfsdeckenden Gesellschaft die Vorratshaltung? Was aus staatlichen oder privaten Getreidemagazinen nicht gestohlen wurde, fraßen innerhalb weniger Monate die Mäuse. Von ständig ansteigender Ausbeutung könnte man mit Koval'čenko und einem Teil der Forscher nur dann sprechen, wenn alle genannten Faktoren mitbedacht sind. Sonst bleibt es bei leeren Formeln, die den Betrachter erstaunen machen, daß die Gutsbauernschaft nicht abgestorben ist. Gutgläubige jüngere Gelehrte [76] haben dies in der Tat angenommen: Der Anteil der Gutsbauern an der gesamten steuerpflichtigen Bevölkerung ist von der achten Revision (1832) zur neunten (1851) scheinbar um 4,7 Prozent zurückgegangen. Man muß jedoch Gutsbauern und Staatsbauern zusammenrechnen, da der Anteil der Staatsbauern an der steuerpflichtigen Bevölkerung dank der Übernahme von Privatgütern durch den Staat ständig zunahm. Außerdem muß bei den Revisionen bedacht werden, daß die Flüchtigen oder Abwesenden

---

[74]) L i t v a k , a. a. O., S. 534. R y n d z j u n s k i j , in: Istorija SSSR 1963, 4, S. 102 (1826—1849 4 Fälle). Bei Unruhen im Gouvernement Moskau kurz vor der Reform ebenfalls keine Fälle wegen Kürzung des Landanteils, obwohl dort dicht besiedelt. A. B. Z a k s , in: Iz istorii, S. 144—146.

[75]) Über das starke Absinken des Rindviehbestandes in den 50er und 60er Jahren, K o v a l ' č e n k o in: Materialy, t. 4, 1960, S. 186—187. Da die Gutsverwaltung bzw. Landgemeinde die Fronverpflichtungen nicht voll nach der Ausstattung mit Pferden aufteilte, waren die Ärmeren relativ mit an der Arbeit auf Herrenland belastet (Gouvernement Penza). S. F. T j u g a e v , in: Tezisy 1970, S. 200.

[76]) N. M. Š e p u k o v a , in: Voprosy istorii (1959), H. 12, S. 135.

nie erfaßt wurden. Je mehr also wanderten, desto weniger schien die Bevölkerung zu wachsen. Gutsherr und Landgemeinde verzichteten auf Flüchtige bei den Revisionen dort sehr gerne, wo überschüssige Arbeitskräfte ohnehin nicht beschäftigt werden konnten, also dem Gut als Zinsende oder Fronende nichts eingebracht, ihm aber Staatsabgaben gekostet hätten. Die Dunkelziffer der Flüchtigen — von den sich den Revisionen entziehenden staatsfeindlichen Sekten, z. B. den Stranniki, abgesehen — wird sich nie aufhellen lassen. Außerdem wurden, wie angedeutet, immer mehr Güter vom Staate übernommen und die Gutsbauern daher zu Staatsbauern [77]; schließlich versuchten die Gutsherren sich ihres allzu zahlreich werdenden Dienstpersonals, der Hofleute, zu entledigen, indem sie sie in die Freiheit entließen; diese wurden in der Regel den Kleinbürgern zugeschrieben [78]. Notleidende konnten nicht ohne weiteres auf die Straße gesetzt oder ohne Land verkauft werden. Gouverneure und Bürokratie mußten für öffentliche Ordnung sorgen; noch hatte die III. Abteilung überall ihre Augen.

In den gegebenen Grenzen konnten die Anforderungen der Gutsherren an die Fronbauern nicht ins Ungemessene gesteigert werden. Etwa die Hälfte der Arbeitszeit (280 Arbeitstage) oder ein wenig darüber wurde auf dem Gut gearbeitet [79]. Wie heute die Kolchozbauern ihren Landanteil unvergleichlich sorgfältiger bearbeiten, so war es auch damals: Herumstehen auf den Feldern, unsorgfältige Bestellung, demgemäß stärkere Verunkrautung und niederer Ertrag waren die Folge [80]. Wer von den kleineren Gutsherren nicht ständig selbst auf dem Felde nachschaute, kam auf keinen grünen Zweig. Die Last der Fron bestand unter Umständen weniger in der physischen Leistung als in der ungleichmäßigen Verteilung der Verpflichtungen über das Jahr, in den Arbeitsspitzen auf den Gutsfeldern zur Erntezeit. Vielfach ist jeweils eine zweite vollwertige Arbeitskraft eines *tjaglo* auf dem Gutsfelde tätig gewesen *(brat na bratu)*; so konnte diese Anspannung aufgefangen werden [81]. Solche für beide Teile erträgliche Praxis hat

[77] R y n d z j u n s k i j, in: Istorija SSSR 1963, 4, S. 105—109 (grundlegend), dagegen K o v a l' č e n k o, 1967, S. 324—325; R y n d z j u n s k i j, in: Voprosy istorii (1967), H. 7, S. 67—69. — Ebenso, nur weniger präzis, bereits K o r n i l o v, S. 46.
[78] G e n k i n, S. 86.
[79] P o v a l i š i n, S. 61; K o v a l' č e n k o, 1967, S. 106.
[80] Auch die „uročnaja sistema", d. h. die Zuteilung eines bestimmten Stücks Herrenland an das tjaglo zur Bearbeitung half nicht viel — nachlässige Bestellung wird erst im nächsten Frühjahr sichtbar und kann nur zu leicht dem Wetter, Schädlingen usw. zugeschrieben werden.
[81] S i v k o v, in: Perechod ot feodalizma k kapitalizmu. Materialy vsesojuznoj konferencii (1965). Moskva 1969, S. 78; G. T. R j a b k o v, ebenda, S. 155; V. A. F e d o r o v, in: Ežegodnik 1966 (1971), S. 325.

zu eigentümlichen bäuerlichen Rechtsverhältnissen geführt, von denen noch
zu handeln ist. Jedenfalls finden wir kaum Zeugnisse für eine verbreitete
Erhöhung der Fronlasten als notwendige Folge der Leibeigenschaft *(krepostnoj stroj)*, wohl aber zahllose Übergriffe der Herren, die zum großen
Teil keinerlei Begriff von ihren wohlverstandenen eigenen Interessen hatten; gewaltsame Reaktionen der Bauern mögen gewisse Grenzen gesetzt
haben [82]. Eine Ausnahme bildeten die Fuhrdienste, die zwar in großen
Wirtschaften normiert sein konnten, aber je nach Witterung verschieden
harte Anforderungen an das lebende Inventar des Bauern stellten und
gewiß in dem Maße erhöht worden sind, in dem bei gleichbleibender Wirtschaftsführung mehr Getreide auf den Markt gebracht wurde [83].

„Verstärkte Ausbeutung" hatte nur dann einen Sinn, wenn die Nach-
frage nach Getreide ständig wuchs — gerade diese Frage ist aber umstritten.
(In der Ukraine, die den Schwarzmeerhäfen näher liegt, gingen adelige
Unternehmer zum Bauernlegen über, d. h. sie zogen einen Teil des Bauernlandes ein. Das brauchte für die Betroffenen nicht unmittelbar nachteilig
zu sein, solange kein Überangebot billiger Arbeitskräfte vorlag [84].)

K o v a l' č e n k o hat sein umfangreiches Material und sein Mühe ganz
auf das Thema „Ausbeutung" und „Verelendung" abgestellt und an Hand
von Tabellen [85] nachzuweisen versucht, daß die Zahl der Wohlhabenden
immer kleiner und die der Armen immer größer geworden sei. Die entscheidende Frage nach der Zahl der Seelen bzw. *tjagla* pro Hof, die bei
jeder Umteilung schon wegen der gemeinsam zu tragenden Lasten neu
geregelt werden mußte — vom Druck der Kulaken auf die Dorfversammlung *(sel'skij schod)* einmal abgesehen —, wird nicht berührt [86]. Höfe mit
einer großen Zahl von Arbeitskräften hatten viele Hände für Nebenerwerb

[82] 1833 schrieb eine Gutsverwaltung: Wenn schon der staatliche Revisor nicht
vermieden werden könne, so solle er „wenigstens in bäuerlichen Angelegenheiten
keine Befehle erteilen, da sonst die derzeitige Ruhe gestört wird und heftige
Aufregung und Aufruhr entsteht ... wodurch der Gehorsam und die Ableistung
der Verpflichtung völlig aufhört." M. V. F e c h n e r, in: Iz istorii, S. 80.
[83] Zum Beispiel S i v k o v, S. 145, Š č e p e t o v, S. 158. Über hohe Fuhrdienste auch P l j u š č e v s k i j, in: Ežegodnik 1961 (1963), S. 394 (für Vjatka)
und V. I. K r u t i k o v Otmena krepostnogo prava v Tul'skoj gubernii. Tula
1956, S. 14.
[84] Einzelheiten bei A. Z. B a r a b o j, in Revol. situacija 1960, S. 25—48.
[85] Bei falschen Fragestellungen nützen auch die besten mathematischen Me-
thoden nichts, vgl. Anm. 66.
[86] Beispiele für reiche Bauern mit großen Familien (13 Arbeiter!); K o v a l'-
č e n k o, 1967, S. 124.

frei; im Fuhrgewerbe konnte eine Menge Geld verdient werden [87]. Koval'čenko hat wahrscheinlich gemacht, daß in mittleren Gutskomplexen — die Zwerggüter waren ein Kapitel für sich — die Bauern sich in ihren gewiß nicht präzis umschreibbaren sozialen Gruppierungen nicht wesentlich von denen der großen Magnatenherrschaften unterschieden.

Daß die Produktivität des Bodens im ganzen landwirtschaftlichen Gürtel im zweiten Drittel des 19. Jahrhunderts langsam abnahm, die Landwirtschaft sich also immer weniger rentierte — soweit nicht die günstige Marktlage einen Ausgleich schuf —, ist bekannt [88]. Alle Indizien sprechen dafür, daß die langjährigen Brachflächen, d. h. die Viehweiden und damit auch die Ausstattung der Höfe mit Hornvieh [89], das nicht nur der Milch, sondern vor allem des Düngers wegen gehalten wurde, zurückgingen. Vielfach waren bisher nur eingefriedete Gartenstücke *(usad'by)* gedüngt worden. Selbst der beste Boden verbrauchte sich ohne Dungzugabe, sobald er sich nicht mehr als Brachland *(perelog)* durch mehrere Jahre erholen konnte, sondern in den Dreijahresturnus mit einbezogen wurde. Diese Auslaugung ist die natürliche Ursache der vielberufenen Krise der Feudalwirtschaft, die also nicht notwendig mit der Wirtschaftsform als solcher bzw. der zunehmenden Marktbezogenheit zu tun hatte. Soweit diese Krise durch die Natur des Landes bedingt war, traf sie Gutsherrschaft und Bauerntum in gleicher Weise. Daß sie nicht ohne weiteres behoben werden konnte, ja daß sich die Krise der russischen Landwirtschaft bis in unsere Zeit fortsetzt, zeigt sich darin, daß man nach der Reform nicht allenthalben auf neue Formen der Bearbeitung übergegangen ist: Innerhalb der gegebenen technischen Möglichkeiten nahmen die Risiken wegen unvorhersehbarer klimatischer Schwankungen bei größeren Investitionen so zu, daß der Grenznutzen auch für die Bauernwirtschaft innerhalb des Dreifeldersystems gelegen war.

Zwischen Fronarbeit und Zinsleistungen standen die Bauern mit „gemischten Verpflichtungen", einer in manchen Gouvernements recht verbreiteten Art der Exploitation, die den Zeitgenossen so wenig bewußt war, daß man bei der Reformgesetzgebung an die solcherart Gebundenen nicht gedacht hat. Übrigens macht eben diese Dienstform die traditionelle Ein-

[87]) Zum Beispiel für den Wohlstand der Stadtbauern in Ostsibirien dank des Fuhrwesens, A. S. Kuznecov, in: Učenye zapiski. Irkutskij gosud. pedag. institut, t. 28, Irkutsk 1967, S. 3—35.

[88]) Über die Problematik der Statistik der Ernteerträge, Jacunskij, in: Ežegodnik 1959 (1961), S. 42 (gegen Koval'čenko); über die kaum nachprüfbaren Schwankungen in Weißrußland und in der Ukraine, Rjabkov und Baraboj, ebenda 1962 (1964), S. 80 u. 342.

[89]) Zum Beispiel Koval'čenko, 1959, S. 47 (Tambov); s. a. Anm. 75.

teilung in „primär Fron-" und „primär Zinsgouvernements" fragwürdig.
Naturalleistungen, vor allem die Lieferung bestimmter Produkte für den
gutsherrlichen Haushalt, eine Art Unterhaltsbeitrag *(kormlenie)*, wie sie zu
Beginn des Jahrhunderts noch üblich waren [90], kamen mit der Differenzierung der herrschaftlichen Lebensbedürfnisse ab [91]. Überall dort, wo geringe
oder überhaupt keine Gutswirtschaft betrieben wurde, man aber saison-
weise in der Forstwirtschaft oder Manufaktur Arbeitskräfte für einen
eigenen Betrieb brauchte, lagen „gemischte Verpflichtungen" nahe: ein Teil
des Zinses wurde in Fronarbeit abgeleistet, wobei in der Regel pro Mann
und Arbeitstag 15 Kopeken (wohl Silber) angerechnet worden sind [92].
„Gemischte Verpflichtungen" entstanden in Zentralrußland auch dann,
wenn auf Frongütern die Landreserven ausgingen und die Bauern sich
anderweitig Einkünfte beschafften, auf die der Gutsherr seine Hand legen
wollte [93]. Im Gouvernement Tver' [94] betrug die Fronbelastung 8 Tage pro
Jahr und *tjaglo;* es gab auch stärker Belastete. Unklar bleibt, inwieweit
Fuhrdienste eingerechnet waren. Auch wird man freiwillig einen Teil des
Zinses abgearbeitet haben, wo der Absatz des Hausgewerbes und die Be-
schäftigung als Wanderarbeiter kein hinlänglich sicheres Einkommen boten.
Zweifellos waren Arbeitskräfte und Zugtiere in schlechter ausgestatteten
Wirtschaften von wechselnden Verpflichtungen am meisten betroffen. Im
Vergleich zu 1782 hat in den fünfziger Jahren des 19. Jahrhunderts in
20 Gouvernements der Frondienst der Gutsbauern um über 10 Prozent, der
Zinsdienst um 7 Prozent abgenommen, d. h. „gemischte Verpflichtungen"
sind an deren Stelle getreten [96]. Die Debatte über die Verschiebung der
Relationen zwischen Fron und Zins sowie die Folgerungen für veränderte
Wirtschaftslage und Marktbezug läßt sich mit den alten Argumenten nicht
weiterführen.

10.

Das sozialökonomische Gleichgewicht zwischen Herren und Bauern war

[90]) Darüber öfter in bäuerlichen Klageschriften. Krest'janskoe dviženie (1826
bis 1849), S. 106.
[91]) Naturallieferungen wurden auch auf den Markt gebracht. P o v a l i š i n ,
S. 64.
[92]) Wichtig E. K. R o z o v , in: Naučnye doklady, 1958, 1, S. 29—34 (für
Tver'), sowie V. A. F e d o r o v , in: Ežegodink, 1966 (1971), S. 332—335.
[93]) Z a k s in: Iz istorii, S. 135.
[94]) Gouvernement Tver' 50er Jahre: 34,7 % „Gemischte", 33,9 % Zins, 31,4 %
Fron.
[95]) R o z o v , a. a. O.
[96]) C o n f i n o , S. 195—197.

bei Zinswirtschaften um so weniger auszumachen, je mehr diese von Gewerbe und Handel lebten. Was für Wohlhabendere nur eine Art Steuer war, konnte für den mittleren und ärmeren Zinsenden sehr wohl eine schwere Grundabgabe bedeuten [97]. Daher sagt die nicht völlig abwegige Zahl einer durchschnittlichen Zinsabgabe von etwas über 20 Prozent des Gesamteinkommens des Zinsbauern sehr wenig aus. Das Verhältnis von Zinserhöhung und Getreidepreisanstieg läßt sich kaum schätzen; im Steppengebiet stieg angeblich der Getreidepreis um das Zwanzigfache, der Zins um das Sechsfache [98]. Damit ist nicht alles gesagt; denn bei Mißernten, wenn der Bauer hinzukaufen mußte, war auch der Getreidepreis verhängnisvoll hoch. Ich enthalte mich des Urteils über die fallende Kaufkraft der verschiedenen Rubelsorten.

Bei der Beurteilung der Belastung durch Zins kann nur die Arbeits- und Einkommenseinheit, der Hof, berücksichtigt werden, nicht die Revisionsseele [99]. Vor allem lassen sich keine Durchschnittswerte angeben, da manche leibeigenen Kapitalisten 1000 Rubel oder mehr jährlichen Zins zahlten — diese Posten verfälschten jede Gesamtrechnung. Man kann nur feststellen: Die wachsende Belastung hing irgendwie mit der Entwicklung der Produktivkräfte in der bäuerlichen Wirtschaft zusammen [100]. Anscheinend glich sich in den letzten Jahrzehnten vor der Reform der Zins in den verschiedenen Gegenden langsam an [101]. Selbstverständlich kamen die Wohlhabenden besser davon — einmal konnten sie einen Teil der Einkünfte als Händler oder Wanderhandwerker verschleiern, zum anderen stellten sie die Starosten, die die Leistungen verteilten, ja sie waren manchmal Gläubiger ihrer eigenen Gutsherren. Zugleich konnten dörfliche „Kapitalisten" ärmere Dorfgenossen in ihre Abhängigkeit bringen, indem sie für einzelne oder auch für die Gesamtgemeinde einen Teil der Zinslast — oder der Staatsabgaben — freiwillig übernahmen [102]. — Im Grunde zahlten die Bauern

[97] R y n d z j u n s k i j in: Istorija SSSR 1966, 6, S. 48; um die Mitte des Jahrhunderts hat sich in den Gewerbegebieten der Zins stabilisiert. F e d o r o v , a. a. O., S. 328.

[98] S i v k o v , S. 153—155.

[99] So R y n d z j u n s k i j , S. 49, mit Recht gegen K o v a l'č e n k o u. M i l o v , in: Istorija SSSR 1966, 1, S. 63—64.

[100] R y n d z j u n s k i j in: Istorija SSSR 1961, 2, S. 58. — In Nižnij Novgorod waren ebenfalls die ärmsten Bauern (je 1.1 tjaglo), die mit den wenigsten Arbeitskräften. N. A. B o g o r o d i c k a j a , in: Tezisy 1964, S. 118, ausführlicher mit vielen Tabellen, d i e s., in: Ežegodnik 1965 (1970), S. 265—279.

[101] R y n d z j u n s k i j , in: Istorija SSSR 1966, 6, S. 59.

[102] D e r s., a. a. O., S. 55. — Entsprechend wurden die tjagla vergeben und Umteilungen nach Möglichkeit hinausgeschoben. Š č e p e t o v , S. 198.

nur soviel, wieviel sie aufbringen konnten [103]; dies hat schon Černyševskij festgestellt. Auch die Druckmittel der Gutsherren waren begrenzt.

Zinsbauern hatten vor den Fronenden eines voraus: sie waren in der Wirtschaftsweise wegen der Gemengelage nicht an die Gutswirtschaft gebunden und konnten daher intensiver Spezialkulturen pflegen. Zudem konnte der Hof über seine Arbeitskräfte frei verfügen; es gingen etwa die Männer im Sommer auf Wanderarbeit, nicht nur als Handwerker, sondern auch als landwirtschaftliche Saisonarbeiter [104] in den Süden, während Frauen und Angestellte zu Hause den Feldanteil bewirtschafteten.

In den Gewerbegebieten kamen bäuerliche Unternehmer mitunter zu beträchtlichem Vermögen: im Jahre 1836 setzten z. B. 86 Kaufleute auf dem Besitz Vasil'evskoe der Šeremetev über 3,1 Millionen Assignatenrubel um. Ebendort setzten aber im Jahre 1850 71 Kaufleute nur 325 000 Rubel [105] um. Solche Fluktuationen finden sich, wenn auch weniger ausgeprägt, in vielen Hofbeschreibungen.

Die Geschichte des russischen Binnenhandels und Bauernhandels im 19. Jahrhundert ist noch nicht geschrieben; methodische Schwierigkeiten dürften abschrecken. Aus diesem Grunde können wir über den Zinsbauern und seinen Vermögensstatus noch nichts Umfassendes sagen. Immerhin hat sich das Einkommen der Zinsenden im Durchschnitt, wenn die Zahlen nicht täuschen, im Laufe des Jahrhunderts bis zur Reform trotz der höheren Belastungen erhöht (den Bauern verblieben im Gouvernement Moskau 155 Prozent, in Rjazań 111 Prozent, auf die Relation Einkommen — Zins von 1790 bezogen) [106]. Der Zins wurde zwar immer wieder heraufgesetzt; vor allem wurden Naturalabgaben durch Geld abgegolten [107]. Die Zahl der rückständigen und säumigen Zahler ist anscheinend gewachsen [108], aber auch hier waren Grenzen gesetzt: In den Gewerbegebieten bestand immer — wie erwähnt — trotz aller Paßvorschriften die Möglichkeit, als Wanderarbeiter unterzutauchen; da halfen keine Kontrolle der Starosten und keine Kollektivhaftung.

Auf landwirtschaftlich genutzten Zinsgütern konnten die Bauern bei übermäßiger Belastung rascher ins Elend kommen, trotz der landtechnischen Freizügigkeit, weil sie, von Mißernten abgesehen, in vielen Gegenden nicht

---

[103]) R y n d z j u n s k i j , in: Istorija SSSR, 1963, 4, S. 104.
[104]) Vorteilhaft in Kostroma und Jaroslavl' (bis zu 150 Silberrubel!). G e n - k i n , S. 69.
[105]) Š č e p e t o v , S. 195, 367.
[106]) R y n d z j u n s k i j , in: Istorija SSSR, 1966, 6, S. 60.
[107]) G e n k i n , S. 31.
[108]) S i v k o v , S. 150—152.

beliebig viel Getreide absetzen konnten — abgesehen von dem Bedarf für die einfache Reproduktion [109]. Andererseits waren dem Unternehmungsgeist der Bauern gewisse Grenzen gesetzt: Sie riskierten, daß bei besseren Einnahmen der Zins erhöht wurde, ebenso wie ständige Rückschläge bei steigenden Investitionen. Es sei erwähnt, daß noch heute in einer Gegend am linken Ufer der mittleren Wolga — einem ehemaligen Zinsgebiet — unvermeidlich eine Mißernte eintritt, wenn der Boden verkrustet, bevor sich das vierte Blatt der jungen Weizenpflanze entwickelt hat, sie also nicht mehr durchbrechen kann; da hilft keine Dungzugabe und sonstige Mühe. Entsprechendes galt und gilt für späte Frühlingsfröste und für vorzeitige Herbstregen, die Getreide oder Rüben auf den verschlammten und unbetretbaren Feldern verfaulen lassen. Das heißt: Auch für Zinsbauern, die ihre Ackerwirtschaft in eigener Verantwortung führten, galt ein Gleichgewicht, das zwar von unverständigen Gutsherren ignoriert worden sein mag, sich aber schließlich durchsetzen mußte. Das Gewohnheitsrecht in der Zumessung der Landanteile wie der tragbaren Lasten gründete sich nicht notwendig auf einen Consensus der Einsichtigen, sondern war in erster Linie Ausdruck der natürlichen Sachzwänge.

Solange keine Darstellung des russischen Getreidemarktes für die Zeit vor der Reform existiert, können wir, den äußersten Süden ausgenommen, keine Vorstellung darüber gewinnen, ob ein wohlausgestatteter Hof über Zins und Steuern hinaus noch wesentlichen Profit aus dem Getreideanbau erzielen konnte.

11.

Über die Kapitalisten, vor allem unter den bäuerlichen Händlern, sind wir vielfältig, aber nicht umfassend orientiert. Wer sich auf der Basis eines mit Arbeitskräften und Gespannen gut besetzten Hofes dem gewerbsmäßigen Fuhrwesen widmete, wird bald auch als Händler tätig geworden sein, sei es, daß er die Getreideüberschüsse der Bauern anfangs als Kommissionär auf den Markt brachte und dann auf eigene Rechnung nahm, sei es, daß er handwerkliche Erzeugnisse seiner Dorfgenossen auf den Jahrmärkten absetzte oder eine Manufaktur betrieb. Die Rolle der bäuerlichen Händler auf der Messe in Nižnij Novgorod ist von Ostrouchov untersucht worden:

---

[109] Waren die Landreserven erschöpft, gingen auch in Zinsdörfern die Landanteile — und nur aus diesem Grunde — zurück. K o v a l' č e n k o, 1967, S. 177. — Für die Marktproduktion der Zinsbauern auch L j a š č e n k o, t. 1, S. 200—201.

Ins Auge fallen die enormen Preisschwankungen und die sehr wechselnden Zufuhren, zum Teil zweifellos in spekulativer Absicht [110]. Allerdings waren 1822 nur 23 Prozent der Händler Bauern; sie setzten 4,5 Prozent der Waren im Wert von durchschnittlich 8400 Assignatenrubeln je Händler um [111]. Die bäuerlichen Händler gaben und nahmen oft recht langfristige Kredite — bis zu zwei Jahren — mit großen Risiken und entsprechenden Zinsen (bis zu 25 Prozent); anscheinend haben nur die Orientalen auf der Messe bar bezahlt [112]. Von den Umsatzschwankungen bei den Kaufleuten der Šeremetev haben wir gehört.

Da der auf die Getreideproduktion beschränkte Durchschnittshof in der Regel keinerlei Geldreserven hatte — es wäre auch schwierig gewesen, solche vor Raub zu schützen —, war sein Kreditbedarf groß, sobald er nicht in der Lage war, seinen Verpflichtungen nachzukommen. Zinsschulden konnten kaum je in Geld eingetrieben werden [113]. Wer über Kapital verfügte, wucherte und nahm den Dorfgenossen zwischen 18 und 36 Prozent Zinsen pro Jahr ab [114]. Ein einziges Mal wird von dem Versuch eines Fürsten L'vov berichtet, 1833 im Gouvernement Saratov eine bäuerliche Kreditbank zu gründen [115].

Die Kapitalien konnten verschiedenen Zwecken dienen. In erster Linie ermöglichten sie den Freikauf, vor allem in den Gewerbegebieten — so für die Textilunternehmer aus dem Südteil des Gouvernements Kostroma [116]. Anscheinend entsprach die Freikaufsumme dem kapitalisierten Jahreszins [117]; die Freigekauften gingen in der Regel in den Kaufmannsstand über. Nach einem Gesetz von 1847 durften Bauern sich freikaufen, wenn das Gut versteigert wurde, doch wurde diese Erlaubnis nach einem Jahr wegen der Proteste des Adels wieder zurückgenommen [118].

---

[110]) O s t r o u c h o v , passim.

[111]) D e r s . , in: Zapiski russkogo naučno-issledovatel'skogo obedinenija 1 (6), Prag 1934, S. 9.

[112]) N. S. S v i r i d o v , in: Naučnye doklady 1958, 1, S. 49—50.

[113]) Hierauf verzichtete sogar ein so kleinlicher Wirtschafter wie Michail Voroncov. I n d o v a , passim.

[114]) F e c h n e r , in: Iz istorii, S. 77 (Vladimir 1833).

[115]) V. V e s e l o v s k i j , in: Materialy po krepostnomu pravu. Saratovskaja gubernija. Saratov 1911, S. 6.

[116]) V. A. F e d o r o v , in: Vestnik IX, 1964, 5, S. 70.

[117]) Š č e p e t o v , S. 179; Fedorov, a. a. O., S. 60—63.

[118]) S e m e v s k i j , a. a. O., t. 2, S. 159, 205. Für die Schwierigkeiten sich freizukaufen, vgl. folgende Lebensgeschichte: Der Sohn eines leibeigenen Viehaufkäufers kann um keinen Preis von seinem Herrn loskommen, flieht nach Rumänien, von dort mit falschem Paß in den Kaukasus, wird erwischt und heimgeschickt, meldet sich wieder als Marketender in den Kaukasus, wird bei

Außerdem erwarben kapitalkräftige Bauern Ackerland, das dann selbstverständlich nicht der Umteilung unterlag. Bis zum Jahre 1848 konnten Leibeigene nur auf den Namen ihrer Herren unbesiedeltes Land kaufen. Bei der Reform war später nicht leicht nachzuweisen, daß dieses Land tatsächlich den Bauern gehörte. Die Gesetzgebung hat darauf wenig Rücksicht genommen [119]; indessen scheint kaum solches Land eingezogen worden zu sein. Selbst ein einflußreicher Höfling wie Fürst Kočubej mußte die einbehaltenen wertvollen Wiesen seiner ehemaligen Leibeigenen herausgeben [120].

In den Nicht-Schwarzerdegebieten haben die Bauern wesentlich mehr Land ankaufen können, offenbar mit Hilfe der aus Handel und Handwerk erübrigten Kapitalien [121]. Im Gouvernement Novgorod besaßen schon 1795 einzelne Dörfer der Fürsten Golicyn mehr Eigenland als Gemeindeanteil [122]; 1829 waren auf einem Gagarinschen Gute im Gouvernement Tveŕ fast 50 Prozent der Bauern im Besitz von eigenem Land [123]. Seit 1826 hat sich das Tempo des bäuerlichen Landankaufs verringert: Wenn der Bodenpreis stieg, wurde in klimatisch ungünstigen Gebieten der Kauf uninteressant. Solange Land billig war, kauften auch Gemeinden gemeinsam, später nur noch einzelne Wohlhabende. Lohnend blieb, vor allem in den nördlichen Gebieten, der Kauf von Heuschlägen [124], auch durch die Gemeinde. Das erworbene Land ist anscheinend immer individuell bewirtschaftet worden, auch wenn die Gesamtgemeinde es gekauft hatte; es wurde sofort gemäß den Kapitalbeiträgen verteilt [125]. (Das spricht gegen die Theorie von der Gemeindeverfassung mit Umteilung als genuiner russischer Agrarverfassung.)

Außer Handel und Gewerbe haben Spezialkulturen zum Entstehen bäuerlicher Kapitalvermögen beigetragen. Bekannt waren die erfolgreichen Flachsbauern im Gouvernement Pskov (Pleskau), die Hopfenbauern in der

---

einer Einkaufstour von Čečenen gefangen, flieht von dort und wird dadurch frei. N. N. Š i p o v Istorija mojej žizni (1802—1862). SPbg. 1881 (vorher in: Russkaja starina, t. 31 u. 32, 1881).

[119] § 32 der Obščee Položenie.

[120] Im Gouvernement Saratov hatten 1838 die Bauern des Fürsten Kočubej ca. 10 000 Desjatinen Eigenland. V e s e l o v s k i j, S. 14; zu den Unruhen; I. I. I g n a t o v i č, in: Revol. situacija 1960, S. 175—189 sowie Krest'janskoe dviženie (1857—1861), S. 291—299.

[121] K o v a l ' č e n k o, 1967, S. 272.

[122] M. D. K u r m a č e v a, in: Ežegodnik 1961 (1963), S. 372.

[123] K o v a l ' č e n k o, in: Istoričeskie zapiski 78, S. 97.

[124] Umgekehrt wurde dort die Kürzung des bäuerlichen Heulandes besonders stark empfunden. F e c h n e r, in: Iz istorii, S. 73.

[125] Mit hochinteressanten Details F e d o r o v, in: Vestnik IX, 1969, 1,

Nähe Moskaus; auch die Kombination mehrerer arbeits- und kapitalinten-
siver Kulturen versprach hohe Gewinne, jedoch lag zwischen Investition
und Ertrag ein Zeitraum von einigen Jahren [126]. Vom Getreideanbau allein
konnte offenbar kein Leibeigener so viel erübrigen, daß er zu eigenem
Besitz kam [127]. — Hier wirkte in Fron und Zins der erwähnte Gleich-
gewichtsmechanismus. Eigenland war besser bearbeitet, regelmäßiger gedüngt und daher rentabler [128]. Waren genügend Arbeitskräfte verfügbar,
so konnte der bäuerliche Eigenbesitz in günstig gelegenen Gebieten einen
überproportionalen Marktanteil erkämpfen: wo diese Voraussetzungen vorlagen, waren die Startbedingungen für die neue Produktionsweise nach der
Reform besonders günstige.

12.

Nicht nur Staatsbauern, die es vor allem im Nordosten mit seinen günstigen Exportverhältnissen erstaunlich weit gebracht haben, hielten ihrerseits Bauern bei sich beschäftigt, ja sogar eigene Leibeigene; auch Gutsbauern beschäftigten auf ihrem Eigenland in zunehmenden Maße herunter-
gekommene Landleute [129]. Dabei trafen sich weitgehend die Interessen von
Gutsherren und Bauern. Die Dorfarmen fielen sonst der Gemeinde zur
Last und konnten weder Zins zahlen noch — da sie keinerlei Inventar
besaßen — Frondienste leisten [130]. Wer ohne eigenes Verschulden völlig
verarmt war, so daß er zur kollektiven Steuerhaftung und Dienstpflicht

---

S. 68—81. — Davor allgemein über bäuerlichen Landbesitz, L i t v a k , in:
Materialy, t. 5, S. 338—347, R j a b k o v , in: ebendort, t. 6, S. 195—212, N. M.
D r u ž i n i n , in: Voprosy (Novosel'skij), S. 176—189.
  [126]) V. N. K a š i n Krepostnye krest'jane-zemlevladel'cy nakanune reformy,
Leningrad 1934, 116 S. (Sonderdruck aus: Izvestija Akademii Nauk SSSR po
otdeleniju obščestvennych nauk 1933, vyp. 8,9), dagegen L i t v a k in Materialy,
t. 5, S. 338. — Über Handelsgärtner aus dem Gouvernement Jaroslavl', F e d o -
r o v , in: Vestnik IX, 1962, 6, S. 49—68.
  [127]) S t r u v e , S. 84 (zitiert N. P. Š i š k o v , 1852).
  [128]) K o v a l ' č e n k o , in: Istoričeskie zapiski, t. 78, S. 97.
  [129]) Staatsbauern kauften besiedeltes Land; die ansässigen Bauern wurden
theoretisch frei, verloren aber alles Land, und die neuen Besitzer waren die
Versorgungspflicht los; es bildete sich also eine „unterständische" Arbeiterschicht
— wo mögen diese in den Revisionen aufgetaucht sein? G e n k i n , S. 183. —
Auch Steuerschuldner wurden an Staatsbauern verdingt. P l j u š č e v s k i j , in:
Učenye zapiski. Udmurtskij gosud. pedag. institut, t. 15, Iževsk 1967, S. 62.
  [130]) Ganz Verarmte verloren jeden Landanteil, wurden aber bei den Revisionen wohl als landlose Bauern gezählt. I n d o v a , S. 107.

keine Leistungen beizubringen vermochte, durfte als Lohnarbeiter abziehen, wurde mit allen Arbeitskräften und dem gesamten Inventar von intakten Höfen übernommen und „sollte wie ein eigenes Kind *(priemyš)* gehalten werden". Darüber gibt es in einigen Gutsarchiven genaue Verträge. Diese Leute wurden Lohnarbeiter *(batraki)* auf einem wohlhabenderen Hof. Solche Verträge konnten auf Zeit abgeschlossen werden, so daß herunter-gekommene Wirtschafter, Witwen usw. für eine bestimmte Frist die Reste ihres Inventars und Landes als „Teilhaber" *(dol'niki)* einbringen und später ausscheiden konnten, sobald sie wieder in der Lage waren, selbständig zu wirtschaften. Auch wurden Schwiegersöhne mit entsprechender Dienstver-pflichtung vertraglich aufgenommen. Aus großen Höfen konnte der Guts-herr einen Teil des Anteillandes und der Arbeitskräfte mit *dol'niki* zu zeit-weiligen neuen *tjagla* zusammenfügen, um existenzgesicherte Wirte zu haben. Wenn jemand sein Land aus Mangel an Zugvieh nicht beackern konnte, so gab er es einem Nachbarn gegen Erstattung des halben Ertrages zur Bearbeitung *(ispol'ščina)*", ebenso konnte Vieh in Pflege gegeben werden *(iz kormu)* [131]. Diese vertraglich festgelegten Rechtsbeziehungen waren of-fenbar weit verbreitet [132]; sie komplizieren das Bild der sozialen Schichtung des Dorfes. Viele Höfe, die in den Gutsbeschreibungen als die ärmsten er-scheinen, stellten sichtlich keine selbständigen Wirtschaftseinheiten dar. Wir wissen von den Schuldknechtschaften nur aus zufällig erhaltenen Doku-menten — es ist zu vermuten, daß es sie in vielen Gegenden gegeben hat. Damit ist das Gesamtbild der ländlichen Entwicklung, wie es sich aus der mechanischen Gruppierung in „Reiche", „Mittlere" und „Ärmste" etwa bei K o v a l ' č e n k o zu ergeben scheint, vollends fragwürdig.

Der Gutsherr hatte ein Interesse, krisenfeste Bauernwirtschaften zu er-halten; daher wird er bestrebt gewesen sein, Teilungen der Höfe zu verhin-dern. Unverschuldet in Not geratene Leibeigene hat er auch wohl von Fronarbeit und Zinszahlung befreit, ihnen Saatgetreide vorgestreckt, bis die Höfe ihre volle wirtschaftliche Leistungsfähigkeit wiedererlangten [133]. Das gleiche Interesse hatte die Dorfgemeinde [134] — diese Verpflichtung

---

[131]) Aus Smolensk: R j a b k o v , in: Ežegodnik 1960 (1962), S. 351—362; aus Tver': K o v a l ' č e n k o , in: Vestnik IX, 1965, 4, S. 80—86.

[132]) Auf den untersuchten Smolensker Gütern hatten zeitweise 30 % der Bauern ihre dolniki.

[133]) Moskauer Verwaltung des Fürsten Gagarin 1836: „Wo nichts ist, kann auch nichts genommen werden, in diesem Falle muß man Geduld haben und den Bauern Zeit lassen, sich zu erholen." K o v a l ' č e n k o , 1959, S. 188, s. a. d e r s., 1967, S. 194.

[134]) Instruktionen der Voroncovs: „Wenn der Mir die Nichtzahlenden nicht streng bestraft, dann muß man von dem Mir die Schulden einziehen." I n d o v a , S. 59.

wurde wahrscheinlich überall, wo es ging, wahrgenommen, und damit die Differenzierung innerhalb der Bauernschaft zu einem gewissen Grade vermindert.

Sowohl Gutsherren wie Dorfgemeinden werden Druck auf die Zusammenfügung neuer *tjagla* ausgeübt haben. Aber nicht alle Zinsschuldner konnten auf diese Weise „saniert" werden, vor allem jene nicht, die als Faulpelze oder Trunkenbolde bekannt waren und mit denen sich niemand verbinden wollte [135]. Diese verschlechterten ihren Status; sie wurden ganz oder teilweise auf Fron gesetzt und mußten ihre Rückstände *(nedoimki)* abarbeiten [136]. Von einem größeren Besitz im Gouvernement Nižnij Novgorod hören wir, daß der Besitzer wegen der uneintreibbaren Zinsrückstände alle Bauern auf Fron setzte, das Gutsland vergrößerte und erst bei dieser Gelegenheit eine eigene Gutswirtschaft einrichtete. Auf einem anderen Gut in der Nähe ist aber die Fronzeit verkürzt worden, da der Gutsherr mit Maschinen — an denen er offenbar freie Lohnarbeiter beschäftigte — besser fuhr [137]. Schuldner wurden auch vermietet, wobei der Gutsherr den Nettolohn einbehielt [138]. Übrigens haben gleich nach der Reform Landgemeinden solche Mitglieder, die Gemeindeabgaben schuldig geblieben waren, an Kontrakteure vermietet, wobei manchmal Starosten Gelder unterschlagen und Kulaken dann die Sache mit Schnaps „in Ordnung gebracht" haben [139]. Dieser Praxis der Zwangsvermietung leistete schon in den fünfziger Jahren der große Bedarf an freien Arbeitskräften bei den Eisenbahnbauten Vorschub; es läßt sich denken, daß geldbedürftige Gutsbesitzer unverheiratete oder kinderlose junge Männer aus größeren Familien kolonnenweise verheuert haben [140].

[135]) Manchmal wollten die Bauern nicht landwirtschaftlich auf die Beine gebracht werden: Bauern der Jusupovs forderten jedes Frühjahr Saatgetreide bei der Gutsvewaltung; es wurde ausgeborgt; sie mußten es aber unter Aufsicht aussäen, sonst verschoben sie es und verpachteten das nicht bestellte Anteilsland weiter. S i v k o v , S. 200—201.

[136]) Zum Beispiel G e n k i n , S. 72; Materialy po krepostnomu parvu, a. a. O., S. 61.

[137]) N. A. B o g o r o d i c k a j a , in: Učenye zapiski. Gor'kovskij gosud. universitet, t. 78,2, Gor'kij 1966, S. 374—378. Vgl. d i e s., Pomeščič'i krest'jane Nižegorodskoj gubernii c pervoj polovine XIX veka. (Po materialam Simbilejskogo imenija grafov Orlovych-Davydovych). Autoreferat. Gor'kij 1966, 23 S. (Nicht gesehen.)

[138]) Š č e p e t o v , S. 170—177, G e n k i n , S. 72, K o v a l ' č e n k o , 1959, S. 18.

[139]) V. T r i r o g o v , Opyt issledovanija javlenij obščestvennoj žizni volosti. Priloženie k protokolam Saratovskogo gubernskogo statičeskogo komiteta 15go junija 1874 goda. Saratov 1875, S. 20—25.

[140]) K o v a l ' č e n k o , in: Vestnik IX, 1965, 4, S. 69. — Vielfach wurden die

Wo sich ein intensiver Gutsbetrieb entwickelte, lag es nicht im Interesse des Gutsherrn, Arbeitskräfte abzuschieben. Der Status des Schuldners reduzierte sich auf den eines vollständig abhängigen, nur mit dem Nötigsten versorgten Deputatarbeiters *(mesjačnik)* [141], wie wir sie vor allem in der Ukraine finden. Unter dem *krepostnoj stroj* hat es durchaus Ansätze eines ländlichen Proletariats gegeben, wie es sich nach der Reform rasch entwickelte.

Gutsherren und Landgemeinde hatten gemeinsam die Rekruten auszuwählen, die ja aus der Dorfgemeinschaft als bürgerlich Tote ausschieden und ihr Anrecht auf einen Landanteil verloren. Reiche Bauern kauften ihre Söhne frei; der Gutsherr zog als zusätzliche finanzielle Quelle die Summen ein [142]. Starosten oder Gutsverwalter nahmen gewiß Schmiergelder [143]; dafür wurden Ärmere — oder Raskol'niki — unter die Rekruten getan [144]. Nicht selten traf ein solches Schicksal diejenigen, die nicht nur gegen den Herrn, sondern mehr noch gegen die allmächtige Dorfobrigkeit aufzumucken gewagt hatten [145].

13.

Auf Wanderhandwerker und Wanderarbeiter ist öfters verwiesen worden; im Norden und Nordosten spielte die Landwirtschaft kaum eine Rolle, sie diente bestenfalls der begrenzten Versorgung des Bauernhofes. Über die

mit den Kolonnenführern ausgemachten Löhne an Ort und Stelle einfach gesenkt. P l j u š č e v s k i j (wie Anm. 129), S. 65.

[141]) I. I. I g n a t o v i č, in: Istorik-marksist, 1927, 3, S. 90—110; K o v a l ' - č e n k o, 1967, S. 279; R o z o v, in: Naučnye doklady, 1958, 1, S. 33.

[142]) Rekrutenquittungen kosteten 1000 Rubel Assignaten. K o v a l ' č e n k o 1967, S. 285; F e c h n e r, in: Iz istorii, S. 78.

[143]) Graf Bludov 1850 über den Freikauf: Mißbräuche können nicht nachgewiesen werden; jeder wird sagen, es seien nur schädliche Elemente unter die Soldaten gegeben worden. Dieses notwendige Übel des Leibeigenschaftsrechts stelle keine Gefahr für den Staat dar; wenn die Regierung bei den beauftragten Beamten Kontrollen anstelle, würde dies nur ihre Ohnmacht beweisen. G e n - k i n, S. 93.

[144]) Š č e p e t o v, S. 177—179; K o v a l ' č e n k o, 1959, S. 188. — Im Gouvernement Saratov wollten sich Molokanen freikaufen, um nach dem Kaukasus zu ziehen und dafür von ihren Söhnen unter die Rekruten geben. Materialy po krepostnomu pravu. a. a. O., S. 60.

[145]) 1832 wurden verarmte Bauern unter die Soldaten gesteckt, da man vermutete, sie könnten ihre Dörfer in Brand stecken. F e c h n e r, in: Iz istorii, S. 80.

Zahl der Wandernden [146] und deren ökonomischen Status lassen sich überhaupt keine generellen Aussagen machen. Die Wolgatreidler *(burlaki)*, unter ihnen nicht wenige Apanagebauern, gehörten gewiß zu den Ärmsten der Armen. Den Waldarbeitern und Flößern [147] wird es nicht viel besser gegangen sein, vor allem wenn sie in den Wäldern der eigenen Herren Fron- und Fuhrdienste leisten mußten, wenn ihr Anteil aus Wald bzw. Buschwerk bestand [148] oder wenn sie in „gemischten Verpflichtungen" außerdem Zins aufzubringen hatten [149]. In forstwirtschaftlich genutzten Gebieten sind teils die Gutsherren schon vor der Reform zu Unternehmern geworden ‿ägewerke usw.), teils haben Kaufleute die Güter in die Hand bekommen. Hier war man nicht mehr an gebundener oder erzwungener Arbeit interessiert; trotz höherer Löhne brachte die freie Lohnarbeit im Akkordlohn dem Unternehmer höheren Gewinn [150]. Hier wurden daher relativ viele Bauern freigelassen, die in den Revisionen nicht mehr erschienen [151].

Nicht die Spezialisierung der Wanderhandwerker und deren Wandergebiete interessieren in diesem Zusammenhang, sondern ihr Status. Wanderhandwerker waren vom Frühjahr bis zum Herbst unterwegs; sofern sie daheim Landwirtschaft betrieben, war das Sache der Frauen bzw. eigens angestellter Landarbeiter *(domolegi)* [152]. Die Abwesenden brauchten Pässe, die in der Regel für ein Jahr ausgestellt wurden, und zwar von den Starosten, obwohl die Gutsherren — vor allem in Gebieten, in denen der Landbau noch eine Rolle spielte, man also nicht alle Arbeitskräfte gleichzeitig entbehren konnte — den Abzug kontrollieren oder die Arbeiter selbst vermitteln wollten [153]. Die Fortziehenden waren, wie gesagt, nicht immer leicht zu überwachen; größere Besitzer hielten in den Hauptstädten einen eigenen Starosten zur Kontrolle der leibeigenen Handwerker [154].

Viele mögen ohne Wiederkehr abgezogen und aus allen Listen verschwunden sein; irgendwo mögen sie eine neue Familie gegründet haben [155].

---

[146]) Zu den Zahlen P l j u š č e v s k i j, in: Učenye zapiski. Permskij gosud. universitet, t. 158, Perm' 1966, S. 112.

[147]) Die Flösser-Arteli der Stroganovs (Gouv. Perm') lebten von Vorschüssen; ihre Schulden wurden vererbt; abgängige Stämme wurden ihnen angekreidet. P l j u š č e v s k i j (wie Anm. 129), S. 67.

[148]) F e d o r o v, in Vestnik IX, 1964, 5, S. 55—60; Š č e p e t o v, S. 182; G e n k i n, S. 24.

[149]) G e n k i n, passim.

[150]) D e r s., S. 58—60.

[151]) R y n d z j u n s k i j, in: Voprosy istorii, 1967, 7, S. 68.

[152]) F e d o r o v, a. a. O., S. 66; G e n k i n, S. 118.

[153]) P l j u š č e v s k i j (wie Anm. 146), S. 114; G e n k i n, S. 127.

[154]) F e d o r o v, a. a. O., S. 55—60; G e n k i n, S. 129.

[155]) R y n d z j u n s k i j, in: Istorija SSSR, 1963, 4, S. 107—109.

Falsche Pässe konnte man damals gewiß mit weniger Risiken erwerben als heute in der Sowjetunion. Niemand wird je nachprüfen können, wie viele sich den Revisionen (vor allem denen vor 1850) entzogen haben [156]. Aufblühende Gutsbetriebe und finanzstarke Sektierer nahmen in den Neulandgebieten Tauriens immer wieder Flüchtige auf, die etwa aus dem Gouvernement Kursk noch in den vierziger Jahren über Nacht entwichen [157]; amtlich frei wurde allerdings nur, wer während der Feldzüge im Kaukasus dort in Gefangenschaft geraten und entwichen war [158]. Die wandernden Handwerker kamen weit herum, kannten die Verhältnisse in anderen Teilen des Reiches, waren vielfach des Lesens und Schreibens kundig *(gramotnye)*, gingen anders gekleidet und — wie ein Geistlicher bei einer Enquête betrübt feststellte — nicht mehr regelmäßig zur Beichte [159]. Mit ihnen kam ein Moment der Unruhe und Aufsässigkeit — sie verbreiteten die Gerüchte über die bevorstehende Freiheit.

Es ist leicht einzusehen, daß Wanderhandwerker dann sehr gut vorankamen, wenn mehrere von einem Hof unterwegs waren. Im Gouvernement Jaroslavl' betrugen die Gesamtabgaben je *tjaglo* (d. h. Zins, Steuern und Mirbeiträge) 32—34 Rubel (wohl Silber) jährlich, d. h. 60—70 Prozent des Reinverdienstes eines Handwerkers nach Abzug des eigenen Unterhaltes ungeachtet der Ergebnisse der Eigenwirtschaften; unter Umständen gehörten zu einem *tjaglo* mehrere Handwerker [160]. An anderer Stelle ist auch von 150 Rubeln jährlichem Verdienst die Rede. Es ist anzunehmen, daß längst nicht alle Einkommen angemeldet wurden; wie gesagt, gehört in das Bild noch eine nicht nachprüfbare Größe hinein, nämlich des leibeigenen Bauern eigener Landbesitz, der ja keiner Zinsabgabe unterlag.

14.

Zusammenfassend möchte ich sagen, daß ich die traditionelle Ansicht der sowjetischen Forschung von der wachsenden Verelendung des Bauerntums als Folge einer ständig verstärkten Ausbeutung, wie sie zuletzt von

---

[156] D e r s., in: Istorija SSSR, 1967, 7, S. 68.

[157] N. R e š e t o v, in: Russkij Archiv 1885, 10, S. 446—450. — Im Rjazanschen war ein ganzes Gut von über 100 Seelen geflüchtet; die Bauern erschienen gleich nach der Reform wieder und nahmen den Gratisanteil. S e m e n o v, t. 3,2, S. 393.

[158] G e n k i n, S. 131. — Gramotnye unter Handwerkern um 1867 ca. 20 %, A. G. R a š i n, in: Istoričeskie zapiski 37, 1951, S. 28.

[159] G e n k i n, S. 118—121.

[160] D e r s., S. 132.

K o v a l ' č e n k o vertreten worden ist, in dieser Form für falsch halte.
Andere Gelehrte, vor allem R y n d z j u n s k i j und J a c u n s k i j , haben
bereits ihre Bedenken angemeldet. Der Niedergang traf Gutswirtschaft und
Bauernwirtschaft gleichmäßig, wenn auch die Ursachen verschieden waren;
auf sie ist jeweils verwiesen worden. Die engen natürlichen Grenzen, wie sie
in der damaligen Zeit für eine Intensivierung der Landwirtschaft und damit für einen Aufschwung des Agrarsektors bestanden, waren nicht system-
bedingt; andernfalls hätte sich nach der Reform das Bild bald wandeln
müssen. Wenn man bedenkt, in welch erheblichem Maße heute der Kolchoz-
bauer von seinem Zipfel Hofland lebt, kann man Rückschlüsse auf die
Bedeutung eines noch so kleinen Eigenlandbesitzes ziehen, über den wir
gar nichts aussagen können. S t r u v e s optimistische Deutung der Entwicklungsmöglichkeiten der Landwirtschaft unter dem Leibeigenschaftsrecht
halte ich für falsch, weil auch er die natürlichen Gegebenheiten — von
einem Hinweis auf die verhängnisvolle Bevölkerungszunahme abgesehen [161]
— nicht berücksichtigte; sie sind uns umfassend erst durch C o n f i n o vor
Augen geführt worden. Das Dilemma der russischen Sozialgeschichte nicht
nur des 19. Jahrhunderts besteht darin, daß sie sich mit den vorliegenden,
nicht wirklich überprüfbaren Quellen nicht quantifizieren läßt. Ungenaue
Statistiken mögen, wenn ihre Fehlermarge gleich bleibt, immerhin Ver-
gleiche von einiger Genauigkeit zulassen; wenn sie aber offensichtlich un-
vollständig sind, dann kann man — so ist hier vorgegangen worden —
nur bei der deskriptiven Methode bleiben, mag diese auch noch so unzulänglich sein. Historische Gesetzmäßigkeiten, wie sie Marx aufdecken zu
können glaubte, sind nur dann einsichtig, wenn die ökonomischen und
sozialen Fakten so vollständig erfaßt werden können, daß unausbleibliche
geringe Fehler sich gegenseitig aufheben. Ich hoffe gezeigt zu haben, daß in
unserem Falle viele bestimmende Kräfte und Wirkungsfaktoren nur definiert bzw. als Phänomene beschrieben, nicht aber als Daten einer zuläng-
lichen Theorie angeeignet werden können.

[161] S t r u v e , S. 144—145.

II. VORBEREITUNG UND VERWIRKLICHUNG
DER REFORM

1. Einleitung. Die ersten Schritte

Noch immer fehlt die umfassende Darstellung der Vorbereitung, des Auf und Ab der verschiedenen Einflüsse und Interessen, des zeitlichen Ablaufes und der Verwirklichung der russischen Agrarreform von 1861. Alle Gesichtspunkte sind zu berücksichtigen und die Wertungen nicht nur auf das bäuerliche Wirtschaften abzustellen. Wird doch nicht bedacht, wie vor und nach dem Jahre 1861 die Städte und die Armee, aber auch der Export ohne die Marktproduktion der Gutsbetriebe hätten versorgt werden sollen.

Zwar sind die Archivalien nicht vollständig publiziert — wir finden bei K o v a n ' k o , L j a š č e n k o und Z a j o n č k o v s k i j genügend Zitate, um zu ahnen, wie vieles in den Kulissen gespielt worden ist, was nicht in den amtlichen Papieren erscheint. Doch sind auch die offiziellen Materialien ungemein inhaltsreich, wenn auch nicht immer leicht zu benutzen. Aus dem Archiv des Staatsrates wurden veröffentlicht die „Journale des Geheimen bzw. (seit Januar 1858) Hauptkomitees für die Bauernfrage (Januar 1857 bis Februar 1861)" [1] sowie der erste Band der Journale des „Hauptkomitees für die Organisation des Landstandes" für März 1861 bis Dezember 1862 [2], also der obersten Revisionsbehörde beim Reichsrat zur Durchführung der Reform. Die ausführlichen Protokolle der Verhandlungen der Redaktionskommission selbst sind in den umfänglichen, mit ausführlichen Registern versehenen Bänden von N. P. S e m e n o v [3] veröffentlicht, ob ganz vollständig, läßt sich von hier nicht beurteilen. Sie werden kommentiert in den beiden letzten Bänden der Memoiren von P. P. S e m e n o v - T j a n - Š a n s k i j [4], der als Sekretär der Kommission und Rostovcevs Vertreter den Dingen so nahe stand wie niemand sonst. Die Materialien für

---

[1] Žurnaly 1915, t. 1, 522 S., t. 2, 450 S.
[2] Žurnaly 1918. XXVII, 803 S. Editionen und Materialien von A. A k i m o v , m o v , in: Žurnal ministerstva justicii 1916, H. 5 (nicht gesehen).
[3] S e m e n o v , t. 1—3, 2, sowie Register 1889—92. XIX + 848, 1020, 510 + 847, 129 S.
[4] S e m e n o v - T j a n - Š a n s k i j , t. 3, 444 S., t. 4, 661 S. (Die zweite, für die Familie gedruckte Ausgabe des Buches, das anscheinend nie im Handel war.)

die Verhandlungen der Redaktionskommission sind seinerzeit in vielen Bänden gedruckt worden, die mir nicht vorlagen [5]. Die Meinungen des Adels aus den Jahren 1857 und 1858 sind in den Stellungsnahmen der Gouvernementskomitees enthalten, die A. S k r e b i c k i j bald nach der Reform in Bonn in einer großen Synopse wiedergegeben hat. Das riesige Material wurde sachlich geordnet und enthält eine Menge Angaben zur Gutswirtschaft in den Jahren unmittelbar vor der Reform [6].

Die Ratio der Reform scheint mir vor allem deutlich gemacht in älteren umfassenden, allzu wenig gewürdigten Werken: und zwar hat P. I. L j a š - č e n k o den Aspekt der Landzuteilung [7], P. K o v a n ' k o [8] vor allem die finanzielle Seite eingehend berücksichtigt. Beide sind kritisch gegenüber der Reform, aber streng auf deren ökonomischen und rechtlichen Möglichkeiten bezogen. — Selbst eine verdienstvolle neuere Arbeit wie das bekannte Buch von P. A. Z a j o n č k o v s k i j [9] fällt dagegen ab, weil es kein Modell möglicher Reform innerhalb des gegebenen Rahmens vorlegt. Sein Hauptaugenmerk hat der Gelehrte auf die praktischen Fragen der Durchführung der Reform selbst gelegt.

Gegenüber den genannten Werken sind frühere Darstellungen, etwa D ž a n š i e v s oft aufgelegtes Buch [10], K o r n i l o v s bekannte Aufsatzsammlung [11] und das große Sammelwerk zum 50jährigen Jubiläum in sechs großen, wohlillustrierten Bänden [12] vielfach veraltet, enthalten aber gelegentlich interessantes Material. Das große Jubiläumswerk von 1911 ist in großer Auflage erschienen, erscheint relativ häufig auf dem Markt, läßt aber viele Wünsche offen.

Das Jubiläumsjahr 1961 hat außer Z a j o n č k o v k i j s Arbeiten und mancherlei jeweils zu erwähnenden Detailbeiträgen in der Sowjetunion

---

[5]) Pervoe izdanie materialov Redakcionnych kommissij dlja sostavlenij položenij o krest'janach, vychodjaščych iz krepostnoj zavisimosti, t. 1—18. SPbg. 1859—1860; Vtoroe izdanie materialov ... t. 1—3. SPbg. 1859—1960; Priloženija k trudam Redakcionnych kommissij dlja sostavlenija..., t. 1—6. SPbg. 1860.

[6]) S k r e b i c k i j, 1862—68.

[7]) L j a š č e n k o, č. 1, 724 S.

[8]) P. K o v a n ' k o, 1914 (auch in: Kievskija Universitetskija izvestija 1914).

[9]) P. A. Z a j o n č k o v s k i j, 1960, 366 S. (danach zitiert), 3. Aufl., Moskva 1968, 368 S. (unwesentlich verändert).

[10]) G. A. D ž a n š i e v, Epocha velikich reform. 9. Aufl., SPbg. 1905, XCI + 859 + IX S.

[11]) A. A. K o r n i l o v, Krest'janskaja reforma. SPbg. 1905, 271 S.; d e r s., Očerki, 1905.

[12]) A. K. D ž i v e l e g o v e. a., edd., Velikaja reforma. Russkoe obščestvo i krest'janskij vopros v prošlom i nastojaščim. t. 1—6, SPbg. 1911.

nichts Wesentliches gebracht [13]. Zu nennen ist aber als sorgfältige Zusammenfassung des Forschungsstandes, mit manchem illustrativem Archivmaterial, der von R. P o r t a l herausgegebene Sammelband [14], der dank präziser Fragestellungen und systematischer Aufbereitung des Materials für künftige Forschungen grundlegend bleibt. Das neue amerikanische Sammelwerk über die Bauern im Rußland des 19. Jahrhunderts widmet der Freisetzung selbst, mit einem Kapitel von T. Emmons, wenig Raum [15]. Mit Recht, denn die Bauern waren von der Gesetzgebung und deren Durchführung nur betroffen, nicht beteiligt.

Will man den verschiedenen Instanzen und Organen, die die Befreiung der Bauern vorzubereiten und zu verantworten hatten, gerecht werden, muß ohne Abstriche die gegebene Rechtslage berücksichtigt werden. Erst dann wird deutlich, inwieweit versucht worden ist, im damaligen Erfahrungshorizont staatsmännisch zu handeln oder — wie vielfach behauptet — nur die Interessen des Adels wahrzunehmen. Mir scheint, um das vorweg zu sagen, daß in der ursprünglichen Intention richtige Ansätze steckten — die Bauern sollten zur Nutzung den bisher von ihnen innegehabten Landanteil beibehalten und dafür den Gutsherrn so angemessen entschädigen, daß dieser sich künftig eine eigene Wirtschaft würde aufbauen können. Dieser Rahmen wäre jedenfalls überall dort anzuwenden gewesen, wo die Bauern wesentlich von der Landwirtschaft lebten — also nicht ohne weiteres in den eigentlichen Gewerbegebieten — und wo die gesamte nutzbare Fläche eines Gutsbesitzes ausreichte, um Herren und Bauern nach der Scheidung noch je eine Existenzgrundlage zu gewähren. Schließlich dort, wo überhaupt bisher eine eigene Gutswirtschaft geführt worden war, also Herrengutsanteil und Bauernanteil geschieden gewesen sind. War dieses letztere nicht der Fall — wie bei vielen kleinen Gütern —, dann bedeutete die Übernahme der vollen bisherigen Nutzung durch die Bauern die schlichte Enteignung des Gutsherrn. Es mußte also ein Rahmen gefunden werden für Normanteile — nach oben und unten begrenzt —, auf denen eine Revisionsseele mit Familie ihr Auskommen finden und die Steuern bzw. die Ablösungszahlungen leisten konnte.

Normanteil hieß auf der anderen Seite auch, daß bei kleinen Gütern ein gewisser Mindestteil ursprünglichen Areals auf jeden Fall dem Gutsherrn

[13]) Die Broschüre von V. R. L e j k i n a - S v i r s k a j a , Stoletie pervoj revoljucionnoj situacii i padenija krepostnogo prava v Rossii. Leningrad 1961, 65 S., stellt keine wissenschaftlichen Ansprüche.
[14]) R. P o r t a l , ed., Statut des Paysans.
[15]) W. S. V u c i n i c h , ed., The Peasant in Nineteenth-Century Russia. Stanford, Cal., 1968, 314 S. Der erwähnte Aufsatz S. 41—71.

verbleiben mußte. Man brauchte kein Prophet zu sein, um vorauszusehen, daß der adlige Grundbesitz um die Normierung der bäuerlichen Anteile in jenen Gegenden des Reiches am heftigsten kämpfen würde, wo der Boden fruchtbar war und der Besitz vielfach zersplittert, also im Schwarzerdegebiet und in manchen Teilen der Ukraine.

War der Boden weniger ertragreich, die Landwirtschaft ohnehin extensiv, und lebte der Bauer in mehr oder weniger großem Umfange von Gewerbe oder Handel und zahlte aus diesen Erträgnissen dem Herrn seinen Zins, so war das verlorengehende Land unter Umständen viel weniger wertvoll als die Person des freizusetzenden Bauern selbst. Wenn der Gutsherr entschädigt werden sollte, dann jedenfalls nicht — oder nicht in erster Linie — für Land, sondern für künftig entgehenden Zins. Sollte also der Herr von bisher zinsenden Bauern ebenso entschädigt werden wie der von fronenden Leibeigenen, dann nicht allein deswegen, weil ein laufender Gutsbetrieb forthin erhalten oder aufgebaut werden sollte, sondern um auch in Zukunft dem Herrn ein arbeitsloses Einkommen, eine feudale Rente zu sichern. Damit entfiel der gesamtwirtschaftliche Grund für die Entschädigung von Herren zinsender Bauern, nämlich die Erhaltung oder auch Ausweitung der Marktproduktion bzw. weithin der erweiterten Reproduktion überhaupt. Diese drohte auch dann fortzufallen oder jedenfalls sich wesentlich zu verringern, wenn nur kleine, mehr oder minder autarke Bauernstellen mit geschlossener Hauswirtschaft übriggeblieben wären.

Da die Begründung für den „*krepostnoj stroj*" (Leibeigenschaftsverfassung), die Dienstpflicht aller Stände, seit 1785 endgültig fortgefallen war, mußte eine umfassende, wirklich staatsmännische Reform idealiter nur das gesellschaftliche Gesamtinteresse im Auge behalten bzw. in der Konkurrenz der modernen Volkswirtschaften den einzelnen Betrieb auf seine Leistung hin prüfen und demgemäß schützen oder fallen lassen. Wenn die Väter der Reform und die maßgeblichen Zeitgenossen auch in erster Linie den Adel sichern wollten und — mit Recht oder Unrecht — glaubten, auf diese Weise dem Zusammenbruch der alten Ordnung zuvorzukommen und insofern sich unökonomisch verhielten, so hätte eine volle und sofortige Freisetzung der Bauern — etwa auch aus dem relativen Schutz von Dorfgemeinde und Kollektivhaftung — jenes Absinken der Wirtschaftskraft weitester bäuerlicher Schichten und damit des ökonomischen Potentials des ganzen Reiches unmittelbar mit sich gebracht, das aus Gründen, die m. E. die Reformer beim besten Willen nicht alle voraussehen konnten, dann doch eintrat. Wenn nicht alle „*starosvetskie pomeščiki*" (Gutsbesitzer aus der alten Welt, Gogol') erhalten werden sollten — warum sollte man herabgekommene Bauern nicht dem sofortigen Elend ausliefern?

Insofern die Reform nicht nur einen ökonomischen, sondern auch einen im weitesten Sinne sozialen Sinn haben sollte, konnte sie der bürgerlichen Umgestaltung zur optimalen Freisetzung aller Produktionskräfte nicht voll gerecht werden. Der Theorie nach hätte die optimale Lösung den Großbetrieb mit allen Mitteln dort gefördert, wo intensiver Landbau möglich war — nur gab es im damaligen Rußland kaum einen wirtschaftenden, d. h. unternehmenden Stand, vor allem nicht im Adel. Ein solcher war zwar angelegt — in den reichen Unternehmern aus den Leibeigenen der großen Zinswirtschaften wie in der Kaufmannschaft der großen Städte —, aber noch nicht als Gruppe organisiert, wenn auch in manchen Sekten als ökonomische Kraft schon sichtbar.

Also konnte von den gegebenen Voraussetzungen und Erfahrungen her die Reform nicht in gesamtwirtschaftlichem Sinne umfassend konzipiert werden — sie mußte ein Palliativ bleiben und damit versuchen, möglichst alle Existenzen, ohne Rücksicht auf ihre gesellschaftliche Relevanz, zu erhalten. Auch von den Zeitgenossen ist nie anders argumentiert worden, da der Horizont möglicher Erfahrung dies noch nicht zuließ.

Hier soll nur gezeigt werden, daß der Spielraum der Reform relativ klein blieb; im Grunde konnte es nur zwei Komplexe weitgehender Entscheidung geben, die bäuerlichen Landanteile einerseits, zum anderen Ausmaß und Quellen der Entschädigung für die Gutsherren.

Die verantwortlichen Stellen waren auf das Befreiungswerk erstaunlich wenig vorbereitet [16], offenbar auch der Zar selbst nicht sofort zu einer gründlichen Bauernreform entschlossen [17]. Schien doch der Rahmen durch die vorgegebene Rechtslage eng begrenzt. Was lag also näher, als die geltende Gesetzgebung, die die freiwillige Freilassung der Leibeigenen aufgrund wechselseitiger gütlicher Abmachungen als Maßnahme des privaten Rechtes vorsah, wieder ins Gedächtnis zurückzurufen?

Eine Initiative des Adels der westlichen Gouvernements, also Litauens und großer Teile Weißrußlands, zielte auf Freisetzung der Bauern im Sinne der Regelungen der anliegenden Ostseeprovinzen ab [18]. Hier war durch eine — für die Bauern mäßig, für den Adel durchaus vorteilhafte — Scheidung von Guts- und Bauernwirtschaft der Weg zu rationalen Produktionsweisen und Wohlstand, vielleicht auch der Bauern, eröffnet worden. Im Adelskomitee von Grodno wurde bereits 1854 die freiwillige Freilassung der Gutsbauern, möglicherweise ohne Land, vorgeschlagen; jedoch

---

[16]) Erinnerungen an A. I. L e v š i n , dem stellvertretenden Innenminister, in: Russkij Archiv 1885, 8, S. 497.

[17]) S e m e n o v - T j a n - Š a n s k i j , t. 3, S. 81.

[18]) L e v š i n , a. a. O., S. 483; V. N e u p o k o e v , in: Učenye Zapiski, Vilniusskij Gos. Universitet (lit. u. russ. Titel), t. 5, 1955.

lehnte der Wilnaer Generalgouverneur diese Initiative ab mit dem Hinweis, das Komitee überschreite hier seine Befugnisse. Dahinter stand die Befürchtung des dortigen polnischen Adels, die Inventare des Generalgouverneurs Bibikov, die seit den vierziger Jahren in den westlichen Teilen des Reiches, den Gebieten mit polnischen Großgrundbesitz, die Lasten der Bauern normiert hatten, könnten endgültig in Kraft gesetzt werden.

In dem bekannten Reskript des Zaren an den Wilnaer Generalgouverneur Nazimov vom November 1857 wurden zum ersten Mal Andeutungen über die Modalitäten der Befreiung gegeben. In Wilna selbst — um das hier einzufügen — trat eine Generalkommission zusammen, die allerdings erst in der ersten Hälfte des Jahres 1859 selbständig ein umfassendes Projekt ausarbeitete. Danach sollten preußischem Vorbild gemäß „nicht spannfähige Bauern", d. h. Seelen unter 5 Desjatinen Landanteil, leer ausgehen (das wären 69 Prozent der Bauern im Gouvernement Grodno gewesen!). Zwar waren die künftig zu nutzenden und loszukaufenden Landanteile großzügig bemessen, doch sollten alle für die bäuerliche Wirtschaft der Westgebiete lebenswichtigen Waldweiderechte und andere Servituten in Fortfall kommen. Die Hofstelle sollte besonders hoch losgekauft werden müssen, um die Bauern mit ihren Familien als Arbeitskräfte zur Verfügung des Gutsherrn zu halten [19]. Man sieht also — sehr ernst war es, entgegen der Meinung mancher Zeitgenossen, den polnischen Herren nicht mit ihrer fortschrittlichen Politik.

Im Jahre 1857 wurde das G e h e i m k o m i t e e für die Bauernangelegenheiten (seit Januar 1858 Hauptkomitee genannt) unter dem Vorsitz des Fürsten Orlov, nach dessen Tode unter dem des Großfürsten Konstantin eingesetzt. Beteiligt waren die Chefs der zuständigen Ministerien, des Korps der Gendarmen und der Rechtskodifikationsbehörde (II. Abteilung der Höchsteigenen Kanzlei), außerdem zwei Generaladjutanten und zwei Reichsräte. Das Komitee, aus Vertretern der hohen Bürokratie zusammengesetzt, ressortierte als eine Art zeitweiliges Spezialdepartement zum Reichsrat, unterstand aber dem Zaren unmittelbar. D. Miljutin, der spätere Kriegsminister, schreibt in einem noch unveröffentlichten Teil seiner Memoiren, bei Hofe sei seinerzeit nur Konstantin ehrlich von der Notwendigkeit der Reform überzeugt gewesen, von den Ministern nur der Innenminister Lanskoj, der aber leicht beeinflußbar gewesen sei [20]. Zwei Mitglieder des Komitees, Rostovcev und Baron Korff, haben sofort darauf

[19] Über die Wilnaer Generalkommission die gründliche Arbeit von A. V. P o l o n s k i j, in: Učenye zapiski. Minskij Gos. Pedag. Institut, t. 4, Minsk 1955, S. 20—48.
[20] Zapiski otdela rukopisej Gos. Biblioteki im. Lenina, t. 10, 1941, S. 94.

hingewiesen, daß kein Bauer im Komitee vertreten sei und sie als Städter über keine nähere Kenntnis der bäuerlichen Verhältnisse verfügten [21]. Die Mehrheit des Komitees befand aber, daß fürs erste nur allgemeine staatspolitische Gesichtspunkte betrachtet und später einige Gutsherren, die wegen ihrer guten Beziehungen zu den Bauern bekannt seien, beratend hinzuzogen werden sollten.

In der ersten Phase ging das Komitee aus von den vorliegenden Gesetzen zur freiwilligen Freilassung der Bauern (von 1803 und 1842), die der geltenden Rechtslage entsprächen und die man nur aktivieren müsse. Jedenfalls wurde am Gedanken der freiwilligen Ablösung aufgrund gegenseitigen Übereinkommens festgehalten, für den die Regierung nur den umfassenden gesetzlichen Rahmen schaffen wollte [21a] — anfangs auch ohne sich irgendwie finanziell zu engagieren. Allgemein war man überzeugt, daß die katastrophale Lage der Staatsfinanzen nach dem soeben verlorenen Kriege keine ungeheuren, kaum übersehbaren Aufwendungen des Staates ermöglichen würde. Rostovcev, der Vertrauensmann des Zaren, hatte dazu wenig deutliche, jedenfalls Schrecken einflößende Vorstellungen [22].

So waren folgenreiche Vorentscheidungen getroffen, bevor die Modalitäten im einzelnen beraten wurden. Festzuhalten bleibt, daß bereits im April 1857 — also noch vor den hauptsächlichen Verhandlungen — Rostovcev, der Vertreter des Zaren und eigentliche Verantwortliche innerhalb des Komitees, sich darauf festgelegt hat, daß eine Freisetzung der Bauern n u r mit der Hofstelle, also ohne das Recht auf Nutzung eines Landanteils, nicht in Frage käme. Damit waren die Prinzipien der Freiwilligkeit im Grunde wesentlich eingeschränkt; auch die Bauern konnten nun nicht — oder nicht ohne weiteres —auf ihr bisher genutztes Land verzichten.

Angesichts des kodifizierten Rechtes der Gutsherren auf das gesamte genutzte Land lag es nahe, nach dem Vorbild der Ostseeprovinzen in freiwilligen Verträgen die Nutzung des Bauernlandes zu sichern. Fortschreitend von Osten nach Westen, unter Nutzung der Initiative der litauischen Gutsbesitzer und nach baltischem Vorbilde, die Befreiung der Bauern innerhalb von acht bis zwölf Jahren durchzuführen, war unter anderem der Vorschlag von Levšin, dem Stellvertretenden Innenminister [23]. Auch der

---

[21]) Žurnaly sekretnogo ... komiteta, a. a. O., t. 1, S. 7; A. P o p e l ' n i c k i j, Sekretnyj komitet v dele osvobždenija krest'jan ot krepostnoj zavisimosti, in: Vestnik Evropy 1911, H. 2, S. 48—70 u. H. 3, S. 127—153 (auch als Buch SPbg. 1911).

[22]) Rostovcevs Ukazentwurf, August 1857, Žurnaly 1915, t. 1, S. 17; K o - v a n k o.

[23]) Isoliert blieb im Komitee die Kritik des Fürsten Gagarin. Žurnaly 1915, t. 1, S. 23; S e m e n o v - T j a n - Š a n s k i j, a. a. O., 1, 3, S. 94.

alte Kiselev, der Initiator der Reform der Staatsbauern war wie Rostovcev
und die anderen Eingeweihten der Meinung, die vielen Millionen Bauern
seien auf eine plötzliche Befreiung in keiner Weise vorbereitet; das große
Werk müsse daher in Etappen vor sich gehen [24]. An diesem Gedanken
wurde festgehalten, ohne daß man sich in der Folge klar geworden wäre,
wie etwa das Bewußtsein des selbständigen Wirtschaftenkönnens bei den
Bauern in einer mehr oder weniger langen Übergangszeit hätte entwickelt
werden sollen.

Schließlich diente die zweijährige Frist zwischen Verkündung der Freiheit
und tatsächlicher Freisetzung aufgrund der Grundverschreibungen *(ustavnye
gramoty)*, soweit bis dahin abgeschlossen, zwar als eine gewisse Atempause
für die Gutsherren, denen in der Regel Tragweite der Entscheidungen nur
unzulänglich klar geworden ist, aber sie hat für die eigentliche Aufgabe der
„Emanzipation" nichts bedeutet. Die Befreiung in Etappen war eine lästige
Fiktion.

Das Hin und Her der Verhandlungen des Sommers 1857 soll hier nicht
interessieren; halten wir uns an die Formulierung des westfälischen Konservativen von Haxthausen in seiner Denkschrift an den Zaren: „Mazzini und
Genossen rechnen auf die soziale Revolution in Rußland", die Regierung
müsse tätig sein, damit sie nicht von unkontrollierbaren Ereignissen über-
wältigt werde (dazu der Kommentar des Zaren: „Das ist meine Haupt-
sorge") [25]. Anscheinend begann der Zar auf Grund dieses Appells von
Haxthausens den Zeitfaktor in Rechnung zu stellen. Seinen anderen Rat-
gebern, vor allem Kiselev und Rostovcev, schien die Sache nicht so eilig.
Doch rührte sich die öffentliche Meinung; mit den Erwartungen der Wohlmeinenden wie den Befürchtungen der erschreckten Adligen [26]; das Komitee
wurde mit Hunderten von Denkschriften überschüttet.

Im Frühjahr und Sommer sind von Mitgliedern des Komitees die verschiedensten Projekte durchgearbeitet worden [27], ohne daß man sich auf ein

[24] Žurnaly 1915, t. 1, S. 18—26.
[25] Popel'nickij, a. a. O., S. 64; Istoričeskij Archiv 1951, 1, S. 151;
Zajončkovskij, S. 78. Leider fehlen Angaben über Haxthausens konkrete
Vorschläge.
[26] P. A. Zajončkovskij, in: Istoričeskie zapiski, t. 58, 1958, S. 334—343
(wichtige Richtigstellung der Darlegungen der beiden Semenovs).
[27] Auszüge bei Kornilov, S. 142—160, andere Zitate bei Zajončkovskij, 1960, S. 76—82. — Über Reformpläne der Gutsbesitzer N. S.
Bagranian, in Revoliucionnaja situacija (1962), S. 18—39 — Zusammenfassung der Kandidatendissertation: „Krizis verchov" v period reformy 1861
goda (po proektam i zapiskam pomeščikov). Moskovskij Gos. Pedag. Institut
1964. Avtoreferat (dürftig).

einheitliches Vorgehen hätte einigen können. Eine Reihe prominenter Gutsherren, vor allem unter den Slavophilen, haben sich hier eingesetzt. Man sollte diese Materialien darauf hin durchsehen, wie weit unter den Gebildeten des damaligen Rußlands Erfahrungen des zeitgenössischen Wirtschaftens Niederschlag gefunden haben, etwa gegenüber den Vorbehalten einer antiliberalen Ideologie.

Als Ergebnisse der Sitzungen des Komitees wurden im November 1857 in dem berühmten Reskript an den Wilnaer Generalgouverneur folgende Grundsätze festgelegt:

a) das Land bleibt Eigentum der Gutsbesitzer;

b) die Bauern werden nicht sofort frei, sondern allmählich in einer besonders festzulegenden Zeit von acht bis zwölf Jahren;

c) ihnen bleibt die Hofstätte *(osedlost')*, die als ihr Eigentum mit Bargeld oder besonderer Fronarbeit erworben werden kann, und zwar innerhalb dieser vorgeschriebenen Zeit;

d) ihrer ständigen Nutzung wird ein Teil des Herrenlandes übertragen. Für dieses sollen sie dem Gutsherrn Arbeiten in Arbeit oder Zins ableisten;

e) den Gutsherren bleibt die Polizeigewalt, doch werden die Bauern besondere dörfliche Gesellschaften *(sel'skie obščestva)* bilden und eigene Verwaltung haben [28].

Seit dem Oktober des Jahres traten in den einzelnen Kreisen des europäischen Rußland gewählte Vertreter des Adels in den Adelskomitees zusammen, denen jeweils Sachverständige als Vertreter der Regierung zugeteilt waren [29]. Je nach der Zahl der Gutsbauern schwankte die Größe der Komitees, ihre sachliche Kompetenz je nach dem Stande der Bildung und des guten Willens der maßgeblichen Adelsvertreter. Wenig war dort zu erwarten, wo sich der kleine Adel drängte, wo die Gutsherren, wie in der Ukraine, wesentlich Polen waren oder ein großer Teil der Besitzer, besonders bei den Latifundien, sich für die Verhältnisse am Orte gar nicht interessierte. Im Zweifelsfalle waren nur diejenigen Besitzer von Frongütern an der Reform interessiert, die Erfahrungen mit intensiver Marktproduktion hatten oder die aus allen möglichen Gründen den übergroßen Besitz relativ unproduktiver Leibeigener loswerden wollten. Wer dagegen vom Zins seiner Bauern ein müheloses Einkommen hatte — und das waren

---

[28]) Žurnaly 1915, t. 1, S. 29. Dazu im Ganzen, v. a. mit zusätzlichen Auszügen aus den Protokollen der Komitees, P. I. L j a š č e n k o , Poslednyj sekretnyj komitet po krest'janskomu delu. SPbg. 1911, 56 S.

[29]) Grundlegend jetzt: E m m o n s .

alle Magnaten —, war gewiß nicht am Versiegen dieser Quelle interessiert
bzw. versuchte, wenigstens für die Person der Bauern, d. h. für den entgehenden künftigen Zins, eine möglichst hohe Entschädigung herauszuschlagen. Die Marschroute war in etwa festgelegt: es war zu erwarten, daß
die großen Auseinandersetzungen um die materiellen Fragen (Landanteil
und Entschädigung) entbrennen würden, außerdem um die Polizeigewalt.

Zum ersten Mal seit Katharinas Gesetzeskommission war jedenfalls ein
Stand im Russischen Reiche aufgerufen, um zu einer brennenden nationalen
Frage Stellung zu nehmen [30]. Die Zeitgenossen haben bereits kritisiert, daß
nicht auch Bauern hinzugezogen worden sind. Soweit ich sehe, ist diese
Frage im Geheimkomitee nicht wieder behandelt worden. Daß die Bauern
für die Diskussion öffentlicher Angelegenheiten nicht vorbereitet gewesen
seien, ist allerdings eine durchsichtige Schutzbehauptung. Ob sie viel hätten
ausrichten können, steht dahin. Zweifellos beraubte sich die Regierung
dadurch der Möglichkeit, den Forderungen des Adels mit ausgewogeneren
Urteilen über zulängliche Landanteile und erträgliche Ablösungszahlungen
zu begegnen. Da das einzelne Gouvernementskomitee wie auch das Regie-
rungskomitee von sich aus keine Art Gesamtrechnung für die Zukunft eines
einzelnen Besitzes wie der gesamten Volkswirtschaft aufstellen konnten,
wäre dann jedenfalls die Funktion eines Schiedsrichters gegensätzlicher
Interessen geblieben.

So aber wurde die Obrigkeit in den Augen der Bauern notwendig zur
Partei, oder aber der Zar erschien als Gefangener bzw. Betrogener des
selbstsüchtigen Adels. In den Gouvernementskomitees war eine große
Chance gegeben, eine staatsbürgerliche Gesellschaft des Reiches im Moment
ihrer Konstituierung zu integrieren. Nicht zufällig nahm in diesen Jahren
der Exodus der Gebildeten, d. h. der liberal gesonnenen Gesellschaft aus
der moralischen Einheit von Zar und Reich seinen Anfang — damals wären,
trotz ihrer Ideologie, etwa Herzen und Černyševkij, wenn vielleicht nicht
mehr zu gewinnen, so doch zu neutralisieren gewesen.

Jedenfalls unternahm das Petersburger Komitee Anstrengungen um zu
verhindern, daß während der Vorbereitung der Reform seitens der Gutsherren in deren Interesse vollendete Tatsachen geschaffen wurden [31]. Daß
in den westlichen Reichsteilen in großem Umfange Bauernland eingezogen
worden war — um den Folgen aus der Vermessung aufgrund der Inven-

---

[30]) Zur Stimmung im Adel bei Bekanntwerden der Reformpläne treffend
S e m e n o v - T j a n - Š a n s k i j , t. 3, S. 39—41.
[31]) S k r e b i c k i j , t. 1, S. LI—LV.

tare zuvorzukommen [32] und weiter eingezogen wurde [33], konnte nicht immer rechtzeitig abgebogen werden [34]. Jedenfalls sollten nunmehr Bauern nicht ohne weiteres zu Hofleuten gemacht werden können [35], nicht mehr ganze Dörfer ohne Land aus der Leibeigenschaft entlassen [36], überhaupt keine Freilassungen ohne Einverständnis der Betroffenen, sondern nur von beiden Parteien gemeinsam vor Gericht getätigt [37]. Es mußte verhindert werden, daß der kleine Adel sich dadurch Geld beschaffte, daß er Rekruten außer der Reihe anbot und die Quittungen (je 300 Silberrubel) zur Deckung seiner Schulden an die Staatskasse verkaufte. Diese Praxis wurde allerdings erst nach der dritten Beratung abgestellt [38].

Während der hochverschuldete Kleinadlige sein Geld wollte, ging es anderen darum, ihre mit leibeigenen Essern übersetzten Güter bzw. Höfe zu entlasten. War es früher vielleicht vorteilhaft oder statusfördernd erschienen, Bauern ihren Landanteil abzunehmen und sie zu Hofleuten zu machen, so stand der Barin jetzt vor der Frage, wohin mit dem überschüssigen lebenden Inventar. Nicht alle konnte man einfach frei laufen lassen oder unter die Rekruten stecken — es gab immer noch die Möglichkeit, aufsässige Bauern der Regierung zur Verschickung nach Sibirien zu überstellen. Diese Praxis schien jetzt häufiger zu werden; Gouverneure wurden aufmerksam. Das Hauptkomitee griff ein; bei dieser Gelegenheit wies der Domänenminister auf die Möglichkeiten für Umsiedler vor allem im mittleren Sibirien hin und deutete an, daß die Erleichterung der Übersiedlung nach Sibirien ein integrierender Teil des Reformwerkes sein müsse [39].

Diese wichtige Anregung ist nicht aufgenommen worden; die Bauern blieben wegen der Ablösung und der Kollektivhaftung für die Kopfsteuer so sehr in die Dorfgemeinde eingezwängt, daß gerade für Verschuldete und Verelendete kein legaler Weg ins gelobte Land offen war. Der fiskalische Gesichtspunkt siegte stets — wie wir noch sehen werden — über den gesellschaftspolitischen. Diese Initiativen des Hauptkomitees gegenüber

---

[32]) Die Gouvernementskomitees der Rechtsufrigen Ukraine wollten bei dieser Gelegenheit die Inventare von 1848 überprüfen. Žurnaly 1915, t. 1, S. 108.

[33]) Vgl. die Literatur zu den Kapiteln Ukraine und Weißrußland.

[34]) Žurnaly 1915, t. 1, S. 212.

[35]) Ebendort, S. 84.

[36]) Ebendort, S. 119.

[37]) Ebendort, S. 84, als wesentliche Einschränkung der formlosen Regelung von 1848.

[38]) Ebendort, S. 110, 202, 234.

[39]) Ebendort, S. 282—289.

Adel und Gouvernementskomitees sollten hier aufgewiesen werden — nach
der Literatur scheint es vielfach so, als habe das Petersburger Komitee nach
dem Reskript an Nazimov die Initiative mehr oder minder aus der Hand
gegeben.

2. Rechtliche Voraussetzungen der Reform

Von keinem Regime kann erwartet werden, daß es sich selbst auf revolutionäre Weise in Frage stelle. Mit anderen Worten, die rechtlichen und
sozialen Grundlagen seiner Macht und Existenz wird es in allen Wand-
lungen zu bewahren versuchen. Wie sehr das Rußland des 19. Jahrhundert
in jedem öffentlichen Dienst vom Adel in fast allen seinen Schichten getragen war, wie wenig es sich als Staat einer bürgerlichen Leistungsgesellschaft verstand und als solcher verstanden werden konnte, darüber herrscht,
bei allen ideologischen und methodischen Differenzen hüben und drüben,
in der Forschung Einigkeit. Langsam erst und zögernd angesichts der
sozialen und politischen Implikationen der aufkommenden Industriegesell-
schaft im Westen öffnete es sich den kapitalistischen Entwicklungsmöglichkeiten. Keinerlei zulängliches Modell einer organischen Anpassung dieser
neuen Produktionsbedingungen an die besonderen Verhältnisse des Russischen Reich, dem größten Entwicklungsland jenes Jahrhunderts, konnte
die zeitgenössische ökonomische Theorie anbieten. Weite des Raumes, Aus-
dehnung der Grenzen, Fülle der öffentlichen Aufwendungen allein für die
elementarsten Sicherungsaufgaben bei einem geringen — und nicht binnen
weniger Jahre wesentlich steigerungsfähigen — Sozialprodukt schienen
eine einfache Übernahme liberaler Leitbilder — etwa der USA mit ihrer
naturhaft expandierenden Wirtschaft — auszuschließen. Bei vielerlei Ängst-
lichkeit und Sturheit in der Bürokratie aller Ebenen und Schattierungen
war das beständige Zurückbleiben hinter den wahren Erfordernissen und
Bedürfnissen einer voranschreitenden Gesellschaft durch objektive Momente
der Armut mitbedingt. Zugleich wurde versucht, den schmerzhaften Prozeß
der ursprünglichen Akkumulation von Investitions- und Betriebskapital
einer arbeitsteiligen modernen Volkswirtschaft immer weiter hinauszu-
schieben.

Unbestritten galt der Adel als staatstragender Stand. Ihm waren als
solchem, ohne unmittelbare Rücksichtnahme auf Bildung und Besitz, öffentliche Funktionen zugedacht. Bis dato gab es keinen rivalisierenden, nach
politischer Verantwortung drängenden Dritten Stand. Daß die Verantwortlichen der Reform selbst Adlige waren, besagt zwar Wesentliches für
die Vorbereitung und Durchführung der Reform selbst, nichts aber gegen
deren grundsätzliche Tendenz, die materielle Basis des adligen Standes zu
erhalten. Wer sollte an dessen Stelle treten?

Die Mediatisierung der leibeigenen Bauern gegenüber der schützenden Staatsgewalt — gewiß aus anderen Motiven entstanden — war zum Teil materiell bedingt, nicht nur unkontrollierbare Adelsmacht. Doch hat diese Mediatisierung als Folge und Bedingung des unter Peter erneuerten Dienststaatsgefüges ihren Sinn verloren durch die *žalovannye gramoty* (Gnadenbriefe) von 1762 und vor allem von 1785. Mit dem Fortfall der Dienstverpflichtung des Adels fiel das moralische Recht auf die Pflichten der Gutsbauern fort. Diese faßten folgerichtig die russische politische Wirklichkeit als Oligarchie auf, in der sich die Standesinteressen vor das übergreifende Prinzip der befehlenden und beschützenden, gerechten Selbstherrschaft gestellt hatten. So schien das gemeine Wohl verkehrt. Der Adel vermochte keine Theorie seiner gesamtgesellschaftlichen Funktion zu begründen. Vielmehr gründete sich nach dem Gesetzbuch sein Herrschaftsprivileg auf „Verdienste und Tugenden der in früheren Jahrzehnten hervorragenden Männer, die den Dienst selbst zum Verdienst gewandelt haben" [1]. Insofern konnte jeder Adlige als Glied einer Korporation dem Selbstherrscher entgegentreten; es war nicht mehr ohne weiteres möglich, etwa den ungebildeten oder armen Adligen seines Ranges verlustig zu erklären, wenn er sich keine Verbrechen zuschulden kommen ließ [2]. Das Verhältnis von Adel und Bauern war zu einem privatrechtlichen geworden [3], besser — zu einem standesrechtlichen [4]. Die Beziehungen zwischen Herren und Leibeigenen waren tatsächlich vielfach geregelt, aber erst in der dritten Ausgabe des *Svod Zakonov* von 1857 mit einigem System gesetzlich festgelegt. Auf der einen Seite stand die Fürsorgepflicht des Gutsherrn, der den Bauern im Falle von Not und Mißernten zu versorgen hatte und weder ihn von der Scholle noch die Hofleute vom Hofe jagen durfte. Die Sicherung der Nahrung war also Grundlage des Leibeigenschaftsrechtes. Falls die Bauern betteln mußten, hatte der Gutsherr pro Bettler 1 ½ Silberrubel Strafe zu zahlen [5]. Soweit Übergriffe von Gutsherren bekannt wurden, sollten ihre Güter unter Sequester gestellt und sie selbst — was tat-

---

[1]) Svod zakonov (Ausgabe von 1857), t. 9, § 414.
[2]) A. Romanovič-Slavjatinskij, Dvorjanstvo v Rossii ot načala XVIII veka do otmeny krepostnogo prava. SPbg 1870, S. 274; S. Baron Korff, Dvorjanstvo i ego soslovnoe upravlenie za stoletie 1762—1855 godov. SPbg. 1906, S. 144.
[3]) Romanovič-Slavjatinskij, a. a. O., S. 277.
[4]) Vgl. dagegen die scheinbar gleichläufige Problematik im Preussischen Landrecht. R. Koselleck, Preussen zwischen Reform und Revolution. Stuttgart (1967), S. 41.
[5]) Svod zakonov, t. 9, § 1104.

sächlich längst nicht in allen Fällen geschah — vor Gericht gezogen werden [6]. Andererseits waren die Bauern angehalten, den Herren gehorsam zu sein; Klagen der Bauern gegen ihre Herren an die allerhöchste Adresse waren ausdrücklich untersagt, außer bei Fehlern in den Revisionen — solche wurden immer wieder eingebracht und auf höchsten Befehl nachgeprüft [7].

Über die Rückführung flüchtiger Bauern waren im Gesetz ausführliche Vorschriften festgelegt; besonders war für die ersten Jahrzehnte des Jahrhunderts mit den aufblühenden großen Betrieben in den Kolonisationsgebieten des Südens zu rechnen, die willkommene, wenn auch illegale Arbeitskräfte nur allzugern verbargen [8]. Zudem konnten die Herren bis zum Jahre 1858 ihren Bauern das Land abnehmen, sie ohne Land freisetzen, oder ihren Status in den von Hofleuten ändern [9]. Dieses Recht hat sich oft verhängnisvoll ausgewirkt; wenn das „Bauernlegen" nicht in viel größerem Maße — von der Ukraine und dem westlichen Rußland abgesehen — durchgeführt wurde, so lag das offenbar daran, daß die Gutsherren noch ein Interesse an der Erhaltung der bäuerlichen Wirtschaftskraft hatten [10].

In einem hatte sich die Stellung des Bauern wesentlich geändert; seit 1848 durfte er eigenen, nicht besiedelten Grundbesitz erwerben [11]. Dergleichen Grunderwerb hatte es schon vorher gegeben, doch hatte dieser, um das Verbot zu umgehen, auf den Namen des Gutsherren eingetragen werden müssen. Klagen der Bauern, die solchen Besitz zurückhaben wollten und sich um Berichtigung der Kaufakten bemühten, durfte aber keine Folge geleistet werden [12].

Hinsichtlich der Fronarbeit ist in der Kodifikation nur die umstrittene Vorschrift von 1797 wiederholt, wonach nicht mehr als drei Tage in der

---

[6]) Svod zakonov, t. 14, 1, §§ 637—653; R o m a n o v i č - S l a v j a t i n s k i j, a. a. O., S. 314—320.

[7]) Über Klageschriften der Bauern aus der 1. Hälfte des 19. Jahrhunderts aus dem Staatsarchiv in Jaroslavl', L. B. G e n k i n, in: Voprosy (Družinin), S. 164 bis 171. — Daß die Wirklichkeit vielfach ganz anders aussah, sei hier nur angemerkt. Eingehenderes in dem Kapitel über bäuerliche Unruhen und in den dort genannten Dokumentenveröffentlichungen.

[8]) Svod zakonov, t. 14, 1, §§ 637—653.

[9]) Svod zakonov, t. 9, §§ 1149, 1047; R o m a n o v i č - S l a v j a t i n s k i j, a. a. O., S. 294.

[10]) Dazu neuerdings P. S. R y n d z j u n s k i j, in: Istorija SSSR, 1966, H. 6, S. 62.

[11]) Svod zakonov, t. 9, § 1036.

[12]) Ebendort, § 1148.

Woche und nicht an Sonntagen sowie bestimmten Feiertagen gefront werden durfte [13]. Ob diese Regel eingehalten wurde, darf trotz Mahnung an die Gouverneure zur Überwachung durch die örtlichen Polizeibehörden füglich bezweifelt werden. Über das Ausmaß des Zinses ist in dem Gesetzbuch ebenfalls nichts gesagt, kaum etwas über die Mindestgröße des Bauernlandanteils. Doch wurde bestimmt: wenn verpfändetes Gutsland ohne die Bauern verkauft wird, müssen der Revisionsseele jeweils 4½ Desjatinen verbleiben, andernfalls verfällt das Land dem Staate [14]. In der allgemeinen Gesetzgebung über Recht an Eigentum bzw. Grundeigentum wurden die Leibeigenen als Rechtssubjekt überhaupt nicht — nicht einmal als eine Art Untereigentümer — genannt [15]. Sie waren nur Teile des Immobilienbesitzes [16].

Dieser Rechtsgrundlage hatte jede Reform der gutsherrlich-bäuerlichen Verhältnisse Rechnung zu tragen, wenn sie nicht unmittelbar revolutionierend wirken sollte. Dank dieser Kodifikation, der „Constitution", war auch der wohlmeinendsten Bürokratie der Spielraum der Entscheidungen begrenzt; man konnte nicht ohne weiteres kraft selbstherrlichen Aktes etliches aus dem System wohlerworbener Rechte herausschneiden und etwa die Entscheidung von 1785 rückgängig machen. Jede Reform hatte davon auszugehen, daß der Adel bzw. der Besitzer eines Landgutes volles Recht auf seinen gesamten Grund und Boden sowie auf Person und Arbeitskraft des Leibeigenen in Anspruch nehmen konnte.

Insofern schienen die Prinzipien künftiger Reformgesetzgebung, wie sie in dem Reskript des Zaren an Nazimov, den Generalgouverneur der „Westgebiete", vom November 1857 ausgesprochen waren, durchaus einer „Revolution von oben" zu gleichen. Zwar sollte „der Gutsbesitzer das Recht auf das ganze Land behalten", jedoch dem Bauern die Hofstelle (*usadebnaja osedlost'*) verbleiben, die er in einem bestimmten Zeitraum mittels Ablösung als Eigentum zu erwerben hätte; außerdem wird den Bauern zur Nutzung, den örtlichen Verhältnissen gemäß, ein für die Sicherung ihrer Existenz und die Erfüllung ihrer Verpflichtungen gegenüber der Regierung und dem Gutsherren ausreichendes Stück Land übergeben, für das sie entweder Zins zahlen oder den Gutsherren Arbeit leisten [17].

Nunmehr war für den Adel der Rekurs auf die gegebene Rechtslage

---

[13]) Ebendort, § 1046.
[14]) Ebendort, § 1107.
[15]) Ebendort, §§ 420—431.
[16]) Ebendort, §§ 594, 728, 1451 u. ö.
[17]) Reskript an Generalgouverneur Nazimov 20. 11. 1857. S k r e b i c k i j , . 2, S. II.

nicht ohne weiteres möglich, zum anderen aber in die künftige Diskussion
eine gefährliche Halbheit und Unsicherheit hineingetragen. War doch nichts
zur Person des Bauern als Objekt der Freisetzung gesagt; seine Bindung
an den Gutsherrn bezog sich offenbar auf die Hofstelle und seinen Landanteil, jene als Eigentum, diesen als entweder zeitweiliges oder bestän-
diges Nutzungsrecht. Anscheinend sollte der Rechtstitel des Gutsherrn auf
die Person des Leibeigenen ohne weiteres entfallen. Zum andern aber wurde
das volle Eigentum des Gutsherrn auf das Land begrenzt — weder konnte
er den Bauern den Erwerb der Hofstelle verbieten noch ihn von dem ausreichenden Landanteil vertreiben.

Sofort ist festzuhalten, daß die bürgerliche Existenz der Bauern unmittelbar mit seiner Zahlungsfähigkeit verknüpft blieb — er wird hier und im
Verlauf der Reform nicht als Staatsbürger im eigentlichen Sinne betrachtet,
sondern er erscheint weiterhin, wenn auch unter veränderten Bedingungen,
als Objekt, als gebundener Angehöriger des wesentlichen steuerpflichtigen
Standes und ist nur als ein solcher von öffentlichem bzw. juridischem
Interesse [18].

Soweit wir sehen, sind in jener Zeit — was etwa nach preußischem Vorbild nahegelegen hätte — niemals Überlegungen zur Aufhebung der Stände-
ordnung als Grundlage der Verfassung des russischen Reiches angestellt
worden. Deren Liquidation allein hätte die Bauern voll zu Staatsbürgern
machen können, d. h. sie aus der eingeengten Stellung als Steuerzahler und
Rekrutenlieferanten ohne aktive gesamtstaatliche Funktion herausgenom-
men.

Die rechtlichen Vorbedingungen seien vorausgeschickt; denn dieser für
die Zeitgenossen so wesentliche Aspekt ist in der Literatur, vor allem der
sowjetischen, kaum berücksichtigt. Es fehlt eine Theorie der bürgerlichen
Gesellschaft unter den Bedingungen der Selbstherrschaft angesichts der
besonderen ökonomischen Ausgangslage des Russischen Reiches. Zwar
konnte die Sozialromantik der Slavophilen kein brauchbares Modell liefern,
doch sahen diese wenigstens, daß nach dem Fortfall der — wie auch immer
wahrgenommenen — Schutz- und Versorgungsfunktion des *krepostnoj stroj*
der Bauer in seiner Masse nicht einfach wirtschaftlich freigesetzt werden
könne.

Hier muß bedacht werden, daß der Übergang ins freizügige Wirtschaften
in Preußen nur möglich war durch die Differenzierung der Bauern in
„Spannfähige" und „Nichtspannfähige", d. h. in solche, die sich in der wirtschaftlichen Konkurrenz — wenn auch geschwächt durch die Abtretung

---

[18]) Immer wieder betont von P. I. L j a š č e n k o , passim.

eines Teiles ihres Bodens an den Gutsherren — würden halten können, und in die Unselbständigen, die wegen Mangels an Betriebsmitteln künftig als eigenständige Wirte nicht mehr würden bestehen können. Der Status dieser „Lassbauern", der Häusler und vor allem ihres Eigentums war in den altpreußischen Provinzen ein geminderter gegenüber den freien Bauern; die Maßnahme als solche war hart und ist seinerzeit kritisiert worden.

Im Russischen Reich ist dagegen der Ausdruck „Bauer" (krest'janin) soziologisch unbestimmt geblieben und beschrieb einen jeden, der auf dem Lande wohnte und nicht zu den Hofleuten (dvorovye) gehörte. Jedenfalls war der Begriff nicht geschieden vom Landarbeiter, Instmann, evtl. mit Deputatland; daher gab es „landlose Bauern", wobei es offen bleibt, ob sie jemals im eigentlichen Sinne Bauern gewesen waren und ihr Land irgendwann durch irgendwelche Umstände verloren hatten oder beständig zu den Schichten gehörten, die man in Mitteleuropa als „unterständische" bezeichnete.

Nicht nur in der ständischen Gliederung des Reiches, sondern auch in der Literatur ist das Bauerntum weitgehend als sozial einheitlich aufgefaßt worden, so schon bei H a x t h a u s e n , bei S a m a r i n u. a. Damit konnte auch das Interesse des Bauerntums als ein schlechthin gleichläufiges gelten. Die Landgemeinde (obščina) — mit der Kollektivhaftung der Bauern — ließ sich so als Maßnahme der Absicherung des einzelnen gegen Ausbeutung und Verelendung deuten. So wurde sie auch bei der Gesetzgebung zur Befreiung beibehalten, und es hieß in der Entschließung des Hauptkomitees: „Die Landgemeinde teilt das Land unter die Bauern auf und soll zugleich gemeinsam für die gewissenhafte Erfüllung der Verpflichtungen jedes Bauern haften. Die Auswirkungen dieser gemeinsamen Haftung können für den einzelnen außerordentlich beschwerlich sein, doch kann sie aus verschiedenen Gründen verteidigt werden ... Sie schützt den Bauern ... somit vor dem Verlust seines Landes" [19]. Also schienen in dieser Hinsicht die Interessen von Staat, Bauern und Gutsherren identisch, und es stellt sich die Frage, welche Folgen die Landgemeindeverfassung für den Fortschritt der Landtechnik beinhalte [20]. Auch die Gouvernementskomitees haben nie die Auflösung der Landgemeinde in ihrer bisherigen Form vorgeschlagen. Sie hatte für die Einhaltung der Pflichten und für das Steueraufkommen als Ganzes zu haften. Zugleich konnte hierdurch die Verwaltung auf der untersten Instanz auf dem flachen Lande mit Ausnahme der

[19]) Žurnaly 1915, t. 2, S. 194.
[20]) Zuerst besprochen von A. v. H a x t h a u s e n , Studien über die inneren Zustände, das Volksleben und insbesondere die ländlichen Einrichtungen Rußlands. Bd. 1, Hannover 1847, S. 130.

Polizei weiterhin delegiert bleiben und das Budget des Staates entlastet.

Die Politik der Regierung gegenüber der Landgemeinde ist auch in den höchsten Kreisen nicht unumstritten geblieben, wenn auch in der uns interessierenden Zeitspanne die sog. „Valuev-Kommission" von 1872 und 1873 keine neue Linie festzulegen vermochte. Immerhin wurde damals der Ankauf persönlichen Landbesitzes durch den Bauern zur persönlichen Nutzung außerhalb der Landgemeinde erleichtert, ebenso der Auszug aus der Gemeinde und der langfristige Abzug, um sich anderswo seine Nahrung zu suchen. Es ist anzunehmen, daß ohne den Rückschlag des Jahres 1881 das Bestreben ziemlich rasch auf Beseitigung der bäuerlichen Verfassung gegangen wäre [21].

3. Zielsetzung der Reform

Wir sprachen von den juridischen Voraussetzungen der Reform und betrachten ihre Zielsetzung: Keiner der beiden betroffenen Stände sollte enteignet und verelendet werden. Der Begriff „Bauer" betraf jeden Landmann, bis zum ärmsten Dorfbettler — der Begriff „Gutsherr" oder „Adliger" umfaßte auch jene Besitzer kleinster Höfe, die nur über wenige Leibeigene und keinerlei Kapital verfügten und die — in einer ständisch gegliederten Gesellschaft in bestimmten Vorstellungen und Rechtszwängen gebunden — nicht rechtzeitig, wie etwa die *Szlachta zagrodowa* im östlichen Polen, ins Bauerntum übergegangen waren. Beide gesellschaftlichen Antipoden bzw. Sozialpartner waren nicht als Elemente einer künftigen Wirtschaftsgesellschaft verstanden, sondern von nichtökonomischen Ordnungsvorstellungen geprägt und festgelegt.

Wie der Absicht nach der Bauer nicht zum Pauper werden sollte, so sollte auch die große Masse des adligen Besitzes erhalten bleiben. Die Frage blieb nur, inwieweit hier, vor allem bei kleineren Betrieben, der Übergang zu selbständigem Wirtschaften — in der Ausstattung mit Inventar und Betriebskapital sowie in der Freiheit und Bereitschaft zum ökonomischen Handeln — gegeben war. Anders gesagt, es galt zu bestimmen, wo die untere Grenze möglichen Überganges zu eigener Gutswirtschaft liegen konnte. Gewiß hat der Staat später einen geringen Teil des adligen Kleinst-Besitzes selbst aufgekauft, aber dadurch war das Problem als Ganzes nicht berührt.

Von gewissen Spezialkulturen, etwa dem Flachsanbau im Nordwesten, abgesehen — dieser wurde auch von Bauern gefördert —, hat nur die größere Gutswirtschaft für den Markt produziert, wenn auch vielfach mit

[21]) V. G. Č e r n u c h a , in: Tezisy 1969, S. 222—225.

dem Inventar der Bauern. Würde man diese ohne jede Entschädigung des Gutsherrn — für den Landanteil, für die Person oder beides — befreien, dann konnte die künftige Gutswirtschaft weder mit Inventar noch mit Arbeitskräften rechnen, denn das Kapital des Gutsherrn, aus dem er bisher seine Rente bezog, fiel fort. Der Markt, Binnenmarkt oder Export, wäre zusammengebrochen. Die Gutsherren — soweit sie nicht ohnehin ihren Besitz sofort oder in naher Zukunft räumten — mußten instandgesetzt werden, mit eigenem Inventar und ohne kostenlose Arbeitskräfte eine funktionierende Eigenwirtschaft aufzubauen.

Die für die Reform Verantwortlichen, vor allem Rostovcev, wagten nach dem verlorenen Kriege nicht, die Staatskasse mit der vollen — und notwendig schleunigen — Ablösung bzw. Entschädigung zu belasten. Wer anders mußte zahlen als die Bauern, wobei ja der Staat den Großteil der Ablösungssumme dem Gutsherrn vorschoß. Das finanzielle Problem scheint das zentrale gewesen zu sein, das in seinen Folgen, nämlich der tatsächlichen Belastung der Bauern, am wenigsten vorausgesehen werden konnte. Ob aber der Zweck einer Starthilfe für die moderne Gutswirtschaft erreicht werden konnte, ist eine andere Frage. Jedenfalls lag eine solche Ablösung oder Entschädigung durchaus im Interesse des Staates, der vergeblich versuchte, den anscheinend privatrechtlichen Charakter der gutsherrlich-bäuerlichen Beziehungen dadurch aufrechtzuerhalten, daß er die Ablösung anfangs freiwilligen Übereinkünften zwischen Gutsherren und Dorfgemeinden überlassen wollte. Ebensowenig wie angesichts der Spärlichkeit der damals vorliegenden Unterlagen das Bauerntum in der Vielfalt seiner wirtschaftlichen Möglichkeiten begriffen worden ist, vermochte man zwischen künftig lebensfähigen Gutsbetrieben und parasitären Mangelexistenzen zu unterscheiden. Harte Eingriffe hätten die Verhältnisse etwa auf den Zwerggütern des Gouvernements Poltava gebessert, aber auch einen Teil des dortigen ungebildeten und unausgebildeten Kleinadels dem Bettlerdasein anheimgegeben. Selbst wenn man diese Probleme recht erkannt hätte, wäre die Reform unter dem Gesichtspunkt des optimalen ökonomischen Effektes für das Gemeinwohl nie voll durchgeführt worden. „Liberal" nach dem damaligen Stande der ökonomischen Erfahrung zu verfahren, hatte ja die Reichsspitze — im Hinblick auf das englische Beispiel und auf die baltischen Erfahrungen vom Beginn des Jahrhunderts — durch lange Jahrzehnte abgelehnt. Einsicht in das gesamtstaatliche Interesse bei allen Verantwortlichen der Reform vorausgesetzt, war e i n e wesentliche Vorbedingung für jede gerechte und vernünftige Reform nicht gegeben und konnte auch nicht ohne weiteres geschaffen werden — nämlich genaue Einblicke in das materielle Minimum für die Existenz der Bauern und weiterhin auch der Gutsherren. Weder wußte man Genaueres über den tatsäch-

lichen — oder ausreichenden — Nutzungsanteil eines *tjaglo,* einer bäuerlichen Arbeitseinheit, in den einzelnen Wirtschaftsräumen des europäischen
Rußlands, noch konnte abgeschätzt werden, wie sich Familiengröße, Landanteil, Nutzungsrechte an Wald und Wiesen usw. zueinander verhielten und
was mehr oder weniger illegal aus dem Gutsbetrieb den Familien der Fronbauern an Futtergetreide und anderem zufloß. Was bedeutete es für das
mittlere *tjaglo,* wenn es die Hälfte der Arbeitszeit für den Gutsherrn verbrauchte? Wenn das *tjaglo* von Fronarbeit auf Zins umgesetzt wurde,
konnte dann die eigene Wirtschaft ohne weiteres leistungsfähiger gemacht
werden? Nach der Reform hat sich herausgestellt, daß die Größe der
Familie und damit des Familienanteils am *mir* — oder auch die Mithilfe
freier Arbeitskräfte — von ausschlaggebender Bedeutung für Wohlstand
oder Elend der Bauern war. Nur für den Westen und Südwesten lagen in
Gestalt der Bibikov-Inventare — noch ohne Bonitierung des Bodens und
nur in Ansätzen mit Vermessung der Gemengelagen zwischen Gutsland und
Bauernland — genauere Unterlagen für die künftige Grundauseinander-
setzung vor. Andererseits hat es in Gebieten mit bäuerlicher Zinsleistung
ohne eigene Gutswirtschaft kaum eine Trennung zwischen Gutsland und
Bauernland gegeben, weil eine solche nicht nötig gewesen war. Daß der
Aufbau einer eigenen Gutswirtschaft fast überall bedeuten mußte, die ver-
wirrende Gemengelage in irgendeiner Weise zu bereinigen, lag auf der
Hand, war aber den Betroffen schwer einsichtig zu machen.

Daß über die tatsächlichen bzw. wünschenswerten Verhältnisse die Daten
erst in Jahrzehnten beschafft werden konnten, war den Mitgliedern der
Redaktionskommission von Anfang an klar. Daher rührte der Gedanke,
die derzeitigen durchschnittlichen Größen des Baurnanteils aufgrund der
Unterlagen aus den Gouvernementskomitees — die allerdings den Klein-
gutsbesitz (unter 100 Seelen) nicht umfaßten — als Normanteil für die
Bauern des betreffenden Kreises anzunehmen. Nach Lage der Dinge konnte
schlecht anders vorgegangen werden. Etwa ähnliche Probleme stellten sich
bei der Befreiung der Zinsbauern: aufgrund des geltenden Rechtes konnte
die Person des zinsenden Bauern nicht ohne Entschädigung freigesetzt
werden. Der Zins mußte in irgendeiner Weise von dem Verdienst des zinsenden Leibeigenen her normiert werden. Was blieb übrig, als einen festen
Betrag auf acht, später neun Rubel festzulegen, der nicht überschritten
werden konnte und zugleich als Zinslast für den jeweiligen Normalanteil
gelten sollte? Die Belastung der Bauern ist nicht nur in der letzten Phase
der Vorbereitung der Befreiung durch Minderung der Anteile erhöht worden, sondern auch angesichts der Opposition des Adels durch Erhöhung des
Zinssatzes. Zur finanziellen Seite ist zu sagen: die Redaktionskommission
ging davon aus, daß die Rubelentwertung weiter fortschreiten und daher

die finanzielle Belastung der Bauern sich ständig vermindern werde. Deswegen wehrten sich die Kommissionsmitglieder gegen die in allen Gouvernementskomitees vorgeschlagene Forderung nach regelmäßiger Überprüfung der Loskaufbedingungen in bestimmten Zeiträumen je nach der veränderten Kaufkraft des Rubels. Die Stabilisierung des Rubels als Metallwährung mit Wirkung vom Beginn des Jahres 1863 konnte nicht vorausgesehen werden.

Unter den gegebenen Verhältnissen ließ lich prinzipiell keine völlig gerechte oder auch nur erträgliche Lösung denken, wenn nicht — selbst bei gleichbleibender Bevölkerung — die Landtechnik sich grundsätzlich ändern, die Wirtschaft also wesentlich intensiviert würde. Dem stand aber die fiskalisch wie ideologisch begründete Beibehaltung der Landgemeindeverfassung entgegen. Noch nicht vorausgesehen — oder versäumt — wurde eine großzügige Übersiedlung aus den am meisten durch Übervölkerung gefährdeten Gebieten nach Sibirien.

Wie in Mitteleuropa ist die Bevölkerungsvermehrung der verstärkten Industrialisierung vorausgegangen; die Industrie hat trotz miserabler Arbeits- und Lohnbedingungen vielen Hunderttausenden faktisch das Leben gerettet. Ländliche Übervölkerung ist ein relativer Begriff und die Marge zwischen ausreichender Ernte und Hungersnot bei geringen Erträgen eine sehr kleine. Zudem mußte der Einbau der bäuerlichen Produktion in eine rasch sich entwickelnde Marktwirtschaft — etwa im Gefolge des Eisenbahnbaus — so rasch vor sich gehen, daß der Anreiz intensiverer Produktion ständig dem Angebot von Arbeitskräften entsprach. Offenbar haben die Reformer den Aufschwung der bäuerlichen Wirtschaft sich als einen raschen Prozeß vorgestellt.

Weder waren die Voraussetzungen und Bedingungen gutsherrlicher und bäuerlicher Wirtschaftsexistenz voll bekannt, noch ließ sich ausmachen, ob unter den gegebenen Bedingungen, nämlich der sozialen Unterschiede innerhalb des Dorfes wie der unvorhersehbar raschen Zunahme der Bevölkerung, eine weitere Einschränkung des Gutsbesitzes die ökonomische Entwicklung des Dorfes in eine andere Richtung, etwa auf ein stabiles mittleres Bauerntum hin, lenken würde. Daß unter dem Druck der adligen Öffentlichkeit die Kommission wider bessere Einsicht — trotz der erwähnten kaum vermeidbaren falschen Prognosen — die Maximalanteile kürzte, scheint mir das eigentlich Ungerechte der Reform selbst zu sein — immer unter den genannten rechtlichen Voraussetzungen und innerhalb des zeitgenössischen Erfahrungshorizontes. Die Bauern selbst verlangten nur ihren bisher genutzten Anteil, nicht etwa das gesamte Gutsland.

Für den Gang der wirtschaftlichen Entwicklung aufgrund der Reformen waren mancherlei objektive Faktoren maßgebend, die auch bei kompetenterer Vorbereitung und sachgemäßerer und verantwortungsvollerer Durchführung nicht ohne weiteres hätten bewältigt werden können. Doch soll nicht verschwiegen werden, daß vielerlei Mängel in der Struktur des russischen Staates selbst begründet waren. Kein Zeitgenosse konnte die Augen davor verschließen, daß es diesem Staatswesen und dieser Gesellschaft an einer verantwortungsvollen Beamten- und Dienerschaft, einem Staatsethos mangelte. Nicht von allen war zu erwarten, daß sie unter erschwerten Arbeitsbedingungen, fern von den Zentren der Macht, ohne Kontrolle draußen am Orte, die Reform in Objektivität und Verantwortlichkeit verwirklichen würden. Gewiß waren vielfach die Gouverneure besser als ihr Ruf; manche gebildete und wohlmeinende jüngere Leute, vor allem unter den jenen beigegebenen Beamten „zu besonderer Verwendung", werden Tüchtiges geleistet haben. Von den Kanzleibeamten war nicht viel Gutes zu erwarten, sobald irgendwo ein paar Rubel von einem Antragsteller angeboten wurden. Man muß die Korruption als integrierenden Teil einer Staatspraxis zur Kenntnis nehmen, die nur wenig Mittel zur Verfügung hatte, um alle Aufgaben sachgerecht — d. h. vor allem unter angemessener Bezahlung ihrer ausführenden Organe — zu bewältigen.

Dennoch konnte bei einer riesigen Aktion, in der es um die Existenz eines überwiegenden Teils der Untertanen ging, eine korrupte oder leicht korrumpierbare Bürokratie nicht schlechthin ohne Kontrolle bleiben. Wo war die gebildete und unabhängige Öffentlichkeit, die diese ausüben mochte? Aus der Londoner Emigration sind keine kritischen Kommentare zum konkreten Reformwerk gekommmen, nur Denunziation der Maßnahmen als solche — was war von einer freieren Presse nach diesem Beispiel zu erwarten? So konnten Gouvernementsbehörden und Friedensmittler ihre vermittelnde Tätigkeit in ihrem jeweiligen Verständnis durchführen; das Tun der Friedensmittler ist vor der Revolution von der liberalen Öffentlichkeit vielfach idealisiert worden. Neben dunklen Gestalten hat es aber auch viele Verantwortungsbewußte, vor allem unter den Absolventen der Universitäten, gegeben, die ohne rechte Anleitung von oben sich Mühe gaben, gegenüber mißtrauischen Bauern und uneinsichtigen Gutsherren einigermaßen gerechte Entscheidungen in Vermessung und Zuteilung der Landstücke zu fällen. Was hier im einzelnen Gutes geschaffen oder verabsäumt worden ist, läßt sich kaum abschätzen. Doch ist festzuhalten, daß die höchsten Autoritäten, vom Zaren angefangen, bei der eigentlichen Durchführung der Reform kaum Initiative entfaltet haben. Vor allem sind die Entscheidungen hinsichtlich der festgelegten Landanteile und der bäuerlichen Abgaben so lange nicht überprüft worden, wie nicht die Katastrophe allen vor Augen stand.

4. Die Gouvernementskomitees

Anfang des Jahres 1858 kamen in den einzelnen Gouvernements Komitees zusammen, die unter dem Vorsitz des Adelsmarschalls je einen Abgeordneten aus den Kreiskomitees sowie — in der Regel zwei — von der Regierung ernannte Experten umfaßten und nach Untersuchung der örtlichen Verhältnisse dem Geheimkomitee Vorschläge für eine sachgerechte Lösung der Bauernfrage unterbreiten sollten. Leitlinien waren das Reskript des Zaren an Nazimov und die Erläuterungen des Innenministeriums vom November 1857. Danach sollten die Gutsherren das Recht auf das gesamte Land behalten — wie es ja dem geltenden Rechte entsprach — den Bauern sollte ihre Hofstatt (*usad'ba*), d. h. Hütte, Hofgebäude und Garten bleiben, die sie in bestimmter Zeit durch Ablösung als Eigentum erhalten sollten: darüber hinaus war den Bauern soviel Land zur Nutzung zu überlassen, daß ihre Existenz gesichert war und sie ihre Pflichten gegen die Obrigkeit und die Gutsherrschaft erfüllen konnten; dafür sollten die Bauern Zins zahlen oder Fronarbeit leisten. Das den Bauern zugewiesene Land sollte nicht wieder dem Gutsland zurückgeschlagen werden können. Sein Umfang sollte nach den örtlichen Verhältnissen und Gewohnheiten festgelegt werden, ebenso die Ablösungssumme. Die Bauern waren in Landgemeinden (*sel'skie obščestva*) einzuteilen, und den Gutsherren sollte die Gutsbezirkspolizei (*votčinnaja policija*) verbleiben. Außerdem sollten die Komitees sich noch mit folgenden Fragen befassen: Sicherung der Rekrutenpflicht und der Versorgung, Maßnahmen der öffentlichen Wohlfahrt, Hebung der Volksbildung, Verbreitung landwirtschaftlicher Kenntnisse [1].

Den Gouvernementskomitees wurde erst im April 1858 eine detaillierte Instruktion ausgegeben, die den Komitees nicht zuletzt die Sammlung genauerer Nachrichten über Besitzverteilung, Landnutzung und anderes in den einzelnen Gouvernements aufbürdete, eine Aufgabe, die die Bürokratie seit Jahrzehnten hätten vorbereiten können und müssen. Inwieweit der Adel ohne entsprechenden Apparat fähig und willens war zu objektiver Information, das konnte in der Kürze der Zeit — und bei der weiten Entfernung zur Hauptstadt — niemand kontrollieren. In dieser Instruktion war auch die „Übergangszeit" genauer definiert und zwar als diejenige, in der die „zeitweilig verpflichteten Bauern" ihre Verpflichtungen gegenüber dem Gutsherren zu erfüllen hätten, die aber nicht von dem Loskauf der Hofstelle abzuhängen brauchte. Die Instruktion verpflichtete Regierung und Komitees auf eine feste Gemeindeorganisation für die

[1] A. S k r e b i c k i j , t. 1. Bonn 1862, S. III—VIII.

Bauern unter Aufsicht der Gutsbesitzer; ich kann aber nicht finden, daß in dieser Instruktion ohne weiteres die Möglichkeit zur Enteignung des bäuerlichen Landanteils nach der Übergangsfrist eröffnet worden sei [2]. Übrigens war vorgesehen, daß die gleichen Gouvernementskomitees später die Reform am Orte durchführen und die neue ständische Rechtsordnung für das Land *(sel'skij ustav)* ausarbeiten sollten [3]. Im ganzen glaube ich, daß das in der genannten Instruktion niedergelegte Programm der Regierung als aufrichtiger Aufruf an den desorientierten Adel gedacht war.

Wenn man die vielen Meinungsäußerungen bei S k r e b i c k i j unbefangen durchliest, stellt man neben viel törichtem Widerstreben gegen jede Neuerung und banalem Egoismus fest, daß es auch unter den Konservativen Persönlichkeiten gegeben hat, welche die Probleme der ökonomischen Revolution gesehen haben, den Einbruch des für beide Parteien bedrohlichen liberalen Konkurrenzkampfes fürchteten — und nicht mit Unrecht — und welche — ebenso wie manche Liberale — hier Überlegungen über den Umbau von Staat und Gesellschaft anknüpften.

Ein freieres Staatsleben setzte die Ablösung der bürokratischen Herrschaft voraus und stellte damit die Frage nach den neuen staatstragenden Schichten. In welchem Maße konnte der Adel weiterhin allein öffentliche Funktionen übernehmen? Einerseits finden wir Unkovkijs Programm der nachdrücklich, wenn auch nicht präzis formulierten Repräsentanz des Adels im Sinne von Mitberatung oder Mitbestimmung. Zum anderen lag es nahe, daß der Petersburger Adel nach den Ostseeprovinzen schaute, wo eine adlige Korporation eine innerhalb des gegebenen sozialen Rahmens funktionierende Selbstverwaltung seit eh und je verwirklicht hatte. Wenn dagegen im Moskauer Komitee verärgerte Großgrundbesitzer, an der Spitze Bezobrazov, unter Hinweis auf die Gnadenurkunde von 1785 mit einer adligen Revolte drohten und forderten, eine Adelsversammlung solle über die zu verabschiedenden Bauerngesetze die letzte Entscheidung treffen, so war das nicht eben ernst zu nehmen. Doch wies die Einberufung der adligen Gouvernementskomitees selbst auf die Möglichkeit einer nicht bürokratischen Behandlung vaterländischer Lebensfragen hin; die adlige konstitutionelle Bewegung der Jahre 1861/1862 — hier waren die Adligen von Tver' führend — kann in unserem Zusammenhang nicht mehr behandelt werden [4].

---

[2]) M. C o n f i n o , in: Le Statut des Paysans, S. 84; dazu die Erläuterung von N. S e m e n o v , t. 1, S. 542 Anm. (Pozens Absicht ging allerdings auf Beschränkung, aber das ist nicht in die Instruktionen eingegangen.)
[3]) S k r e b i c k i j , a. a. O., t. 1, S. XXVI—XXXII.
[4]) A. A. K o r n i l o v , S. 229—312.

In den Überlegungen und Instruktionen der Regierung bzw. des Haupt-komitees ist immer wieder betont worden, daß die Person des Bauern ohne weiteres frei sein solle, also für den entgehenden künftigen Zins im Grunde keine Ablösung verlangt werden dürfe. Da nur die Hofstelle freigekauft werden mußte, der Status des bäuerlichen Landanteils indessen künftigen Vereinbarungen anheimgestellt blieb, lag es nahe, den Loskaufpreis für die Hofstelle möglichst hochzuschrauben [5]. Was blieb den Adligen in den Nicht-Schwarzerdegebieten anderes übrig, wenn sie nicht sofort ruiniert sein wollten [6]. In den eigentlichen Gewerbegebieten waren die Güter lediglich wegen des hohen Zinses der vielfach reichen Bauern teuer gehandelt wor-den [7]. Dennoch waren viele Forderungen für die Hofstellen in den Komi-tees untragbar. „Offenbar wollten manche Komitees für die Hofstellen genau so viel erhalten, wie sie früher mit allen Landanteilen wert waren" [8].

In vielen adligen Köpfen wirkte das englische Vorbild der Regelung der Abhängigkeit — durch Freisetzung der Bauern ohne Land — fort, vor allem in Gebieten der Schwarzerde mit dichter Besiedlung.

Da der Kaiser in den entscheidenden Monaten die obligatorische Ab-lösung des Bauernanteils — als für den Adel unzumutbar und durch das geltende Recht nicht gedeckt — vor allem aber als für den Staat finanziell untragbar, mehrfach ablehnte und den Komitees die Diskussion über diesen Punkt ausdrücklich untersagt worden war, blieb hier ein vernünftiger Aus-weg versperrt, um mit Hilfe der Regierung den Adel für ein neuzeitliches Wirtschaften so weit wie möglich liquide zu machen und ihn etwas aus seinen Schulden herauszubringen. So hat man in den Komitees versucht, in der Regelung mit den Bauern für den Gutsbesitz das bestmögliche bzw. eine erträglich erscheinende Lösung zu erreichen — mit dem fast einhelligen Ergebnis, daß nach deren Vorschlägen die Landanteile unerträglich be-schnitten und der künftige Zins hoch hinaufgesetzt werde sollten. Der Egois-mus des landbesitzenden Adels soll gewiß nicht beschönigt werden; aber er war in einer Zwangslage. Solange der Staat sich nicht einschalten wollte und der Adel seine bisherige Ordnung selbst zu liquidieren hatte, konnte er sich nur an den Bauern halten. Da nur Adlige zur Meinungsäußerung aufgefordert waren, mochte man mit einem gewissen Recht in den Komitees

---

[5]) Semenov-Tjan-Šanskij, t. 3, S. 40.
[6]) Übersicht der Meinungen bei Skrebickij, t. 2,2, S. 794—814.
[7]) Äußerungen der Deputierten des Komitees von Jaroslavl' vor der Redak-tionskommission. Kornilov, S. 245. — S. a. die Beratungen des Komitees von Vologda, Cinman, s. a. Anm. 41.
[8]) Kornilov, S. 248.

annehmen, dort sollte nur deren Interesse vertreten werden; für das der Bauern werde die Regierung selbst einstehen [8a].

Zwar konnten die Bauern nicht schlicht enteignet werden; darüber hinaus aber waren bei Einberufung der Gouvernementskomitees alle Fragen offen. Zweifellos war die Zahl der Adligen gering, die Einsicht in die gesamtgesellschaftliche Entwicklung hatten und mehr als bestenfalls freundliches Wohlwollen für die ländlichen Erfordernisse mitbrachten — ohnehin bildeten die „Liberalen" in allen Adelskomitees die Minderheit. Aber es steht dahin, ob die Gutsherren in der Mehrzahl imstande waren, ihre eigene wirtschaftliche Verfassung auf ihre Zweckmäßigkeit hin zu durchschauen.

In einem ersten Arbeitsgang hatten die Komitees kreisweise die wichtigsten statistischen Unterlagen zusammenzustellen, eine Aufgabe, die innerhalb der geforderten sechs Monate kaum anders als mit Fragebögen und allen Unkontrollierbarkeiten zu lösen war. Auf dieser Grundlage sollte für jedes Gouvernement ein Reformvorschlag für die Reform ausgearbeitet und in Petersburg vorgelegt werden. Ursprünglich sollten die Komitees auf Grundlage dieser lokal bezogenen Gesetzgebung die Regelung für jedes einzelne Gut selbst durchführen und jeweils die Verfassung der bäuerlichen Gemeinschaft entwerfen. Auch beim besten Willen war dies nicht möglich [9].

Nur haben die Gouvernementskomitees von jeher eine schlechte Presse gehabt: „nur mit Grauen kann man auf diese Versammlung von Kulaken schauen, die sich schließlich als Monopolisten einer mehr oder weniger wertvollen Ware, der Schwarzerde, betrachten, die jetzt aus irgendeinem Grunde besonders stark gefragt ist" [10]. Im wesentlichen waren es Slavophile, die sich — auch nach Chomjakovs und Konstantin Aksakovs vorzeitigem Tode — mit großem Ernst für eine liberale Lösung eingesetzt haben; wir nennen den Fürsten Čerkasskij, Samarin und Košelev. Zum anderen wirkte eine Gruppe aus dem Adel des Gouvernements Tver', um die eindrucksvolle Gestalt Unkovskijs gruppiert. Die Korrespondenz von Čerkasskij ist in den Materialien zu seiner Biographie [11] in den wesentlichen Teilen abgedruckt [12],

[8a] Semenov-Tjan-Šanskij, t. 3. S. 53.

[9] Skrebickij, t. 1, S. XXVI.

[10] Fürst Čerkasskij an Samarin 24. 9. 58. Trubeckaja, Materialy, wie Anm. 11, t. 1.1, S. 167.

[11] Kn. O. Trubeckaja, Materialy dlja biografii kn. V. A. Čerkasskogo, t. 1, kn. 1, Moskva 1901, 331 + 169 S., t. 1, kn. 2, Moskva 1904, XV + 443 + 134 S.

[12] Vgl. die Übersicht in: Zapiski otdela rukopisej bibl. im. Lenina, vyp. 10, 1941.

Samarins Anteil in Robert S t u p p e r i c h s Buch aufgearbeitet [13], und zwar im Anschluß an N o l d e s sympathische Monographie [14], K o š e l e v hat uns seine lebhaften Aufzeichnungen hinterlassen [15] und bald einen eifrig bemühten Biographen gefunden [16]. Die liberale Geschichtsschreibung hat das Werk dieser Männer in manchem idealisiert; andererseits genügt es nicht, wie in der neuesten sowjetischen Darstellung, diese wohlmeinend Bemühten unter den Adligen als blinde Nutznießer eines Klasseninteresses abzutun [17].

Vor allem ist kürzlich in der ausgezeichneten Arbeit von T e r e n c e E m m o n s das berühmte Gouvernementskomitee von Tver' in den Mittelpunkt einer ausführlichen Darstellung der Haltung des Adels zur Reform gestellt worden [18], einem der wichtigsten neuen Beiträge zur russischen Sozialgeschichte des 19. Jahrhunderts überhaupt. Archivalien wurden ausgewertet und die vernachlässigten älteren Memoiren aus den „dicken Journalen" eingehend herangezogen. Der Adel von Tver' ist bereits von der liberalen russischen Geschichtsschreibung mit besonderer Aufmerksamkeit bedacht worden [19]: Hier war eine geschlossene Gruppe zu weitreichender gesellschaftlicher Einsicht bereit und fähig. Aus dem geistig bewegten Milieu der Bakunins, dem Adelsnest Prjamuchino, war nicht nur Michael erwachsen, der in diesen Jahren allerdings in Sibirien erzwungener Muße zwischen seiner ersten und zweiten revolutionären Phase pflegte, sondern auch seine vier Brüder, die alle im Komitee tätig waren. Aber auch andere gebildete Adlige finden wir in Tver', vor allem Unkovskij, der seit seiner Studentenzeit Kontakte mit den unabhängigsten Geistern hielt [20]. Von ihm stammt der Vorschlag über die Grundlage einer umfassenden Reform — bürgerliche Freiheiten für die Bauern und damit endgültiges Aufhören aller Pflichten gegenüber dem Gutsherrn, woraus sich die obligatorische Ablösung notwendig ergab; außerdem sollte als existenzsichere Hoflage des Bauern nicht nur das Hofstattland (*usad'ba*) gelten, sondern alles Land zur

[13]) R. S t u p p e r i c h , Jurij Samarin und die Anfänge der Bauernbefreiung in Rußland. 2. Aufl., München 1969, VII + 187 S.

[14]) B. B a r o n N o l ' d e , Jurij Samarin i ego vremja. Paris 1926.

[15]) A. I. K o š e l e v , Zapiski (1812—1883 gody). Berlin 1884, XII + 272 + 232 S.

[16]) N. K o l j u p a n o v , Biografija A. I. Koševeva, t. 1,1 — 2. Moskva 1889 bis 1892.

[17]) Etwa bei N. S. B a g r a m j a n , in: Revoliucionnaja situacija 1962, S. 18 bis 39.

[18]) E m m o n s .

[19]) So von K o r n i l o v .

[20]) E m m o n s , S. 79.

Sicherung seiner Wohlfahrt. Daran knüpfte sich innerhalb des Komitees eine wichtige Grundsatzdebatte, die großes Aufsehen erregte, weil die ausführlichen Protokolle vervielfältigt und weithin bekanntgemacht wurden [21]. Eine Gruppe, eine sogenannte „Mehrheit" unterstützte Unkovskijs Definition von *Usad'ba*, d. h. „Heimstätte", nicht nur „Hofstätte". Trotz entgegengesetzter Interpretation des Allerhöchsten Willens durch den Innenminister gelang es einer Deputation des Komitees, Rostovcev insofern für die Ansicht der Tver'schen „Mehrheit" zu gewinnen, als nunmehr „auf Wunsch der Gutsherren" — das Eigentum den Bauern auch an ihrem Land neben der Hofstätte je nach gesondert ausgearbeiteten Prinzipien übertragen werden sollte [22]. „Liberale" kann man Unkovskij und seine Freunde im eigentlichen Sinne nennen; denn sie sahen vom Beginn ihrer öffentlichen Tätigkeit im Komitee an die Freisetzung der Bauern als erste entscheidende Etappe eines umfassenden Staatsumbaus („Abschaffung der Sklaverei nicht nur für die Bauernschaft, sondern für das Volk als ganzes" [23]). Von anderen Komitees sprachen nur beide Fraktionen in Kaluga sich für weitergehende Reformen (Armee, Justiz, Volksbildung, Verkehr) aus [24], in den übrigen bei E m m o n s behandelten Komitees wurden weiterreichende Perspektiven offenbar nicht artikuliert. Nun ist die Literatur über die Gouvernementskomitees nicht groß, wenn auch einzelne Arbeiten neuerdings hinzugekommen sind [25]. E m m o n s hat in erster Linie reformfreudige Stimmen in den Komitees gesammelt, wobei nicht immer deutlich ist, wieweit einzelne Initiativen durch die ökonomische Lage des Adels eines Gouvernements auch im Gesamtinteresse legitimiert waren, ebenso wieweit die Masse der Adligen ihre eigene Interessenlage, d. h. die ökonomischen Voraussetzungen ihrer gegenwärtigen und künftigen Wirtschaft damals übersehen konnte.

S k r e b i c k i j hat seinerzeit aus den veröffentlichten Materialien der Redaktionskommission die Meinungsäußerungen der Gouvernementskomitees bzw. einzelner Mitglieder systematisch zusammengestellt; sein verdienstvolles Werk wird, soweit ich sehe, relativ selten zitiert. Nach ihm hat nur K o r n i l o v 1904 nach den veröffentlichten Materialien eine systematische Übersicht versucht [26]. Von späteren Arbeiten ist zu nennen die umfangreiche — nicht recht organisierte — Materialsammlung des Ober-

[21]) Ebenda, S. 100.
[22]) Ebendort, S. 128; S k r e b i c k i j , t. 1, S. XLV.
[23]) zit. E m m o n s , S. 110.
[24]) K o r n i l o v , S. 156.
[25]) Diese aufgeführt bei Z a j o n č k o v s k i j , 1960'3., S. 359—362.
[26]) K o r n i l o v , Očerki, a. a. O., S. 119—312.

priesters K r e č e t o v i č über die Bauernreform im Orenburger Land, d. h. in den Gouvernements Orenburg und Samara [27], aus der eine warme Anteilnahme am Schicksal der in entlegenen Gegenden den oftmals ganz ungebildeten Gutsherren ausgelieferten Leibeigenen spricht.

Jurij Samarin, der Slavophile, hat sich als Regierungsdeputierter im Gouvernement Samara mit aller Kraft eingesetzt und in Briefen an seine Freunde Čerkasskij und Košelev ein farbiges Bild der Mentalität mancher adliger Hinterwäldler gezeichnet [28]. Im Gouvernement Orenburg waren übrigens die 126 000 Fabrikbauern besonders schutzlos; vor allem in Bergwerken herrschten unglaubliche Verhältnisse [29]. Doch war auch in jenen Gegenden offenbar guter Wille vorhanden; sonst hätte nicht Samarin die Projekte des Komitees von Samara selbst ausarbeiten können, in denen ohne wesentliche Einschränkung das Recht der Bauern auf volle Ablösung ihres Landanteiles gewährt wurde [30].

In den Schwarzerdegebieten war das Land der eigentliche Wert, der Bodenpreis also umso heftiger umstritten, je dichter das Land besiedelt und je kleiner — bzw. je mehr verschuldet — der Großteil der adligen Güter war. Das Komitee von Rjazan', auf der Grenze zum Nichtschwarzerdegebiet, hat wegen der nicht unumstrittenen Aktivität von Košelev früh Aufmerksamkeit gefunden [31] und war neuerdings Gegenstand einer ausführlichen Studie [32]. Ein zielstrebiger Vorsitzender dieses Komitees hätte durchaus fortschrittliche Vorschläge im Sinne der Mehrheit von Tver' durchsetzen können [33]. — In Tula focht Čerkasskij mit einer Minderheit gegen eine geschlossene Front, die das Land im wesentlichen behalten wollte und Ablösungen für die Person des Bauern forderte [34]. Übrigens lehnten dort in einem Kreise die Adligen die Teilnahme an den Arbeiten überhaupt ab — als der Gouverneur sie zur Rede stellte, waren sie plötzlich einverstanden [35].

[27] I. P. K r e č e t o v i č, Krest'janskaja reforma v Orenburgskom krae (po archivnym dannym) t. 1. Podgotovka reformy. Moskva 1911, 627 S. (Čtenija v Imperatorskom obščestve istorii i drevnostej Rossijskich 1911, kn. 2. Es handelt sich um ein Gebiet von 1,6 Mill. Einwohnern.)

[28] T r u b e c k a j a, Materialy, a. a. O. t. 1, kn. 1, passim.

[29] K r e č e t o v i č, a. a. O., S. 45—55.

[30] E m m o n s, S. 184—187.

[31] P o v a l i š i n.

[32] V. N. E l i s e e v a, über das Gouvernementskomitee von Rjazan', in: Učenye zapiski Rjazanskogo gos.pedag.istituta, No 11, 1953, S. 69—124 (nicht gesehen).

[33] P o v a l i š i n, S. 113, 318.; E m m o n s, S. 179.

[34] T r u b e c k a j a, Materialy, a. a. O., t. 1, kn. 1 passim.

[35] A. S. Chomjakov an I. S. Aksakov, in: Russkij Archiv 1893, 10, S. 203.

Leider haben wir nicht viele Arbeiten über Gouvernementskomitees in
der Ukraine [36] — soweit ich sehe, auch nicht im Rahmen der noch zu erwähnenden Regionalstudien über die Durchführung der Reform. In Poltava
etwa, aber auch in Char'kov ist das Übergewicht des Kleinadels beachtlich
gewesen; in den Teilen rechts des Dnepr bestimmte der polnische guts-
besitzende Adel die Politik. Im Komitee Char'kov gaben die Unternehmer
unter den Gutsherren den Ton an, die möglichst rasch, nicht zuletzt angesichts der bedrohlichen agrarischen Übervölkerung, die unökonomischen
Beziehungen zu den fronenden Bauern aufgeben und diese stattdessen, mit
einem möglichst kleinen Landanteil, als freie Lohnarbeiter beschäftigen
wollten.

Am wichtigsten für die Politik der Regierung war aber die Haltung des
bei Hofe einflußreichen Adels in den zentralen Gouvernements, neben
Tver' also Petersburg und Moskau. Die Petersburger hatten im Vorgriff
auf den Regierungsentwurf früh versucht, mit Konzessionen nach baltischem
Vorbilde, d. h. praktisch mit Freisetzung ohne Land, eine Entscheidung
vorweg zu treffen, waren aber abgewiesen worden [37]. Den zum Teil wohlhabenden und selbstbewußten, politisch aktiven Adel des Moskauer Gouvernements zu gewinnen, hatte man sich an höchster Stelle früh angelegen
sein lassen. Jedoch stand der Generalgouverneur Graf Zakrevskij jeder
Abänderung der Verhältnisse im Wege. Und wenn auch Fürst Menšikov
nach seiner unglücklichen Politik in Konstantinopel am Vorabend des
Krimkrieges an Einfluß verloren hatte, so blieb er doch stark genug, um
die wenigen Liberalen, vor allem den Juristen Rovinskij, zu überspielen [38].
In der Umgebung der alten Hauptstadt spielte der Gartenbau der Zinsenden (etwa 70 Prozent) eine große Rolle; falls daher die Hofstelle ohne
weiteres abgetreten werden sollte, fiel auch der Zins weitgehend fort.
Daher ging hier der Kampf um dessen Ablösung: man wollte sich möglichst
viele Zugriffsmöglichkeiten für die Zukunft vorbehalten, da sich angesichts
der beginnenden Industrialisierung auch die Wirtschaftskraft der Bauern
in neue Richtungen entwickeln könne — also 24 Jahre Übergangszeit [39].
Die berühmte Ansprache des Zaren an den Moskauer Adel im August 1858
über die Gefahr des Umsturzes von unten, falls nicht die Reform von oben

---

[36]) N. Tichonov zum Gouvernementskomitee von Char'kov, in: Naukovi
zapyski naukovo-doslidčoi katedri istorii ukrains'koi kultury No 6, Kiev 1927.
[37]) Žurnaly 1915, t. 1, S. 55 u. ö.
[38]) Rovinskij wurde einer der Begründer der Erforschung der Ikonenmalerei
und der russischen Volkskunst.
[39]) M. N. Družinin über den Moskauer Adel und die Reform, in: Izvestija
Akademii Nauk SSSR, Serija istorii i filosofii, t. 5, 1, 1948, S. 62—78.

in die Hand genommen werde, bezog sich auf das Projekt der Moskauer Mehrheit. — Nach Süden grenzte das Gouvernement Kaluga an: hier mußten die Liberalen zurückstehen; nach dem Projekt des Komitees dort sollten Hofstätte und Feldanteil nicht, wie von jenen angestrebt, nach dem gleichen Schlüssel berechnet werden [40].

Für die Ausgangslage in den Gewerbegebieten des Nordens scheint bezeichnend die Beratung des Komitees von Vologda: auch dort sollte die Hofstätte möglichst hoch berechnet werden, um die Person des zinsenden Bauern zu belasten. Zudem machte man sich Sorgen, daß die gewährte Freizügigkeit den Abzug des Landvolkes in die Städte beschleunigen und das dünn besiedelte Land entblößen werde [41]. Weiter im Nordosten: das Gouvernementskomitee von Perm' sollte nach dem Wunsche der Stroganovs und einiger anderer großer Herren in Petersburg tagen, um dort den Status vor allem der Fabrikleibeigenen zu überprüfen; die Herren wollten es sich nicht zumuten — offenbar zum ersten Mal in ihrem Leben — die Quellen ihrer Einkünfte in Augenschein zu nehmen; sie kamen damit allerdings nicht durch [42].

Für die Gebiete außerhalb der Schwarzerde mit dem Überwiegen des Zinsbauern war schon von Levšin vorgeschlagen worden, durch höhere Bewertung der Hofstätte auch die Ablösung für die Person des Bauern herauszuschlagen. Zum Beispiel zahlten neun Leibeigene des Grafen Šeremetev 1858 zusammen 7560 Rubel; der Minimalzins betrug 4—6 Rubel [43]. Ebenso wies die Deputation aus dem Gouvernement Jaroslavl' darauf hin, daß in ihrem Gouvernement die Bauern durch den Handel auf der Wolga reich geworden seien und daher die dortigen Güter einen weit größeren Marktwert hätten als in anderen Gegenden [44]. Im Grunde war, wenn die Person des Bauern laut kaiserlichem Befehl nicht freigekauft werden sollte, nur auf diese Weise der Adel im Gewerbegebiet einigermaßen zu entschädigen — entweder hatten die Bauern kaum Land genutzt, weil es nicht lohnte, oder sie konnten auf das abzulösende Land ohne weiteres verzichten [45]. Also mußte die Person irgendwie eingeschätzt werden —

---

[40]) Zitate aus den Protokollen des Komitees von Kaluga, in: Zapiski otdela rukopisej, a. a. O., t. 10, 1941, S. 58—63.

[41]) A. C i n m a n , in: Vologodskij kraj, t. 3, Vologda 1962, S. 288—308.

[42]) Žurnaly 1915, t. 1, S. 240. — Über Gouvernementskomitees im Ural F. S. G o r o v o j , in: Voprosy agrarnoj istorii Urala i Zapadnoj Sibiri. Sverdlovsk 1966 (Učenye zapiski. Sverdlovskij gos.pedag.institut, Kurganskij gos.-pedag.institut, t. 38.), S. 49—64 (nicht gesehen).

[43]) K o r n i l o v , S. 233; K. I. Š č e p e t o v , S. 166.

[44]) S k r e b i c k i j , t. 2, 2, S. 855.

[45]) Beispiele etwa ebendort, t. 2, 2, S. 814, 859.

nach den damaligen Statistiken wären das etwa 100 bis 120 Rubel pro Revisionsseele gewesen [46].

Durchaus andersartige Probleme stellten sich den Komitees in den landwirtschaftlich ergiebigen Gebieten — die sich anbietende Lösung, Befreiung der Bauern ohne Land und ohne Loskauf, war durch die Instruktion der Regierung blockiert. Daher ging hier der Kampf um die Norm des Landanteils, oder Beibehaltung des bisherigen, von der Höhe der Ablösungssumme abgesehen. Überall, wo Chancen für landwirtschaftliches Unternehmertum gegeben waren, hätte es nahegelegen, unter möglichst günstigen Bedingungen die gutsherrlich-bäuerlichen Verstrickungen zu lösen, d. h. den Loskauf obligatorisch zu machen. Da die Regierung anfangs diesen Weg nicht vorgesehen hatte, sondern alles — ohne eigenes finanzielles Engagement — auf freiwillige Abkommen abgestellt wissen wollte, ist nur selten liberal-ökonomisch argumentiert worden. Nicht unwichtig war die notwendige Rücksicht auf den inventarlosen kleinen Besitz. Durch die unklare Fassung der Instruktionen schien den Adligen der Gedanke nahegelegt, die bisherigen Anteile — oder irgendeine andere Norm — den Bauern nur für eine begrenzte Übergangszeit zu überlassen, so wie es der Gutsbesitzer Pozen in seiner Denkschrift von 1857 vorgeschlagen hatte, die für eine gewisse Zeit die Planungen der Zentrale verhängnisvoll zu beeinflussen drohte [47].

Zwar war in den Instruktionen nichts über die Natur der künftigen Verpflichtungen der Bauern gesagt — diese wurden mit der Ablösung nicht einmal unmittelbar verknüpft —, aber bald erkannten die Komitees, daß Fron und Zins irgendwie auf Geldbasis in Beziehung gesetzt werden mußten; auf welche Weise, blieb allerdings offen [48]. Die Gutsherren haben ihre Entschädigungsforderungen überspannt, doch soll nicht vergessen werden, daß sie die Zukunft nicht überblicken konnten. Wer stark verschuldet war und seine Bauern ganz oder teilweise verpfändet hatte, mußte praktisch mit Enteignung rechnen, wenn die Emanzipation der Leibeigenen sich in Geldzahlungen niederschlug.

Wenn die Adligen von Tver' von der liberalen Historiographie als vorbildliche Muster hingestellt wurden, muß gesagt werden, daß Unkovskij und seine Freunde erwarteten, der Staat werde in einer großen Finanzoperation die Gutsbesitzer unmittelbar entschädigen. Eben dies hat er schließlich tun müssen; aber als die Komitees zusammentraten, war an ein

[46]) K o r n i l o v , S. 247.
[47]) S k r e b i c k i j , t. 4, S. 263—268.
[48]) Ebendort, t. 3, S. 155; K o r n i l o v , S. 275.

solches Eingreifen noch nicht zu denken. K o r n i l o v hat gemeint, der Adel in den Komitees habe übersehen, daß mit der Freisetzung der Bauern aus den Bindungen auch die Pflichten der Gutsherren zum Unterhalt der Bauern in Notzeiten fortfallen würden, und er verwies dabei auf das preußische Beispiel. Aber auch in Preussen haben die Jahrzehnte nach der Stein-Hardenbergschen Agrarreform den großen Besitzwechsel bei den Gütern der östlichen Provinzen des Staates gebracht — und nicht nur wegen der Konjunktur, sondern wegen des Kapitalmangels des alten grundbesitzenden Adels. Als im Dezember 1858 die Politik der Regierung sich auf die Ablösung mit Land ausrichtete, hatte ein großer Teil der Komitees seine Arbeit schon abgeschlossen. Bei der Anhörung der Deputierten der Komitees im folgenden Jahre in Petersburg konnten diese von ihren Instruktionen nicht ohne weiteres abgehen, ohne daß die veränderten Perspektiven in den Gouvernements neu durchdacht worden wären. Die Feststellung, die Unklarheit der Ausgangssituation habe die Arbeit in den Komitees nachteilig beeinflußt, trifft auf jeden Fall für alle diejenigen Gouvernements zu, in denen der Gutsbesitz wesentlich von den Einkünften aus dem Landbau lebte und daher an eigenem Wirtschaften interessiert sein mußte. Sicher wären weiterblickende Mitglieder in manchen Komitees durchaus bereit gewesen, die Linie der Tverer zu verfolgen, wenn die Regierung Bereitschaft erstens zu finanziellem Engagement, zweitens zur obligatorischen Ablösung mit Land gezeigt hätte. Ein sanfter Hinweis des Herrschers hätte jedenfalls bei der Masse des Provinzadels, der ja irgendwie auf den Staatsdienst angewiesen war, Wesentliches ausrichten können. Aber dies ist unterblieben.

Nochmals — ob, wie die sowjetischen Forscher annehmen, der Adel überall seine wahren Interessen durchschaute und vor allem, wenn er nicht selbst wirtschaftete, über seine Einkommensquellen so genau unterrichtet war, daß er seine langfristigen Interessen angemessen zu artikulieren vermochte, dies möchten wir mit Emmons bezweifeln [49]. Außerdem kannten von den versammelten Adligen nur wenige die Mentalität und vor allem die Rechtsvorstellungen ihrer Partner, der Bauern. Diese waren wichtig für die Verwirklichung der Reform, vor allem für das Funktionieren der bäuerlichen Selbstverwaltung. Deren Problematik hätte durchdacht werden müssen; niemand hat offenbar, über den in den Komitees mehrfach geäußerten Appell zur Reform der lokalen Verwaltung hinaus [50], an eine durchgreifende Reform der Staatsverwaltung von unten gedacht, obwohl

[49] E m m o n s , S. 202.
[50] Ebendort, S. 143, 156, 190.

solcher manchen Slawophilen angestanden hätte. Für Einzelheiten der Meinungsbildung unter dem Adel können wir auf E m m o n s verweisen, der nur die Unklarheit über die Absichten der Regierung mit ihren entscheidenden Folgen für den Gang der Reform selbst nicht herausgestellt hat.

5. Die Debatten um den Landanteil der Bauern

Für die Wirtschaftskraft von Bauernwirtschaft und Gutswirtschaft nach der Reform war die ausreichende Landausstattung beider entscheidend [1]. Der Rechtsgrundsatz, der seit dem Reskript an Nazimov unverbrüchlich festgehalten wurde, daß nämlich alles Land grundsätzlich Eigentum des Gutsherren bleiben solle, schien so lange jede Ausstattung der Bauern mit Land auszuschließen, wie unter Eigentum volle Verfügungsgewalt verstanden wurde.

Dies braucht nicht zu heißen, daß etwa der Adel des Gouvernements St. Petersburg nach baltischem Vorbild von 1819 seine Bauern ohne weiteres enteignen und zu Landarbeitern machen wollte; das bedeutete aber, daß sich eine Art Obereigentum mit herrschaftlichen Prärogativen vorbehielt. War die Enteignung von Gutsland zugunsten der Bauern rechtlich unmöglich, so war sie es politisch um so mehr; Rostovcev bezeichnete sie als einen Akt der Revolution; „heilige Pflicht einer jeden gesetzmäßigen Regierung sei es, allem und jedem sein Eigentum zu erhalten" [2].

Der Begriff des „unvollständigen Eigentums" beinhaltete manche Unklarheit — er war im geltenden Recht nicht bzw. nur als vorübergehende Beschränkung der vollen Verfügungsgewalt vorgesehen [3]. In der Sache war dieses Recht für den Gutsherrn bestimmt durch seine Verpflichtung, seine Bauern mit Land auszustatten [4]. Der Grundsatz der genügenden Ausstattung der Bauern war in der Instruktion an die Gouvernementskomitees ausgesprochen [5]. Viele Komitees haben angenommen, daß die Frage zeitweiliger oder dauernder Nutzung von „Gutsland" durch Bauern in den Richtlinien offengeblieben sei. Hierüber war man anfangs auch in den Redaktionskommissionen geteilter Meinung [6]. Solange der Begriff bzw. die Fik-

---

[1]) Als Grundlage dient die ausführlichste Darstellung bei P. I. L j a š č e n k o , t. 2, č. l, 1913. Nicht erwähnt von D. F. V i r n y k a , in: Petr Ivanovič Ljaščenko. Bibliografičeskij ukazatel'. Kiev 1961.

[2]) L j a š č e n k o , S. 40.

[3]) Semenov in der Redaktionskommission Juni 1859. N. S e m e n o v , t. 1, S. 249.

[4]) Svod zakonov, t. IX, § XXIX.

[5]) S k r e b i c k i j , t. I, S. XXIX.

[6]) S e m e n o v , t. 1, S. 250.

tion des „unvollständigen Eigentums" umstritten blieb oder gar mit dem geltenden Recht und den Reskripten unvereinbar schien [7], waren von diesen Voraussetzungen her irgendwelche Verpflichtungen seitens der Gutsherrn, den Bauern Nutzungsrechte am Boden einzuräumen, nur aufgrund privatrechtlicher Abmachungen denkbar [8]. Wie konnte man die Gutsherrn hierzu zwingen? Vor allem dann, wenn — wie nach den ersten Instruktionen — die Bauern nur ihre Hofstellen ablösen konnten; es blieb also unklar, wie sie die Nutzung ihrer Anteile auf die Dauer würden sichern können, es sei denn durch künftige dauernde Verpflichtungen gegenüber dem Gutsherrn in Fron oder Zins. Mit Recht stellte Nikolaj Semenov in einer entscheidenden Sitzung der Redaktionskommission den Grundsatz auf, daß es aus den zwangsmäßigen unfreien Beziehungen beider Partner auf die Dauer hinsichtlich der Nutzung keinen anderen Ausweg gebe als die Pflichtablösung seitens der Bauern [9].

Wie gesagt, stand für die Gouvernementskomitees die Größe des Landanteils im Mittelpunkt. Der Adel fürchtete vielerorts, seine Arbeitskräfte vollständig zu verlieren, wenn die Bauern wie angekündigt ausreichend mit Land zur „Aufrechterhaltung ihrer Existenz und Erfüllung ihrer Verpflichtungen" ausgestattet würden. Daher plädierten viele Komitees dafür, den Bauern so wenig Land zu geben, daß sie künftig auf Nebenarbeit angewiesen seien [10]. Andererseits fielen für den Gutsbesitzer mit der „genügenden Ausstattung der Bauern" die Verpflichtungen aus dem Eigentum am gesamten Lande fort, nämlich den Bauern über den bisherigen Gesamt-Normanteil mit der Zunahme der Revisionsseelen mehr Land geben zu müssen, ferner sie im Notfalle zu versorgen und schließlich für die rückständigen Leistungen der Bauern an den Staat irgendwann aufkommen zu müssen [11]. Die wechselseitigen Verpflichtungen aufzuheben, lag im wohlverstandenen Interesse beider. Daher ging der Trend in Richtung auf den Pflichtloskauf sowohl der Person des Bauern wie der Hofstelle und des Landanteils — es fragte sich nur zu welchen Bedingungen. Experten der Kommission war deutlich, daß den Beziehungen von Gutsherren und Bauern ein Gewohnheitsrecht zugrunde lag in dem Sinne, daß jedes *tjaglo* so viel Land zugewiesen bekam, wie zu seinem Unterhalt nötig war und

---

[7]) S k r e b i c k i j , t. 1, S. 131—136.
[8]) L j a š č e n k o , S. 37.
[9]) S e m e n o v , t. 1, S. 254 (10. 6. 59).
[10]) Z. B. die Rjazaner Deputierten vor der Redaktionskommission S e m e n o v , t. 2, S. 117.
[11]) Svod zakonov, t. IX, §§ 1103—1105, 1114—1126; S e m e n o v , t. 1, S. 239, 606.

daß es dafür einen entsprechenden, gleich großen Landanteil für den Gutsherrn bearbeitete [12].

Der ursprüngliche und naheliegende Gedanke, den Bauern die bisher
genutzten Anteile zu belassen, ließ sich, wie gesagt, nicht allgemein verwirklichen. Vielfach waren „Gutsland" und „Bauernland" nicht geschieden,
oder die Gutsherren führten keine eigene Wirtschaft [13], sondern erhielten
ihre Einkünfte in Naturalien als Anteil an deren Gesamtprodukt von den
Bauern. Oder ähnlich, wenn beider Anteile verstreut so durcheinander
lagen, daß sie kaum voneinander getrennt, geschweige denn gesondert bewirtschaftet werden konnten. Oder die Gutsherren hatten irgendwann
ihren Anteil den Bauern überlassen, ohne ihn ausdrücklich zu vermessen,
und die Bauern bearbeiteten das ganze Areal und zahlten dafür Zins.

Letzteres konnte auch bedeuten, daß die Bauern, die Ablösungszahlungen
für einen relativ großen Anteil aufzubringen hätten, intensiver wirtschaften
müßten, mit der Fläche nicht fertig werden konnten und lieber einen kleineren Anteil behalten wollten. Dies wird nicht ganz selten der Fall gewesen sein, vor allem auf Latifundien.

In den Gewerbegegenden, wo der Landbau für Bauern wie für Gutsherren nur sekundäre Bedeutung hatte, lagen die Dinge ohnehin anders.
Schließlich bedeutete die Festsetzung eines wie auch immer bemessenen
Anteils für den Bauern den Verzicht auf Ansprüche an das Gutsland ins-
gesamt, d. h. auf irgendwelche Nutzungsrechte, als Waldweide, an Wiesen,
Fischereirechten usw. Dies konnte in manchen Gegenden eine sehr bedeut-
same Einbuße sein, die sich schwer generell abschätzen oder normieren
ließ [14]. Die Trennung von „mein" und „dein", d. h. die Definition des
„Gutes" *(imenie)* im Einzelfall ermöglichte ja erst einen persönlichen freien
Landbesitz für den Gutsherrn und später, nach dem Loskauf, auch für den
Bauern [15]. Jedenfalls sind die verschiedenen Nutzungsrechte (Servituten)
in der Regel nicht genügend bzw. gar nicht bei der Bemessung der Bauernanteile berücksichtigt worden; dank der Sonderregelung von 1863 für die
Westgebiete wurden sie nur dort ausdrücklich beibehalten, dagegen etwa
nicht im Gouvernement Smolensk, wo sie ebenfalls bis zur Reform einen
beträchtlichen Anteil an den bäuerlichen Nahrungsgrundlagen gebildet
hatten.

---

[12] Semenov-Tjan-Šanskij, t. 3, S. 226.
[13] Viele Beispiele in dem wichtigen Buche von Povališin, passim.
[14] Die Debatten in der Redaktionskommission bei Semenov, t. 1, S. 394
bis 402, 406—419.
[15] Semenov-Tjan-Šanskij, t. 3, S. 226.

Nach dem Gesagten lag es nahe, die künftigen Nutzungsanteile der Bauern zu normieren. Daß sich eine Normierung nach den örtlichen Gegebenheiten und nach dem Gewohnheitsrecht richten mußte, lag auf der Hand. Diese Bedingungen waren von Kreis zu Kreis, oft von Gut zu Gut verschieden; es hätte nahegelegen, die bestehenden Nutzungen in einer Art Kataster festzulegen. Ein solches Unternehmen —mit welchen Kräften auch immer — hätte lange Jahre beansprucht, verbot sich also von selbst. Daher mußten die Normen für die einzelnen Gouvernements festgelegt werden, und zwar so, daß nur in seltenen Ausnahmefällen die bisherigen Nutzungen unterschritten werden sollten. Wo auf kleinsten Besitzungen die Bauern bisher wenig oder kein Land selbst hatten nutzen können [16], also schon Landarbeiter waren, sollte eine minimale Ausstattung (ein Drittel des Höchstanteils) gewährt werden. In der Kommission war vorgesehen, daß den minder ausgestatteten Bauern möglichst rasch der Übergang in andere Stände, vor allem auf Staatsländereien zu Staatsbauern ermöglicht werden sollte [17]. Dies ist wegen der Kollektivhaftung nicht realisiert worden, obwohl es für die ländliche Verfassung und ihre Gesundung wesentliche Bedeutung gehabt hätte.

Die übrigen Bauern erhielten den Maximalanteil, der Definition nach den Durchschnitt aus den bisherigen Nutzungsgrößen, wie sie die Redaktionskommission aus den Erhebungen der Gouvernementskomitees errechnete [18]. Mit den Vorschlägen der Komitees bezüglich der Landanteile war nichts anzufangen; so blieb die leidige Frage der Normierung an der Redaktionskommission hängen. Rostovcev wies immer wieder auf die Gefahr eines neuen Pugačev-Aufstandes hin im Falle der Minderung der bäuerlichen Lebensfläche [19]. Der Ökonomische Ausschuß der Redaktionskommission hat nach mehrfachen Änderungen aus den Materialien einen Plan vorgelegt, wonach die Gouvernements in verschiedene Bewertungseinheiten (*mestnosti*) aufgeteilt wurden: im Schwarzerdegebiet waren drei Einheiten mit 3, 3,5 und 4 Desjatinen je Revisionsseele als Maximalanteil festgelegt worden (in der dritten Redaktion zehn Einheiten von 2,75 bis

---

[16]) Wenn der Gutsherr mehr als ein Drittel des bisherigen Gutsareals behält und die Bauern weniger als den Minimalanteil behalten, dann soll der Bauernanteil entsprechend erhöht werden. Verbleibt dem Gutsherrn weniger als ein Drittel, dann behält er diesen Anteil unverkürzt, auch wenn die Bauern unter dem Minimalanteil bleiben sollten.

[17]) S e m e n o v , t. 1, S. 300, 315.

[18]) Aber nur für Güter über 100 Revisionsseelen, was für Bauern auf Kleinbesitz nachteilig war. Veröffentlicht in 6 Teilen der Priloženija k trudam Redakcionnych Kommissii.

[19]) Zuletzt im November 1859. S e m e n o v , t. 2, S. 255.

6,5 Desjatinen), in den Nicht-Schwarzerdegebieten dagegen sechs Einheiten von 3,5 bis 8 Desjatinen je Revisionsseele (in der dritten Redaktion elf Einheiten von 3,25 bis 8 Desjatinen), endlich im Steppengebiet vier Einheiten von 6,5 bis 12 Desjatinen (schließlich fünf Einheiten von 6,5 bis 10 Desjatinen) je Revisionsseele [20]. In der endgültigen Gesetzgebung wurden die Anteile nochmals etwas herabgesetzt, so daß in einem Drittel der Bewertungseinheiten die Höchstnormen gegenüber den ursprünglich festgelegten verringert waren [21].

Leider fehlen uns die Unterlagen, um genau festzustellen, wie und weshalb im Laufe der Beratungen innerhalb der Ökonomieabteilung die Bewertungsanteile verändert worden sind. Jedenfalls ist in späteren Erörterungen des Normanteilplans immer weniger davon die Rede, daß Minderungen des bisherigen Nutzungslandes zu den Ausnahmen gehören sollten. In der Kommission trafen die Meinungen hart aufeinander — manches erklärt sich aus dem verschieden starken Engagement für das Reformwerk als solchem, manches aus verschiedenartigen Erfahrungen der Beteiligten. Wer den Norden und Nordosten kannte, für den waren Wald, Weide und Brennholznutzung durch die Bauern kein dringliches Problem; im Süden spielte die Versorgung mit Brennmaterial eine sehr wesentliche Rolle. Manche anscheinend sekundäre Fragen hinsichtlich der Ausstattung der Bauern haben mehr Raum in den Debatten eingenommen als die Frage nach der Größe der Landzumessung als solcher. Über die Auswirkung dieser Normierung des Landbesitzes soll noch gesprochen werden.

6. Die letzten Vorbereitungen der Reform

Wie bereits angedeutet, hat noch vor dem Abschluß der Arbeiten der Gouvernementskomitees die Regierung, d. h. Rostovcev, die Leitlinien zur Reform wesentlich verändert. Im Juli 1858 wurde aus der Mitte des Hauptkomitees eine Besondere Kommission als Arbeitsgruppe gebildet. Im Februar 1859 schlugen Lanskoj und Rostovcev dem Kaiser die Bildung einer Redaktionskommission unter Heranziehung von Experten aus dem Adel, die nicht im Staatsdienst stünden, vor. Unter Rostovcevs Vorsitz trat sie Anfang März zusammen, als eine zeitweilige allerhöchste unabhängige Instanz von 34 bzw. 36 Mitgliedern [1]. Es steht dahin, welches die Gründe für Rostovcevs Wendung waren, wahrscheinlich eher die bessere Einsicht in

---

[20] S e m e n o v, t. 1, S. 650 (Sept. 1859), t. 2, S. 705 (Febr. 1860), t. 3, č. 2, S. 630—632 (Sept. 1860). — Für die Ukraine und den Westen galten Sonderregelungen, die bei den Regionalkapiteln genannt werden.

[21] J a n s o n, a. a. O., S. 141.

[1] S e m e n o v, t. 1, S. 14—19.

die Verhältnisse aufgrund umfassender Information als — wie auch gelegentlich behauptet wurde — die Eindrücke aus den Berichten der III. Abteilung über die Unruhe unter den Bauern. Seine neue Grundzüge gingen dahin: erstens die Bauern mit Land zu befreien, zweitens den Loskauf des Landanteils vom Gutsherrn anzustreben, drittens der Ablösung Unterstützung zu leihen, durch Vermittlung von Kredite durch Garantien oder Finanztransaktionen seitens der Regierung, viertens nach Möglichkeit die reglementierende Periode „zeitweiliger Verpflichtungen" zu vermeiden und den unumgänglichen Übergangsstatus zu verkürzen, fünftens über die Gesetzgebung die Fron abzuschaffen durch Überführung der Bauern auf Zins, mit Ausnahme solcher, die dies selbst nicht wünschten, sechstens den befreiten Bauern Selbstverwaltung in ihren eigenen ländlichen Ordnungen *(sel'skij byt)* zu geben [2]. Diese löblichen Grundsätze hätten eigentlich ein Überdenken des ganzen Programmes nötig gemacht, doch waren entscheidende Linien schon festgelegt. Gegenüber den Komitees ist immer wieder erklärt worden, daß die Regierung sich finanziell nicht an der Regelung beteiligen werde, obwohl ökonomisch gebildete Adlige gerade dies als unerläßlich für eine den Bauern erträgliche Lösung angesehen hatten. Im Oktober 1858 aber befahl der Kaiser als einen ersten Schritt, daß hinfort zusätzliche Überschüsse der Staatsgüter für den Loskauf von Bauern zur Verfügung gestellt würden. Zugleich wurde der „zeitweilig-verpflichtete" Status definiert; er sollte gelten bis zur Ablösung des Bauernanteils durch den Bauern oder die Landgemeinde — damit war allen Kombinationen über die spätere Einziehung des Landes nach der Übergangszeit der Boden entzogen [3].

Außerdem war in den ersten Phasen der Begriff der Hofstätte, auf die allein der Bauer ein Recht haben sollte, so unklar definiert, daß seine „genügende Ausstattung" mit Land „zur Erfüllung seiner Verpflichtung gegenüber dem Gutsherrn und der Regierung" fraglich blieb. Vergeblich hatten Unkovskij und die Mehrheit des Tverer Komitees versucht, den Begriff *usad'ba* als Hofstätte plus Feldanteil definiert zu sehen und so den Loskauf des gesamten Bauernlandes — in den zu bestimmenden Normen — durchzusetzen [4]. Doch konnte die Scheidung zwischen „Hofstätte" und „Bauernanteil" nicht aufgegeben werden, weil sonst der Grundsatz, den Adel nicht zu enteignen, durchbrochen gewesen wäre.

Aber die Masse des Adelsstandes hatte inzwischen erfahren, daß „keine festen Grundlagen von Anbeginn an verfolgt worden waren und daß

[2]) Ebenda, t. 1, S. 99.
[3]) S k r e b i c k i j , t. 1, S. LX.
[4]) E m m o n s , S. 107, 123, 130.

prominentesten Vertreter, Graf P. P. Šuvalov und Fürst Paskevič, wollten die Befreiung von der Ablösung getrennt sehen und diese später in freiwilligen Abkommen geregelt wissen [11].

Der Stil der Kommission war bürokratisch und kollegial, d. h. der überlieferte Stil der Ministerien, der einen Consensus anstrebte. Dies machte es etwa möglich, daß die beiden exponiertesten Vertreter der Hofpartei, die nicht nachgeben und auf Kompromisse nicht eingehen wollten, bald sich aus der Kommissionsarbeit hinauskatapultierten. Von dem gleichen Grundsatz her wurden aus den Gouvernementskomitees zur Erläuterung und Diskussion ihrer Projekte außer den Vertretern der Mehrheiten auch jeweils einer der Minderheit berufen. Alle Äußerungen sollten zwar gedruckt vorliegen [12]; es scheint aber, als ob man wegen oppositioneller Äußerungen schrittweise darauf verzichtet hat [13]. Auch hier mußte in langen Diskussionen mit den Vertretern aus den Gouvernements ein Consensus erreicht werden; P a v e l S e m e n o v gibt darüber ausführlichen Bericht mit interessanten, gelegentlich allzu wohlwollenden Charakteristiken seiner Gesprächspartner [14].

Gewiß wurde der Druck des obstruierenden Adels, vor allem nach Rostovcevs plötzlichem Tode im Februar 1860, immer fühlbarer und stellte vor allem den Gedanken, daß den Bauern künftig der bisher von ihnen genutzte Anteil unverkürzt verbleiben sollte, in Frage. Den Consensus aber erzwang das kollegiale Prinzip, in das ebenso wie die Experten innerhalb der Kommission ja auch die Sachkundigen aus der Provinz einbezogen waren. So mußte man sich auf einer mittleren Linie treffen, und dies hieß in jedem einzelnen Falle: Verkürzung der bäuerlichen Normanteile und Erhöhung der Loskaufsumme für das betreffende Gouvernement. Wichtig ist nicht, daß die Mitglieder der Redaktionskommission meist landbesitzende Adlige waren; sie sollten und sie wollten das gesamtstaatliche Interesse wahrnehmen. Wer Pavel Semenov-Tjan-Šanskij als einen der überragenden Söhne des russischen Volkes preist, sollte ihm zugute halten, daß er als Chronist des Reformwerkes und Hauptunterhändler mit den Gou-

Šuvalov). S. S. Gromeka an A. I. Herzen 11. 12. 59. Literaturnoe Nasledstvo, t. 62, 1953, S. 110.

[11]) Zapiski otdela rukopisej, t. 10, S. 55; S e m e n o v, t. 2, S. 262—266 (Juni 1859).

[12]) S e m e n o v, t. 1, S. 15.

[13]) Russkij bibliofil, 1911, 2, S. 78.

[14]) S e m e n o v - T j a n - Š a n s k i j, t. 3, S. 308—344, 367—415, t. 4, S. 57 bis 121.

vernementsvertretern redlich das Ganze im Auge behalten hat und darüber berichtete [15].

Die Kommission hatte nur einen fordernden Partner, den Adel, und kein Gegengewicht, etwa in Vertretern der Bauern, was durchaus denkbar gewesen wäre. Daher konnte ein Consensus von der Natur der Sache her nur auf deren Kosten erreicht werden. Die Justizreform konnte zur gleichen Zeit konsequent entworfen werden — ebenso wie seinerzeit unter Nikolaus I. die Kodifikationsarbeiten — da keine Öffentlichkeit herangezogen zu werden brauchte, deren Meinungsbildung zu berücksichtigen war. Eine umfassende Reform von oben kann nur unter den Bedingungen einer intakten Selbstherrschaft durchgesetzt werden; sonst versucht immer die Oligarchie sich einzuschalten.

Die Reform hing im entscheidenden Stadium — in der Auseinandersetzung mit dem Adel über die Modalitäten der Landzuteilung und der Ablösungszahlungen — von der Person des Kaisers ab. Doch dieser ließ, nachdem er 1857 die Sache in Gang gebracht hatte — unter welchen Eindrücken und auf wessen Rat auch immer —, die Dinge laufen, nahm vor allem nach Rostovcevs Tode nicht die Leitung selbst in die Hand und hat, jedenfalls dem vorliegenden Material nach, keinerlei Initiative entwickelt oder sich um anstehende Sachfragen bemüht. Auf zwei Grundsätze hatte der Kaiser sich festgelegt, die Bauern nicht ohne Land zu befreien und nicht mit dem obligatorischen Loskauf die gegebene Rechtsgrundlage des adligen Landbesitzmonopols zu durchbrechen. Deutlich sieht man, daß Alexander zwischen den sozialen Kräften stand und nicht über ihnen — pointiert gesagt, er fürchtete vielleicht weniger einen neuen Pugačev als eine neue Garderevolte. Damit war von den Reformern die Quadratur des Zirkels gefordert; Rostovcev hat von einem Dilemma gesprochen.

Leider fehlt noch eine zulängliche Biographie oder eingehende Charakteristik des Zaren [16]. War er der schwache Mann, der fürchtete, als solcher zu erscheinen und daher vor bedeutenden Mitarbeitern sich scheute — als solchen hat ihn der scharfblickende Historiker S o l o v é v bezeichnet [17] — oder der Skeptiker, der die bestechlichen Beamten als gegeben hinnahm und die Dinge laufen ließ? [18]

[15]) Diese erstrangige Quelle ist in Zajončkovskijs Arbeiten nicht ein einziges Mal zitiert.

[16]) Wichtig N. N. F i r s o v , in: Byloe 20, 1922, S. 116—134 (mit Benutzung unveröffentlichter Tagebücher).

[17]) S. M. S o l o v ' e v s Aufzeichnungen, in: Vestnik Evropy 1907, 6, S. 479.

[18]) „Auch unter den Aposteln war ein Bestechlicher — wenn Progressisten den Thron angreifen wollen, wenden sie sich gegen seine Beamten." Anmerkung des Zaren zu einer Denkschrift Anfang 1858. N. B a r s u k o v , Žizn' i trudy Pogodina, t. 16, 1902, S. 8.

In ihrer ersten Arbeitsphase hatte die Redaktionskommission die Projekte der Gouvernementskomitees zu sichten; die Instruktion war weit geug gefaßt [19] um eine selbständige Synopse in Aussicht zu stellen. Doch hat Rostovcev zu Beginn der Verhandlungen sich die Leitlinien von Pavel Semenov zusammenstellen lassen; von diesem wurde vor allem betont, daß Hofstätte und Bauernland gemeinsam abgelöst werden sollten, die Fron möglichst bald abgeschafft, daß der Übergangstatus verkürzt, am besten überhaupt umgangen werden und daß endlich die Entschädigungszahlungen an die Gutsherren nicht den Durchschnitt der bisherigen Verpflichtungen überschreiten sollten [20].

Damit sind viele Forderungen der Gouvernementskomitees unterlaufen worden. Wären diese Grundsätze vor Beginn der Diskussionen an festgelegt gewesen, hätte sich die Adelsfront gar nicht erst formieren können. Leider ist es niemals wieder innerhalb der Kommission zu einer Grundsatzdiskussion gekommen; so kamen die Unklarheiten und offenen Fragen erst allmählich an die Oberfläche. Opponenten vor und hinter den Kulissen hatten Gelegenheit quer zu schießen. Am Ende blieb die Arbeit der Kommission fragmentorisch, weil ja die materiellen Fragen durch einen kollegialen Consensus gelöst werden mußten, d. h. in diesem Falle durch einen faulen Kompromiß. Die Formulierungen der Befreiungsgesetze ließen schließlich manches offen. Vor allem sind die „gemischten Verpflichtungen" der Leibeigenen, also gleichzeitige Unterwerfung unter Fron und Zins in verschiedenen Kombinationen außer acht gelassen worden; diese Praxis wurde offenbar im Verlaufe der Arbeiten nie bemerkt und tauchte auch in den Protokollen und Debatten nicht auf.

Die Einzelheiten der Ausarbeitung und Verkündung der Bauernbefreiung in dem Manifest sollen uns, da im wesentlichen bekannt und ohne eigentliche Probleme, nicht interessieren.

7. Probleme der Verwirklichung

Auch das sorgfältig und gerecht durchdachte Gesetzwerk kann sich nicht voll wohltätig auswirken, wenn es in inkompetente oder korrupte Hände gerät. Die gutsherrlich-bäuerlichen Beziehungen sollten auf der Grundlage der Freiwilligkeit schiedlich-friedlich als private Beziehungen, die der Revision bedurften, geregelt werden. Das hieß für den Gutsherrn, Abschied nehmen von lieb gewordenen Gewohnheiten, dem bequemen In-den-Tag-

---

[19]) Die Redaktionskonmmission war an diese Instruktion nicht gebunden. S e m e n o v , t. 1, S. 83 Anm.

[20]) Ebenda, t. 1, S. 86; dort Zitate aus früheren Denkschriften S. 89—99.

hinein-Leben, ohne genaue Übersicht, was zukünftig ihn erwartete — in einer neuen Erwerbs- und Leistungsgesellschaft, auf deren Anforderungen kaum jemand vorbereitet war. Es hieß für den Bauern, angewiesen sein auf seinen meist geschmälerten Landanteil, zwar ohne dauernde Fron- bzw. Zinsbildung an den Gutsherrn aber auch ohne die bisherige, wenn auch unvollkommene Sicherung in Notzeiten, vor allem ohne genaue Vorstellung der tatsächlichen Auswirkungen der Loskaufzahlungen. Noch war die russische Währung nicht stabilisiert. Man ging im Hauptkomitee von der Vorstellung aus, daß beide Partner die Vorteile der neuen Regelung sofort einsähen, so daß nach der zweijährigen Übergangzeit die Grundablösungen mit entsprechenden Grundverschreibungen (ustavnye gramoty) sich rasch verwirklichen lassen würden.

Für dieses freiwillige Werk — im Prinzip außerhalb der Sphäre staatlichen Eingriffs — sollten als Beauftragte der Regierung die „Friedensmittler" fungieren, unabhängige und einsichtige Gutsbesitzer aus dem jeweiligen Kreis bzw. Gouvernement. Wählbar sollten Gutsherren mit mehr als 500 Desjatinen Land sein oder mit mindestens 50 Desjatinen bei abgeschlossener Hochschulbildung. Besitz und Bildung sollten zusammenkommen. Doch rechneten die Einsichtigen höheren Ortes sogleich damit, daß nicht überall geeignete Kandidaten sich finden würden. Daher sollten notfalls auch andere Gutsbesitzer mit mehr als 50 Desjatinen Land gewonnen werden. Die Friedensmittler waren aus dem ansässigen Adel für drei Jahre zu wählen, um die Streitpunkte und Mißverständnisse zu schlichten [1]. Man machte mit Recht geltend, daß sie als Gutsherren nur die eine Partei vertraten; das wird nur allzu oft der Fall gewesen sein, denn wir haben zahllose Berichte über evidente Parteinahmen. Überdies waren Kompetenzen und Stellung im Staate unklar — für ein Schiedsverfahren bzw. Friedensgericht gab es im alten Rußland vor der Justizreform kaum Ansätze. Zudem ist der in der Redaktionskommission heftig umstrittene, dann aber angenommene Plan, den Friedensmittler durch die Bauern aus den Adligen ihres Kreises wählen zu lassen, in letzter Instanz zugunsten der Nominierung durch die Gouverneure fallen gelassen worden [2]. Bei den Beratungen der Redaktionskommission über die Friedensmittler ergab sich eine der seltenen Gelegenheiten zu versuchen, die verschiedenen Reformansätze jener

---

[1] § 6 der Verordnung über die Bauernbehörden. Krest'janskaja reforma v Rossii 1861 goda. Sbornik. S. 136.

[2] Über die Institution der Friedensmittler neuerdings der materialreiche Aufsatz von V. G. Černucha, in: Vnutrennaja politika carizma (Seredina XVI — načalo XX v.). Leningrad 1967 (= Trudy. Akademija Nauk SSSR. Leningradskoe otdelenie instituta istorii, vyp. 8), S. 197—238.

Jahre zu koordinieren: Es lag nahe, das Amt des Friedensrichters, das in den Gremien zur Vorbereitung der Justizreform zur Debatte stand, auf die besonderen Obliegenheiten der schiedlich-friedlichen Regelung der freiwilligen gutsherrlich-bäuerlichen Übereinkünfte auszudehnen [3]. Innenminister Valuev trat für Vereinigung beider Ämter ein. Als im Oktober 1865 der Reichsrat entschied, die Friedensrichter sollten unabhängig bleiben und nicht dem Innenminister unterstellt werden, war dies Institut für eine gewisse Zeit der unmittelbaren Ingerenz der Exekutive enthoben. Nikolaj Miljutin und Innenminister Lanskoj haben sich alle Mühe gegeben, in der Provinz liberal gesonnene Adlige für das verantwortungsvolle Amt zu finden. Ihre Verabschiedung im April 1861 hat einer organischen Fortentwicklung der Reform schweren Schaden gebracht. Der Bürokrat Valuev, Lanskojs Nachfolger, versuchte sofort, in die Autonomie der Friedensmittler einzugreifen, indem er beantragte, „einseitig handelnde" Mittler auf Berichte der Gouverneure hin „temporär abzuberufen" [4]. Das Hauptkomitee für die Bauernfragen lehnte dieses Ansinnen ab. Als aber im Frühjahr 1862 die Friedensmittler des Gouvernements Tver' in der bekannten Initiative versuchten, von ihrem Auftrag aus auf weitere Reformen der Staatsstruktur zu dringen, und dies mit Absetzung bzw. Gefängnis büßten, wurde deutlich, daß die politischen Chancen für dieses relativ unabhängige Amt sehr begrenzt waren.

In den ersten beiden Jahren sollten die Grundverschreibungen unter Mitwirkung der Friedensmittler ausgearbeitet und damit der Boden zwischen Gutsherren und Bauern aufgeteilt und vermessen werden. Die Sache war problematisch genug: irgendwie mußte die Reform in Gang kommen; die Bauern warteten aber nur auf die „richtige Freiheit", weigerten sich daher nach der ersten Überraschung vielfach, die Urkunden zu unterzeichnen, die dann — was gegen das Gesetz war — auch ohne ihr Einverständnis Rechtskraft erhielten. (Dies braucht nicht zu bedeuten, daß die *ustavnye gramoty* in allen Fällen zu ungunsten der Bauern verfaßt worden sind.) Sonst hätte kein Anlaß bestanden, „aus Ersparnisgründen" im Laufe des Jahres 1863 etwa 400 Friedensmittler zu entlassen. Offenbar waren dies alles „Liberale", über die Gutsherren und Gouverneure beim Innenminister Klage geführt hatten, dem durch Gesetz die Möglichkeit gegeben war, die Zuständigkeitsbereiche der Friedensmittler neu einzuteilen [5]. Da sich der gebildete Adel

---

[3]) Über die Debatten in den Gremien zur Vorbereitung der Justizreform, F. B. K a i s e r , Die russische Justizreform von 1864. Leiden 1972, 552 S.

[4]) Žurnaly 1915, t. 1, S. 265—267.

[5]) Č e r n u c h a , a. a. O., S. 219.

aus dem Amt zurückzog, überwog nunmehr das bürokratische Element, was übrigens nicht hieß, daß die Beamten nicht gelegentlich ihre relativ unabhängige Stellung gegenüber dem Gouverneur genutzt hätten und zwar im Interesse der Bauern [6].

Wie gutwillig oder unzulänglich auch die Friedensmittler gewirkt haben mögen, alle waren sie unerfahren in den neuen Aufgaben. Zwar war ihnen eine umständliche Grundsatzerklärung in Gestalt des Gesetzes mitgegeben, aber sehr wenig Anweisungen für den praktischen Fall. In den schwierigen Fällen ging es in der Regel um die Abschätzung der Bodenbonität, wo auch durch persönlichen Augenschein nicht immer ein gründliches Urteil gefällt werden konnte. Angesichts der großen Gebiete, die oftmals nicht einmal vermessen, geschweige denn nach ihrer Bodengüte quantifiziert waren, konnte ein einzelner auch beim besten Willen nicht die riesigen Aufgaben bewältigen [7].

Man hätte daran denken können, gemischte Kommissionen aus Gutsherren und Bauern zu bilden. Ein solcher Gedanke lag der betrauten Bürokratie fern. Der Bauer, bisher ja Teil des lebenden Gutsinventars, erschien weiterhin als Objekt der Reform, nachdem er nicht einmal die hatte wählen können, die seine Interessen wahrnehmen wollten. Offen bleibt, ob beide Seiten innerhalb des gegebenen Rahmens sich im Großen und Ganzen auf gerechtere Lösungen geeinigt hätten. Wo die Obrigkeit guten Willen zeigte, konnten Gutsherren und Bauern in gemeinsamer Beratung durchaus vernünftige Ergebnisse erzielen, so bei der Festlegung der bäuerlichen Leistungen im Gouvernement Kaluga [8]. Die Friedensmittler in ihrer Mehrheit zu idealisieren, scheint uns ebenso verfehlt, wie alle Klagen der Bauern ohne weiteres für bare Münze zu nehmen. Man erfährt aus der Literatur nur die Beschwerden gegenüber den Beauftragten; oftmals ging es ohne Schwierigkeiten — manchmal erschien den Bauern die Lösung nicht ungünstig, bzw. sie hofften das benötigte Land billig kaufen bzw. pachten zu können.

Vorgesetzte Stelle der Friedensmittler war die Gouvernementsbehörde für Bauernangelegenheiten; Gouverneure bzw. Kanzleien konnten unangenehme Berichte nach oben geben. Man muß im Auge behalten, daß Adel und Bürokratie nicht einfach durch ein sog. „Klasseninteresse" verbunden waren, sondern daß der Staat schon um der Ablösungszahlungen willen an der Fort-

---

[6]) Ebenda, S. 225—229.

[7]) Im Gouvernement Voronež versuchte die neugegründete Bauernbehörde, Karten über die ländlichen Besitzverhältnisse herzustellen. Doch gab es im Gouvernement nur 17 Landmesser, von denen viele als „politisch unzuverlässig" galten. Krest'janskoe dviženie 1949, S. 44.

[8]) N. M. D r u ž i n i n , in: Istoričeskie Zapiski t. 79, 1967, S. 150.

dauer der gesicherten bäuerlichen Existenz interessiert war. Konnten auf der unteren Ebene noch Vetternwirtschaft und Bestechung ihre Dienste tun, so war das auf der Gouvernementsebene mit landfremden Beamten nicht ohne weiteres möglich. Solches ist im einzelnen schwer nachzuprüfen, doch hatte das bürokratische System seine eigenen Loyalitäten. Oberste Instanz war das „Hauptkomitee zur Ordnung des Landstandes" *(glavnyj komitet ob ustrojstve sel'skogo sostojanija)*, das Zweifelsfälle entschied, oftmals zugunsten der Bauern und unter dem Einfluß des Finanzministers Grafen Reutern, der dem Verlangen des Adels nach weiteren finanziellen Vergünstigungen zugunsten der Staatskasse Widerstand leistete [9].

Sofort nach der Reform versuchte die Administration bzw. der Herrscher, sich über den Gang der Dinge im Lande zu unterrichten. Kaiserliche Generäle und Adjutanten sollten an Ort und Stelle den Allerhöchsten Willen durch ihre Anwesenheit dokumentieren: ihre ausführliche Berichte geben ein umfassendes, manchmal allzu optimistisches Bild. Die Gouverneure berichteten ihrerseits dem Innenminister Valuev, der diese Berichte zusammenfaßte und, wohl ausgewählt, dem Zaren zuleitete. Sobald die Gouverneure selbst im Lande umherreisten, wurden ihre Meinungen vollständiger und konkreter [10]. Wir erfahren in der Regel nur Unregelmäßigkeiten und Mißverständnisse, selten etwas über den normalen Gang der Dinge, das mehr oder weniger gespannte Abwarten, den Lauf der Zeit, das schließliche Nachgeben auf beiden Seiten.

M. Družinin hat die Senatsrevisionen der drei Nicht-Schwarzerde-gouvernements Kaluga, Vladimir und Perm' aus den Akten dargestellt [11]. Hier ist charakteristisch der Gegensatz von landsässigem Adel und Gouverneuren dort, wo diese ihre Macht durchzusetzen wußten, wie in Kaluga der bekannte Arcimovič. Nur mußte die örtliche Verwaltung sich vom Innenminister gedeckt wissen — Valuev aber versagte, dem es an Einsicht in die sozialen und wirtschaftlichen Notwendigkeiten durchaus fehlte. Der Mangel eines einheitlichen Konzeptes der künftigen gesellschaftlichen Entwicklung ließ die verantwortliche Staatsspitze zwischen Furcht vor bäuerlicher Unruhe und dem Druck des angeblich oder tatsächlich verelendenden Adels hin- und herschwanken; auf die Dauer siegte in Petersburg die Lobby des Hochadels.

---

[9]) Žurnaly 1918; Družinin, in: Issledovanija po social'no-političeskoj istorii Rossii. Sbornik statej pamjati B. A. Romanova. Leningrad 1971, S. 269 bis 286.

[10]) Otmena krepostnogo prava.

[11]) N. M. Družinin über die Senatorenrevision der 60er und 70er Jahre, in: Istoričeskie Zapiski 79, 1967, S. 139—175.

Die zweijährige Übergangszeit sollte Erschütterungen vermeiden, war aber psychologisch durchaus verfehlt. Die Bauern erwarteten 1863 die wahre Freiheit, „*Slušnij čas*" — wie hätten sie diesen Aufschub von ihrer Warte aus anders verstehen können? Mit Mühe waren sie zu bewegen, inzwischen die Gutsfelder zu bestellen [12]. Unter den Klagen und Vorwürfen der Gegner der Reformen waren diejenigen am nachdrücklichsten und am wenigsten unbegründet, die auf den Rückgang des Ackerbaues in jenem Jahr als Folge der „Faulheit und Frechheit" der Bauern hinwiesen [13]. Die Gutsherren durften die Bauern nicht mehr verprügeln — auch ohne Normierung der „gemischten Verpflichtungen" konnten die bisherigen Leibeigenen kaum zu fleißigerer Fronarbeit gezwungen werden; die Bauern traten in den Bummelstreik. Während anfangs die Masse der Gutsherren glaubte, die Forderungen nochmals hochschrauben zu können [14], mußten sie schließlich nachgeben und die bäuerlichen Leistungen sich auf ein erträgliches Maß einspielen lassen.

Nicht aller bäuerlicher Widerstand entlud sich in spektakulären Protesten; viel wirksamer war in der kritischen Zeit des Überganges die passive Resistenz, die nicht immer leicht nachzuweisen war, so daß die Behörden nur in Ausnahmefällen einschreiten konnten. Daher waren die Gutsherren bald an Abkommen mit den Bauern interessiert, um aus dem unvorteilhafter werdenden Fronsystem durch Ablösung zum Zins übergehen zu können. Solches mochte manchmal wegen der kollektiven Haftung der Bauern schwierig sein, in der leistungsfähigere Mir-Mitglieder stärker belastet wurden. Ohnehin mag das Herumstehen auf dem Gutsfelde weniger bedrückt haben als aufzubringendes bares Geld. Wenn einmal alle Grundverschreibungen bearbeitet sein werden, kann vielleicht die Relation der verschiedenen Ablösungsbedingungen (Fron, Zins usw.) zum Zeitpunkt der Grundverschreibungen festgestellt werden.

Grundlage der bäuerlichen Wirtschaft war ihre Ausstattung mit Land. Nochmals sei betont, daß bis zur Reform mit Ausnahme des Westens und der Rechtsufrigen Ukraine die Landanteile der Bauern nicht oder nur unwesentlich verkürzt worden sind. Der den Bauern in Zukunft zustehende und zu erkaufende Boden konnte verkleinert werden, wenn er über den Höchstanteil der betreffenden Gegend hinausging oder wenn dem Gutsherrn weniger als ein Drittel seines bisherigen Landes verblieb *(otrezki)* [15].

---

[12]) Otmena, an vielen Stellen.
[13]) Z. B. die Beschwerde von Gutsbesitzern im Gouvernement Kaluga bei Družinin, a. a. O., S. 146.
[14]) Otmena, S. 50 u. ö.
[15]) §§ 18—20 der Ordnung für die großrussischen Gebiete. Krest'janskaja reforma. Sbornik. S. 187—188.

Über die Problematik dieser Normierung, vor allem die Verringerung im Laufe der Reformvorbereitungen, wurde schon gesprochen; mit der zweiten Beschränkung sollte der Kleinadel gerettet werden. Dies hat sich in den übervölkerten, mit Adeligen besetzten Gebieten der Linksufrigen Ukraine verhängnisvoll ausgewirkt. Eine Übergangszeit von fünf Jahren zur Nutzung der fortgenommenen Ländereien war den Bauern zugestanden. Waren Sie unzulänglich mit Land ausgestattet, so sollte ihnen zusätzlicher Boden zugeteilt (*prirezki*) oder die Ablösungslasten sollten vermindert werden.

Der bäuerliche Anteil wurde normiert im Hinblick auf die kleinste Gutswirtschaft — nach der Reform sollte auch diese, soweit nicht vom Staate aufgekauft, am Leben erhalten bzw. lebensfähig gemacht werden, auch dort, wo bisher die Gegebenheiten eigener Gutswirtschaft gefehlt hatten. Die Ratio einer verbesserten Landwirtschaft trat zurück gegenüber der juristischen Positivität bzw. der Erhaltung des Adels um jeden Preis. Bald verpachteten kleinere Gutsherren ihr gesamtes Land; diese parasitären Pachtexistenzen haben den Landverlust des Adels in den nächsten Jahrzehnten nicht unerheblich gebremst. Hoch verschuldete Güter ließen sich auf diese Weise eher halten als durch eigene Investitionen. Schwierige Debatten waren nicht zu umgehen, wenn des näheren bestimmt werden sollte, welches zugeteilte Land als Ackerland zu gelten habe. Sollte das Gütchen erhalten bleiben, so mußte es eine wirtschaftliche Grundlage haben; vielfach wurden die Wiesen aus der bäuerlichen Nutzung gelöst, um eine Viehhaltung des Gutsherrn zu ermöglichen. Gutsland und Bauernland waren vornehmlich bei kleinen Besitzungen vollständig gemengt gelegen; eine geordnete Gutswirtschaft mußte bestrebt sein, ihre Betriebsfläche zu arrondieren. Daß einzelne Wirtschaften oder ganze Dörfer umgesiedelt wurden, ließ sich kaum vermeiden. Vielfach wird man die Bauern in entlegenere Gegenden auf ungerodete Gebiete, die nie zuvor gedüngt waren, fern von den Verkehrswegen, abgeschoben haben. Diese Umsetzungen sind vielfach Anlaß zu Protesten und Auflehnungen der Bauern gewesen. Willkür konnte hier keine Gesetzgebung vermeiden, die nicht jede einzelne Aktion zu kontrollieren vermochte. Wie zu erwarten, entzündeten sich die Konflikte nicht zuletzt an der Qualität des den Bauern zugeteilten Landes. In Mittel- und Nordrußland mit vielfach kleinen Ackerstücken, die in Sumpfstrecken, Gestrüpp usw. eingesprengt waren, mußte es in jeder Situation zu Konflikten kommen, auch ohne bösen Willen des Gutsherrn [16].

Die wesentlichen Belastungen des Bauern waren die Ablösungszahlungen

---

[16]) So im Falle des Fürsten Meščerskij im Gouvernement Moskau, s. P. A. Zajončkovskij, 1958, S. 187.

selbst. Sollte doch der Adel aufgrund des *Svod zakonov* in seinem Recht
auf das Land und das gesamte Inventar nicht geschmälert werden. Also
hatte nicht das Land von den Bauern erkauft, sondern die entgangene
Leistung dem Adel als kapitalisierte Rente vergütet zu werden. Diese
Lasten waren nach dem durchschnittlichen Zinssatz bemessen — gegenüber
den bisherigen Zinsleistungen in den Zinsbauerngegenden eher geringer.
Benachteiligt waren vor allem die Empfänger eines nicht vollständigen
Landanteils, denn deren Belastung war nicht proportional vermindert, sondern auf der ersten zugeteilten Desjatine ruhten 50 Prozent der Zinsver-
pflichtungen [17]. Diese Gradation bezeichnete den Wert der Person als
Inventar. Ebenso wurde die künftige Fronleistung normiert, um die Fronbauern in kurzer Zeit auf Zins umzusetzen [18]. Gesamtschuldner blieb die
Dorfgemeinschaft.

In letzter Zeit sind die Grundverschreibungen *(ustavnye Gramoty)* vieler
Gouvernements, d. h. die Urkunden zur Abgrenzung von Guts- und
Bauernland sowie zur Festsetzung der bäuerlichen Dienstleistungen bis zur
Ablösung, in verschiedenen Arbeiten, vor allem aus der Schule von
Zajončkovskij, durchgearbeitet worden, ohne daß die besonderen Motive
für die eine oder andere Regelung immer deutlich wurden. Denn es genügt
nicht, wenn man jeweils das Maß der bäuerlichen Landabtretungen aus-
mißt. Zwar haben sich die Gutsherrn oft Felder mit Gewalt angeeignet,
doch müssen noch andere Faktoren in Rechnung gezogen werden: „Die
Loskaufaktionen sind eng mit der Gutswirtschaft verknüpft", sagte
L i t v a k sehr zu Recht [19]. Ob der Gutsherr in jedem Falle die Bedingungen hat diktieren können, steht dahin, jedenfalls wird die Erhaltung des
Gutsbetriebes als ein Hauptzweck aller Regelungen anzusehen sein. Nicht
alle Umstände sind ohne weiteres aus den Urkunden abzulesen.

Jedenfalls müßten die Grundverschreibungen, d. h. die Separationen
zwischen Herrenland und Bauernland, in jedem Falle von den Problemen
beider wirtschaftenden Seiten her gesehen werden — wo eine Gutswirtschaft
aufgebaut werden sollte, wird man bemüht gewesen sein, jenes Land an
sich zu ziehen, das für diese künftig vonnöten war. Solange der Besitzer
allein vom Zins der Bauern lebte und diese sein ganzes Areal bewirtschafteten, brauchte er kein oder nur wenig Gutsland. Dessen Bauern hatten
bisher pro *tjaglo* in der Regel mehr als den Normanteil. Dies würde die

[17]) § 169 der Ordnung für die großrussischen Gebiete. Krest'janskaja reforma.
Sbornik. S. 219.
[18]) Z a j o n č k o v s k i j, 1958, S. 150—152.
[19]) D. I. L i t v a k über die Loskaufaktion im Schwarzerdegebiet, in: Tezisy
1966, S. 187.

auffallende Tatsache erklären, daß in den Schwarzerdegebieten die Zinsbauern wesentlich mehr Land verloren als die fronenden [20]. Zum Teil haben
sich dort die Gutsherren, mit der verstärkten Beziehung auf den Markt,
soweit sie bisher Zinsbauern besessen hatten, nunmehr entschlossen, größere
Eigenwirtschaften aufzubauen. Man müßte wissen, wieviele Gutsherren
auch in Gebieten mit wertvollen Böden sofort ihr ganzes Land den Bauern
zu verpachten sich anschickten: entweder mußten sie es, weil der Betrieb zu
klein war und eigenes Kapital für Inventar fehlte und die Gratis-Arbeits-
kräfte fortfielen — oder man hatte genügend Land und hoffte, von den
derzeit noch mäßigen Pachtzinsen leben zu können. Allmählich stiegen die
Pachtpreise an, und die Gutsbesitzer lernten hier ihren Vorteil wahrzunehmen. Also hing die verschiedene Behandlung der Gutsbauern nicht oder
nicht wesentlich von der Art ihrer Pflichtigkeit vor der Reform ab, sondern
von den Absichten des Gutsherrn in der Zukunft [21].

Vielfach wußten mittlere und kleinere Gutsbesitzer nicht, was sie erwartete — da kein Bild von einem Neben- und Miteinander von Gutsbetrieb und Bauernhof in einer marktbezogenen und arbeitsteiligen Volkswirtschaft sie leiten konnte. Hatte vor der Reform in günstigen Umständen
Gutswirtschaft regelrecht funktioniert, wie etwa im elterlichen Besitz der
Vera Zasulič, dann konnte sie mittels der bisherigen Hofleute aufrecht-
erhalten bleiben, die als freie Arbeitskräfte weiterhin zur Verfügung standen. Meist aber werden die Hofleute ihre früheren Herren verlassen haben,
auch wenn sie kein Handwerk beherrschten, so etwa bei dem Stammgut
von Peter Kropotkin [22]. Unter Umständen bedrohte vor allem in den
ersten kritischen Jahren der Umstellung der Exodus der Hofleute die Aufrechterhaltung des Gutsbetriebes — manche Besitzer verpachteten deswegen,
weil sie nicht rechtzeitig Arbeitskräfte fanden.

Es soll zugleich bemerkt werden, daß die Auflösung des Gutsbesitzes viel
rascher vor sich gegangen wäre, wenn die Herren nicht den ständig wachsenden Landhunger der Bauern genutzt hätten, um diesen ihr Gutsland in
Parzellen zu verpachten. Ob die Erhaltung der Grundrente in jedem Falle
den Verzicht auf eigenes Wirtschaften bedeutete, steht dahin; vielfach be-
zahlte der Bauer die Pacht in Arbeitsleistung auf den Gutsfeldern.

[20]) D. I. L i t v a k über vorläufige Ergebnisse der Durcharbeitung der Grundverschreibungen in sechs Gouvernements des Schwarzerdegebiets, in: Ežegodnik
1960 (1962), S. 418—425.
[21]) L i t v a k , in: Istorija SSSR 1960, 6, S. 117; ders., in: Istoričeskie zapiski
t. 68, 1961, S. 97.
[22]) V. Z a s u l i č , in: Byloe, t. 14, 1919, S. 94; P. A. K r o p o t k i n Zapiski
revoljucionera, Moskva 1966, S. 147.

Für die Beurteilung der Reform unter volkswirtschaftlichen Gesichtspunkten ist eine nähere Betrachtung der verschiedenen Formen der Gutswirtschaft und ihrer Effektivität für das Nationalprodukt des Reiches unerläßlich; dies kann nur von der Untersuchung einzelner repräsentativer Betriebe in verschiedenen Teilen des Reiches her ohne Vor-Urteile geschehen. Bei der Ablösung spielten für beide Seiten alle möglichen Faktoren mit, die nicht ohne weiteres aus den Urkunden abzulesen sind, jedenfalls so wie diese bisher ausgewertet wurden. Wo die Bauern von je her wenig Land hatten und daher nur den Minimalanteil erwarten konnten, haben sie relativ häufig den Gratisanteil gewählt. So waren sie sofort frei von Ablösungen und konnten unter Umständen durch Handel und Handwerk rascher zum Aufbau einer eigenen Existenz kommen, wobei nur der Mangel an Freizügigkeit hinderlich war.

L i t v a k meinte, die Fronbauern seien als Teil der Gutswirtschaft mehr geschont worden als die Zinsbauern, die von jeher als außenstehende, d. h. als nur zahlende angesehen wurden und auf die keine Rücksicht genommen zu werden brauchte [23]. Das wird zutreffen, wo auf dem gleichen Gutsbesitz zinsende und fronende oder Bauern mit gemischten Verpflichtungen angesetzt waren; aber dies war offensichtlich nicht oft der Fall.

Die Fronbauern wurden offenbar auch dann etwas weniger geschoren, wenn sie in einen funktionierenden Gutsbesitz schon eingespannt waren. Jedoch war nach dem Fortfall der unmittelbaren Strafgewalt der Gutsherren Fronarbeit ungünstig. Nach dem ersten Zuwarten gingen die Gutsherren, wann immer sie konnten — und das lag ja nicht nur an ihnen — zur Ablösung über, während die Bauern diese vielfach zu verzögern suchten. Der verschuldete Gutsbesitzer mag interessiert gewesen sein, seine Verhältnisse mit den Bauern bald zu regeln, um seine Schulden zu tilgen. Litvak wies schon früher darauf hin, daß weithin für die Bauern relativ günstige Bedingungen festgelegt wurden, wie Minderung der Lasten, Zuweisungen von Landstücken [24]. Diese können durch eine vernünftige Administration durchgesetzt worden sein, wie im Gouvernement Kaluga, oder durch besonders hartnäckigen Widerstand der Bauern erzwungen. Jedenfalls müssen die Überlegungen der Bauern vor Eingehen der vollen Ablösungsverpflichtungen mit bedacht werden, wenn sie sich auch nicht in den Urkunden niedergeschlagen haben.

Die Vorbedingungen der Reform, volle Erhaltung der Nahrung beider Partner, war in der Regel nicht zu erfüllen, weil die materiellen Voraus-

---

[23] L i t v a k , in: Ežegodnik 1960 (1962). S. 425.
[24] L i t v a k , in: Istorija SSSR 1960, 6, S. 118.

setzungen — genügender Vorrat an brauchbarem Land, wenigstens unter den damaligen Bedingungen der Landtechnik — meist nicht gegeben waren. Die Bauern haben seit 1862 dort die Grundverschreibungen unterzeichnet, wo sie ihnen annehmbar erschienen. Wo sie sich weigerten, haben sie es, vor allem in den späteren Jahren, in richtiger Abschätzung ihrer Interessen getan. Das Ziel, auf eigenem Lande, frei und ohne Druck wirtschaften zu können, war dann wesentlich genug, um Entbehrungen um der Zahlungen willen auch für längere Zeit auf sich zu nehmen [26].

Daß der bäuerliche Landanteil, auch der Höchstanteil, zu klein war — die Ursachen haben wir bereits erwähnt — lag auf der Hand. Schon den Zeitgenossen war dieses deutlich, und zwar nicht nur der radikalen Opposition. J a n s o n s bedeutendes Werk von 1877 zog eine erste Bilanz und entfachte eine Kampagne der Konservativen. Der Nationalökonom wies nach, daß sowohl in den Schwarzerde- wie in den Nicht-Schwarzerdegebieten der Landanteil je Familie zu klein war, hier vor allem bei dem sehr niedrigen Durchschnittsernteertrag (dreimal Saatkorn); würde der Ertrag auf das siebenfache Saatkorn steigen, dann könne von Ausgleich gesprochen werden [27]. Der niedere Stand der Landtechnik wurde auch damals schon als ein Hauptmoment der Verelendung angesehen. Vor allem aber wurden — und nicht weniger mit Recht — die überhöhten Loskaufzahlungen und Steuern kritisiert: 56 Prozent des Staatsbudgets bestünden in irgendeiner Weise aus Leistungen der Bauern, und die Gutsbauern blieben schlechter gestellt als die Staatsbauern. Entsprechend dem mit der Bevölkerung wachsenden Landbedarf wurden dort, wo keine zusätzlichen Erwerbsmöglichkeiten bestanden, die Bodenpachtpreise zur Lebensfrage der Bauern — zur großen Unbekannten [28].

Um die Haltung der Bauern recht zu würdigen, muß gefragt werden — dies werden die Quellen schwerlich aussagen können — welche Bauern wirtschaften sich später günstig entwickelt haben und welche dagegen verelendet sind. Hat die spätere Entwicklung ihre Wurzeln im wesentlichen schon in der besseren oder weniger günstigen Stellung der Bauern vor der Reform

---

[25]) Ebenda, S. 112.
[26]) Dafür zahlreiche zeitgenössische Zeugnisse, z. B. K r o p o t k i n , a. a. O., S. 149.
[27]) J u . J a n s o n , Opyt statističeskogo issledovanija o krest'janskich nadelach i platežach. 2. Aufl. SPbg. 1881, XIV + 166 + 102 S., hier S. 19.
[28]) Gleichzeitig mit J a n s o n stellte die sog. Valuev-Kommission „zur Untersuchung der gegenwärtigen Lage der Landwirtschaft und der agraischen Produktionsverhältnisse Rußlands" fest, daß vielfach wegen der übermäßigen Abgaben, und zwar nicht nur die Loskaufgelder, die Verpflichtungen die Einkünfte um das Fünffache überstiegen. Zitate bei L j a š č e n k o , a. a. O., t. 1, S. 221.

gehabt? Diese Frage läßt sich wahrscheinlich nur für Zinsbauern beantworten und nur dann, wenn wir etwa für einzelne große Betriebe, über
entsprechende Unterlagen verfügen. Auch Gratisbauern *(darstvenniki)*, die
den Viertelanteil ohne weiteres erhalten hatten, können durch Handwerk,
Pachtland oder Eigenbesitz in günstiger Gegend rasch vorangekommen,
relativ gut ausgestattete Höfe dagegen zerfallen sein, nachdem sich die
Familien teilten. Die Auflösung der Großfamilie ist bis zur Reform verhindert worden, ebenso die Reduktion des *tjaglo,* der bäuerlichen Arbeitseinheit; denn Landgemeinde wie Gutsherr waren an der gleichbleibenden
Zahl und Größe der Höfe und ihrer Landanteile interessiert. Aus E n g e l -
h a r d t s klassischer Schilderung der dörflichen Verhältnisse der siebziger
Jahre geht hervor, daß die „Reichen" im Dorfe auch zugleich über die
meisten Arbeitskräfte verfügten; diese konnten unter anderem Verpflichtungen gegenüber dem Gutsherrn bis zur Ablösung leichter durchführen
und bekamen miteinander größere Landanteile [29].

Innerhalb der Großfamilie werden nicht alle jüngeren Söhne haben
heiraten dürfen. Mit deren Emanzipation nahm die ländliche Bevölkerung,
die Überbevölkerung, zu [30], ohne daß wir im einzelnen ausmachen können,
wie viele aus den verschiedenen Gegenden haben in die Stadt abwandern
und dort unterkommen können [31]. Der Bevölkerungsdruck war jedenfalls
wie in Norddeutschland vor dem Aufkommen der Industrie gegeben. Die
Fabrikarbeiter bäuerlicher Herkunft lebten kümmerlich dahin, ja vege-
tierten unter unwürdigsten Verhältnissen, wie es 1877 die Rede des Ar-
beiters und Revolutionärs Petr Alekseev vor Gericht so eindrucksvoll zeigte;
auf dem Lande aber hätte es für diese „Überzähligen" kaum ein irgendwie
geartetes Durchkommen gegeben. Auch hier stellt sich die Frage, ob die
unaufhaltsame Zersplitterung des Landbesitzes durch schleunige Aufhebung
der Bindung der Bauern an die Steuer- bzw. Landgemeinde hätte aufge-
halten werden können [32]. In erster Linie bot sich die Übersiedlung nach

---

[29] A. N. E n g e l ' g a r d t , Iz derevni. 12 pisem 1872—1884. Moskva 1960,
S. 314.
[30] Im Gouvernement Nižnij-Novgorod nahm von 1858 bis 1890 die Zahl der
Höfe um 54 %/o zu, die Bevölkerung um 26,6 %/o. I. V. O r ž e c h o v s k i j , Zemlevladenie i zemlepol'zovanie pomešč'ich krest'jan Nižegorodskoj gubernii v
vtoroj polovine XIX v. Autoreferat. Moskva 1964, S. 18.
[31] Die Relation von Landarmut und Bevölkerungsdruck wird in der orthodoxen sowjetrussischen Forschung immer wieder als „neomalthusianisch" negiert
— eine bessere Erklärung weiß sie auch nicht. Vgl. z. B. S. B. D u b r o v s k i j ,
in: Russkij Archiv 1884, 2, S. 270.
[32] Fst. V. A. Čerkasskij an Fst. S. N. Urusov 1. 8. 70, in: Russkij Archiv 1884,
2, S. 270.

Sibirien an, die diesen Druck freilich auch nur kurzfristig hätte auffangen können.

Seit jeher waren für eine einigermaßen auskömmliche bäuerliche Existenz in den nördlichen Gewerbegebieten die Wanderarbeiter von entscheidender Bedeutung. Wie kennzeichnend für die gewandelte Situation nach 1861, daß auch aus dem Schwarzerdegebiet immer mehr Wanderarbeiter sich aufmachten, um angesichts der schmäler werdenden Nahrungsgrundlage daheim sich zur Erntezeit im Süden zu verdingen. Das Schwarzerdegebiet wurde in den siebziger Jahren in den Absatzmöglichkeiten vom marktnäheren, stärker kapitalisierten Süden, der Ukraine wie Neurußland überholt. Wegen der anfangs fehlenden Mechanisierung war der Bedarf an Arbeitskräften groß, und der Arbeitslohn stieg (sechziger Jahre: 20 bis 40 Kopeken pro Tag, siebziger Jahre: 3 bis 5 Rubel pro Tag), so daß im besten Falle der Arbeiter 200 Rubel pro Saison verdienen konnte. Nach 1880 kam es zur Krise, erstens wegen der rasch wachsenden Bevölkerung und dem höheren Angebot an Arbeitskräften, zweitens wegen der zunehmenden Mechanisierung auf den Gütern, so daß der Bedarf an Erntearbeitern auf 60 Prozent der Spitze sank, vor allem weil einen Teil der Maschinen, z. B. die Feldbahn, auch Frauen und Kinder bedienen konnten [33]. Hier spiegelt sich die beständige Zuspitzung des Bevölkerungsproblems in der Linksufrigen Ukraine wider, die für die Wende des Jahrhunderts charakteristisch sein wird. Außerdem wird deutlich, wie weitgehend durch die Wanderarbeit die Landgemeinde im gesamten europäischen Rußland als Wirtschaftsund Lebenseinheit schon zerstört worden war [34].

Auch die Gutswirtschaft ging durch eine Krise; doch fehlt es noch an genauen regionalen Darstellungen, welche die Verschiebungen im Grundbesitz im einzelnen beleuchten. Vor allem ist, soweit ich sehe, noch unklar, welche Bauern die herabgekommenen „Adelsnester" aufgekauft und die „Kirschgärten" abgeholzt haben. Denn mit dem Kreditwesen war es nicht zum besten bestellt. In einer neueren Dissertation wird die Tätigkeit der Bauernbank für die Jahre 1883 bis 1895 beleuchtet, die für den Landankauf von Bauern Kredite in Höhe von 75 Prozent der Kaufsumme ausgab. Von dem so erkauften Land stammte 70 Prozent aus Adelsbesitz; genau ein Drittel der Kaufsummen diente zur Schuldentilgung der Gutsherren, was mir zu wenig erscheint. Die Bodenpreise sollen über den Marktpreisen gelegen haben; hohe Zinsen, 7,5 bis 8,5 Prozent, erschwerten zu-

---

[33]) Tagesverdienst eines Erntearbeiters im Gouvernement Ekaterinoslav: 1884 = 1,70 Rbl., 1894 = 1,20 Rbl., 1899 = 90 Kop.
[34]) V. A. Š v a r c e v , Zemledel'skij otchod krest'jan central'nočernozemskogo rajona v 60—90 godach XIX veka. Autoreferat Moskva 1956.

Geschäftsmann, der die Techniken der Schriftlichkeit beherrschte, seine Chancen rasch wahrgenommen haben — sonst wäre er kein schlauer russischer Bauer gewesen.

8. Der Gang der Ablösung

Die Bauernreform von 1861 umfaßte nicht zuletzt eine große Finanzoperation; das Rreich stand vor ungewöhnlichen Transaktionen. Die Regierung ging ihnen völlig unvorbereitet entgegen und versuchte, sich ihnen zu entziehen. Die Problematik der Ablösung ist in dem grundlegenden Buch von K o v a ń k o [1] so eingehend dargelegt, daß wir nun hier — zumal das Werk bei Kriegsbeginn 1914 in Kiev erschien und fast nie zitiert, geschweige denn ausgewertet wurde — weithin auf ein Referat mit Ergänzungen aus der neueren Literatur beschränken wollen.

Eingangs wird auf die wechselseitige Bedingtheit von Bauernbefreiung und Steuerreform hingewiesen: eine Reform des Steuersystems war Voraussetzung einer erfolgreichen Loskaufaktion — wie eine Steuerreform selbst die Bauernreform voraussetzte. Die Seelensteuer der Bauern und der krepostnoj stroj bedingten einander, d. h. die Fesselung an den Boden war ein Moment des Dienststaates.

Seit 1811 haftete nicht mehr der Gutsherr für die Steuerrückstände seiner Leibeigenen, sondern die Gesamtheit der Dorfgemeinde; der Bauern war nicht Bürger zivilen Rechtes, aber mit der Gesamthaftung gegenüber dem Staat verantwortlich. So gab es keine Instanz, die die Steuereinziehung des Gutsherrn im Auftrag des Staates kontrollierte; gab es Rückstände, mochte auch der Gutsherr sich des Unterschleifs schuldig gemacht haben usw. Daher konnte der Adel unter dem Leibeigenschaftsrecht nicht belastet werden, wie es vor allem nach den großen Defiziten der überstandenen Kriegsjahre nahegelegen hätte; denn er konnte jede Steuer ohne weiteres auf seine Bauern abwälzen. In seinen ersten Denkschriften hat Rostovcev keine exakten Vorstellungen über die Kosten der Ablösung des Bauern mit Land entwickelt (niedrigste Zahl über 2 Milliarden Rubel). Rußlands Bankrott schien nicht nur von der absoluten Höhe der aufzubringenden Summe her zu drohen: wenn, so meinte er, der Staat auch über „solche fabelhaften Reichtümer" verfüge, müsse der Druck einer solchen Masse Geldes als Papiergeld oder Obligationen eine „finanzielle Revolution" hervorrufen. Nacheinander, in Etappen könne der Loskauf nicht vor sich gehen; das erwecke nur Neid und zöge die Sache auf ein ganzes Jahrhundert hinaus [2].

[1] P. K o v a n ' k o.
[2] Ebendort, S. 110.

So schien man auf eine Ablösung vorläufig verzichten zu müssen. Da der Finanzminister Knjaževič[3] völlig versagte, war von anderen amtlichen Stellen zur Sache nichts zu hoffen. Ein Gutsbesitzer aus der Gegend von Poltava, Pozen, legte dagegen in allgemeinen Zügen ein klares Projekt vor: 1. weder Land noch Person seien abzulösen, sondern die Verpflichtungen, d. h. das, was der Gutsherr verliert, 2. man müsse nicht die Staatsbedürfnisse den Finanzen unterordnen, sondern umgekehrt, „im Leben der Staaten gibt es Momente, da der total zerstörte Kredit nur durch eine riesengroße neue Schuld wiederhergestellt werden kann"[4]. Dieser Beitrag des intelligenten, aber undurchsichtigen Akteurs der Reform kam zu früh, um ernsthaft diskutiert zu werden.

Da anfangs der Gedanke der Ablösung von den Gouvernementskomitees nicht diskutiert werden durfte und die Debatte erst gegen Ende von deren Beratungsperiode freigegeben worden ist, kamen von dort nur wenige Anregungen[6]. Das heißt, das zentrale Problem blieb, ähnlich wie das der Landzuteilungen, der Redaktionskommission bzw. ihren Unterausschüssen aufgebürdet. Zwar haben Unkovskij und das Tverer Komitee den Loskauf auch des Landes durchgesetzt und damit die wesentliche Grundlage für das Reformwerk gelegt; aber das hat Rostovcev nicht zu der Notwendigkeit der Pflichtablösung bekehren können. Nach dessen Tode war auf eine Fortentwicklung schöpferischer Gedanken nicht zu hoffen.

Das Problematische der Freiwilligkeit des Loskaufes war manchen Zeitgenossen durchaus klar — könnten doch die Bauern herausfinden, es sei für sie günstiger, alles bliebe beim alten, als sich für den Preis einer Hofstelle und künftiger ständiger Lasten als freie Bürger auf freier Hofstelle zu fühlen. Ob obligatorisch oder freiwillig — ein Loskauf ohne staatliche Hilfe erwies sich als impraktikable Theorie.

Nikolaus Bunge — später Finanzminister und Mitglied der Redaktionskommission — hat zum ersten Male 1859 in der Presse auf die Antinomie von notwendiger Landausstattung der Bauern und gerechter Entschädigung des Adels einerseits, den völligen Mangel an freiem Kapital in den Händen der Bauern andererseits hingewiesen. So folgerte er, daß Entschädigung als Kapitalisierung der bäuerlichen Verpflichtungen nur zum Teil von den ehemaligen Leibeigenen getragen werden könne, im übrigen die Gutsherren aus anderen Quellen zu entschädigen seien. Man hat darüber diskutiert, ob

---

[3]) Charakteristik von S e m e n o v - T j a n - Š a n s k i j , t. 4, S. 262.
[4]) K o v a n ' k o , S. 112—113.
[5]) Einzelheiten bei S k r e b i c k i j , t. 3.
[6]) Zitiert K o v a n ' k o , S. 59.

nicht die übrigen Stände an dieser gesamtstaatlichen Aufgabe hätten mitwirken und mitzahlen sollen. Doch lehnte Bunge dieses ab: da ein finanzkräftiger Mittelstand nicht existiere, liefe es darauf hinaus, daß ein großer Teil der Lasten auf die Staatsbauern fallen würde. Das hieß, mit der Freisetzung müsse sofort ein Staatsumbau einhergehen, der die künstlichen Einengungen der Wirtschaft des Reiches abschaffe, damit „mit dem ökonomischen Wachstum der Städte unsere Kapitalien und unsere Wirtschaft wachsen werden" [6]. Das war für die weitere Zukunft zweifellos richtig gedacht, beantwortete aber nicht die nächstliegende Frage, woher hic et nunc das Geld für die Entschädigung der Gutsbesitzer zu nehmen sei.

In einer Denkschrift legte Bunge die Gründe für die Ersetzung der Kopfsteuer der Revisionsseelen — eines integralen Bestandteils des Leibeigenschaftsrechts — durch eine Einkommenssteuer auf Immobilien, Gewerbe usw. dar. Bevor ein Kataster aufgestellt werden könne, sollten die Steuergemeinden in eigener Verantwortung die Summe auf die Ländereien verteilen, wobei alle Landbesitzer, auch die Gutsbesitzer, heranzuziehen wären [7]. Damit konnte schrittweise die kollektive Steuerhaftung abgebaut und den Bauern das Ausscheiden aus der Dorfgemeinde zum Übergang in die Stadt oder zur Übersiedlung auf freies Land erleichtert werden. Auf diese Weise schien ein erster Schritt getan, um die Lasten im Reiche gleichmäßiger zu verteilen. Niemand war offenbar daran interessiert, dem Adel als privilegiertem Stand in diesem Augenblick zu nahe zu treten. Was der Kapitalmarkt betraf, schlug Bunge vor, möglichst viele Gutsbesitzer auf Leibrente oder sonstige langfristige Nutzungsrechte zu setzen, um dort den Ansturm niederzuhalten. Doch brauchten viele adlige Herren ihr Geld möglichst rasch, verstanden nichts vom Wirtschaften und boten ihre Schuldscheine auf dem Markte an. Infolgedessen sank deren Kurs und damit der Staatspapiere überhaupt.

Vielleicht konnte überhaupt eine solche finanzielle Belastung nur ein Staat bzw. eine Gesellschaft mit einem funktionierenden Markt und einem entsprechenden Bank- und Kreditwesen ertragen, es sei denn, man griffe auf ausländische Geldquellen zurück. Der Redaktionskommission hatte Rostovcev von einem Angebot des Pariser Bankhauses Homberg gesprochen [8]; auch im Hauptkomitee sind verschiedene mehr oder minder kühne Finanzierungsprojekte aufgetaucht, diskutiert und verworfen worden. Niemand hatte eine begründete Vorstellung von den Gesamtkosten der Aktion bzw. der Größe des Kapitals, das der Staat nolens volens den Gutsbesitzern

---

[7]) S e m e n o v, t. 1., S. 820—822 (Juni 1859).
[8]) Ebendort, t. 1, S. 141.

vorzuschießen hatte. Jeder Kredit an die Gutsbesitzer war ohnehin blockiert, denn er war bisher — wie konnte es anders sein — auf die Revisionsseelen ausgegeben worden. Ohne Kataster aber konnte es keine Hypotheken geben. Bunge unterbreitete der Redaktionskommission einen Plan zur Gründung einer Agrarbank[9]; auch wurde hierfür im Juli 1859 eine eigene Kommission eingesetzt, aber die Sache verlief im Sande. So war im Augenblick der Reform weder der Agrarkredit geregelt[10] — für Gutsherren wie für Bauern — noch die Steuerreform in Angriff genommen. Nur diese hätte die ländliche Bevölkerung beweglich genug gemacht, im eigenen Interesse auch an neuen Orten das Volkseinkommen zu vermehren.

Im Laufe der Vorbereitungen der Reform setzte sich die Überzeugung von der Notwendigkeit der Ablösung des Landanteils immer mehr durch. Es ging nur um das Wie der Ablösung, da das Land in den verschiedenen Gegenden und unterschiedlichen gewohnheitsrechtlichen Voraussetzungen sehr verschiedenen Marktwert hatte, der zinsende Leibeigene aber für die Freisetzung seiner Person nichts zahlen sollte. Samarin, der gebildete Slavophile, hat hier, in Aufnahme von Pozens ersten Vorschlägen, das lösende Wort gesprochen: „Die Verpflichtung ist bei uns ihrer Herkunft nach dem Recht auf Landeigentum vorausgegangen und war nicht die Folge dieses Rechtes, sondern hat dieses erst begründet. Deshalb wurde den Bauern, damit sie die Dienstpflicht *(tjaglo)* tragen konnten, das Land gegeben, so wie die Gutsherren ihre Lehn- und Erbgüter erhielten, um den Staatsdienst, wie ihnen befohlen war, nehmen zu können; aus diesem Grunde wurden die Bauern an die Scholle gefesselt." Bei der Ablösung der Leibeigenschaft sollte der Gutsherr für die abzuschaffende Verpflichtung entschädigt werden; deshalb sollten die Bauern es nicht mit den Gutsbesitzern, sondern mit dem Staate zu tun haben, denn ihre Verpflichtungen hatten staatlichen Charakter. Es gehe also nicht um den Loskauf von Person und Land, sondern um Ablösung der Verpflichtungen. Daher müsse die Loskaufzahlung von der Zahlungskraft des einzelnen Bauern abhängen, und nicht vom Werte des Landes. Die Verpflichtung zur Fron etwa hänge in keiner Weise von dem Umfang des bäuerlichen Nutzungsanteils ab[11]. Damit konnten zwischen Fron und Zins einfache Relationen hergestellt werden und die Ablösungssummen als Kapitalisierung des jeweiligen Zinses ein für allemal festgelegt[12]. Ohne daß sie genannt wurde, lag hier die

---

[9] Ebendort, t. 1, S. 354.
[10] Nach dem Jahresbericht des Innenministers Valuev vom September 1861, K o v a n ' k o , S. 89—90.
[11] Zit. nach K o v a n ' k o , S. 89—90.
[12] S e m e n o v - T j a n - Š a n s k i j , t. 3, S. 236—237.

Ratio der Regelung von 1861 — es war wohl der einzig mögliche Ausweg.

Die Beratungen im Finanzausschuß der Redaktionskommission von 1858 [13] waren bestimmt von Rostovcevs „Vermächtnis", wie es auch der Zar bestätigt hatte, wonach der Loskauf nur ein freiwilliger sein dürfe. Man könne die Gutsherren nicht zwingen, das Land zu einem von der Regierung festgelegten Preise zu verkaufen, ebensowenig die Bauern, eine bestimmte Fläche zu erwerben. Die Finanzkommission meinte auch, Zwang untergrabe Vertrauen. Da in absehbarer Zeit kein Kataster erarbeitet werden konnte, bot sich nur der Ausweg über die Entschädigung der Gutsherren für entgehende bäuerliche Verpflichtungen durch Kapitalisierung des Zinses an.

Immer aber wurde von den Verlusten der Gutsherren und nicht von der Zahlungsfähigkeit der Bauern ausgegangen. Wenn der mittlere jährliche Zins — oder die gerechte Kalkulation aus der Fron — zugrunde gelegt werden sollte, konnte allerdings so vorgegangen werden; wie aber war es möglich, die finanzielle Leistungsfähigkeit von Bauern in bisherigen Fronwirtschaften, d. h. in zum Teil marktfernen Hauswirtschaften, im voraus festzulegen? Diese Frage war im damaligen Erfahrungshorizont nicht gestellt. Solange an dem Grundsatz der freiwilligen Ablösung festgehalten wurde, blieb die Initiative bei den Partnern, d. h. bei den Gutsherren und auch bei den Bauern [14].

Der Staat konnte diese Transaktionen nicht steuern, also auch nicht voll voraussehen, in welchem Tempo die Ablösungsverträge geschlossen werden würden und der Staat eventuell werde eingreifen müsse. Daß dieser aber durch Darlehen an die Gutsherren im Hinblick auf die späteren Ablösungszahlungen der Bauern sich einschalten mußte, — ob er wollte oder nicht — war unter der Hand akzeptiert worden. Unter diesen Umständen lag es nahe, eine gewisse Reihenfolge für den Loskauf einzuhalten: vielleicht hätte man zuerst in dem am meisten verschuldeten Gütern den Loskauf fördern sollen — da dieses den Staat relativ weniger Geld kostete — oder zuerst den Kleinbesitz ablösen oder auch die Zinswirtschaften, so daß die auf Zins umzustellenden Fronwirtschaften noch hätten warten müssen.

Der Finanzausschuß war auf den Grundsatz der Freiwilligkeit bereits festgelegt, als die Meinungsäußerungen der Gouvernementskomitees zur Ablösung, soweit diese noch hatten erarbeitet werden können, einliefen.

---

[13]) Aus den gedruckten Materialien der Redaktionskommission ausführlich referiert bei K o v a n ' k o , S. 133—155.

[14]) Ebendort, S. 101. Z. B. waren im Gouvernement Smolensk viele Bauern in Fronverpflichtungen bereit, ihren Anteil loszukaufen. D. I. B u d a e v , in: Materialy po izučeniju Smolenskoj oblasti, vyp. 3, Smolensk 1959, S. 229.

Diese sprachen sich fast einhellig [15] für den obligatorischen und möglichst raschen Loskauf aus [16]. Wenn die Bauern ihr Land zur Nutzung bekommen sollten, der Zins nicht gesteigert werden konnte und die Polizeigewalt über die Fronbauern schwächer zu werden drohte, mit neuen Staatskrediten offenbar bis auf weiteres nicht zu rechnen war, hatte die Masse der Adligen — mit Ausnahme der Magnaten, die auch weiterhin von den Einkünften ihrer zahlreichen Zinspflichtigen würden leben können — ein vitales Interesse an einer raschen „Flurbereinigung" [17]. Der Finanzausschuß sah doch folgendes Dilemma kommen: solange der Loskauf freiwillig blieb, würden die selbstwirtschaftenden Gutsherren in den fruchtbaren Gebieten sich nicht auf diesen einlassen, sondern alles dafür tun, daß es beim alten bliebe. Werde der Loskauf obligatorisch, würden in den Gewerbegebieten die Bauern ihre Hofstellen einfach verlassen und in die Städte ziehen; oder man verpflichte nur die Bauern und nicht die Gutsherren, was wiederum ungerecht wäre [18].

Unter der Hand reduzierte sich die Position des Finanzkomitees hinsichtlich der Freiwilligkeit auf die Sorge vor der Anspannung des Staatshaushaltes durch übermäßige Verschuldung bzw. Kreditschöpfung. Pozen und Bunge hatten gemeint, mit der Freisetzung der Bauern würden die „Quellen gesellschaftlichen Reichtums" so stark „sprudeln" (Marx), daß mit dem steilen Anwachsen der Steuereinnahmen das Problem sich bald lösen bzw. entschärfen ließe. Voraussetzung war aber nicht zuletzt die umfassende Steuerreform mit Heranziehung aller Stände zu Leistungen an dem Staat. Wenn, um mit Samarin zu sprechen, die Pflichtigkeit der Bauern staatlichen Charakter hatte, war auch deren Aufhebung eine gesamtstaatliche Aufgabe.

Wenn festgelegt wurde, daß der Staat durch Darlehen an die Gutsherren die Ablösung sichere, garantierte er auch für die Zahlungsfähigkeit der Bauern. Um zu verhindern, daß die oft mit dem Geldwesen ganz unvertrauten Gutsherren sich sofort ruinierten, der Markt mit Staatspapieren überschwemmt wurde und deren Kurs ins Bodenlose sänke, wurden die Darlehen nur zu einem kleinen Teil in frei verkäufliche Obligationen, zum großen Teil in auf den Namen lautenden Schuldscheinen ausgegeben. Was

[15]) 58 von 69 Äußerungen.
[16]) Wir erinnern an den ersten Vorstoß des Tverschen Komitees in Richtung auf Pflichtablösung. E m m o n s , S. 142 u. ö.
[17]) Der Adel von Rjazan' beantragte Anfang 1860, den dortigen Versorgungsfonds für Notzeiten als Kapital einer Gouvernements Agrarbank zu verwenden, was vom Hauptkomitee abgelehnt wurde. Žurnaly 1915. t. 1, S. 490—491.
[18]) K o v a n ' k o , S. 143.

die Gutsherren mit diesen unmittelbar hätten anfangen können, vor allem um sich eine eigene Wirtschaft aufzubauen und Inventar anzuschaffen usw., vermag ich nicht zu sagen.

Das Komitee nahm an, daß jedenfalls die Lage der Zinsbauern sich so rasch bessern würde, daß sie durch Abschlagszahlungen in kürzerer Zeit als der vorgesehenen Frist von 49 Jahren würden freikommen können. Doch war die Übergangzeit viel zu lange bemessen, und die Bauern blieben durch die Kollektivhaftung an die Dorfgemeinschaft gefesselt. Wären nicht die bäuerlichen Landanteile mehrfach gemindert und die Ablösungszahlungen erhöht worden, so hätten sich die Hoffnungen des Finanzkomitees auf rasche und reibungslose Abwicklung vielleicht in einem größeren Maße erfüllt. Doch war der Staat zu vorsichtig, die Belastung für die Bauern zu hoch; sie bezahlten wesentlich mehr, als die Ablösung wert war. Das Finanzministerium war auch nach der Finanzreform von Tatarinov nicht imstande, eine korrekte Bilanz aufzustellen.

Doch war dies nicht der einzige Grund: Man hatte große Hoffnung auf den Aufschwung der Bauern in einer freieren Volkswirtschaft gesetzt, aber nicht die Probleme sehen können, die sich aus der wachsenden Bevölkerung und der Auflösung der Großfamilien ergaben. Was die Ablösung selbst betrifft, so kann man den Reformern mangelnde Voraussicht weniger vorwerfen als mangelnden Mut. Denn wie sollte eine große neue Verschuldung des Reiches getragen werden, wenn nicht durch den langfristigen Verzicht auf außenpolitische Geltung und damit — in einem gewissen Maße — auf außenwirtschaftliche Beziehungen?

War die Kapitalisierung des Zinses der einzige Ausweg, der sich bot, so ging es nur noch um den Prozentsatz, den der gegenwärtige oder noch zu berechnende Zins von der loskaufenden Summe darstellte. — Der Zinssatz von 6 Prozent wurde im Hauptkomitee damit begründet, daß die meisten Gouvernements diesen Satz für angemessen erachteten, er auch bisher beim Verkauf besiedelten Landes zugrunde gelegt worden war; doch wurde zugleich gesagt, daß diese Bewertung mancherorts höher sei als der derzeitige Marktwert [19]. Sechs Prozent waren zu hoch; fünf Prozent hätten es auch getan, wenn der Staat sich entschlossen hätte, ein dauerndes Defizit zu tragen — ohnehin ein fiktives Defizit, da die Bauern schließlich viel zuviel gezahlt haben.

Um das Risiko für die Staatskasse zu verringern, wurden die Darlehen an die Gutsherren nur in der Höhe von vier Fünfteln (bei vollem Landanteil) oder drei Vierteln (bei gemindertem Landanteil) der gesamten, in

---

[19]) Žurnaly 1915, t. 2, S. 300.

den Grundverschreibungen jeweils im einzelnen festzulegenden Summe des kapitalisierten Landes ausgezahlt. Die übrige Summe war von den Bauern aufzubringen, wenn die Ablösung im Übereinkommen beider Seiten erfolgte; sie entfiel, wenn nur der Gutsbesitzer darauf drängte [20]. Wie der Gutsherr zu seinem restlichen Gelde kam, blieb ihm in freiwilligen Übereinkommen mit den Bauern überlassen. Diese Klausel hat das Ablösungswerk nicht unwesentlich verzögert; bald lernten die Bauern, daß unter Umständen der Gutsherr dringlich Kapital brauchte und sie gegenüber dem bisherigen Zins bei Verweigerung der Ablösung Geld sparen konnten: schludrige Fron ist weniger aufwendig als bares Geld. — Für das Darlehen sollte der Staat innerhalb von 49 Jahren in Jahresraten von 6 Kopeken vom Rubel des kapitalisierten Zinses die Ablösungszahlungen *(vykupnye plateži)* erhalten. Voraussetzung war, daß die Fronbauern auf entsprechenden Zins umgestellt wurden.

Die Ablösungsleistung für den einzelnen Bauern innerhalb der Landgemeinde richtete sich nach der „Produktivität" des Leibeigenen in den verschiedenen Gegenden. Da auch bei verminderten Anteilen die Hofstätte — und damit die Person des Bauern — den gleichen Wert behielt, wurde in diesem Falle der Zins nicht proportional verringert, sondern die erste Desjatine höher bewertet (in den Schwarzerdegebieten 4 Rubel Zins) [21]. Dieser Gedanke stammte von dem Tverer Liberalen Vorob'ev und lag auch nahe. Doch hat er sich verhängnisvoll ausgewirkt, da ja der Bauer mit gemindertem Anteil an die Kollektivhaftung der Dorfgemeinschaft gebunden blieb und immer seltener vorteilhaft Land hinzupachten bzw. in der Nähe Nebenerwerb finden, geschweige denn — und ohnehin nicht vor dem Ablauf von neun Jahren — auf seinen Anteil völlig verzichten konnte.

Ich frage mich, ob die Bauern nach dem ersten Hochgefühl über die gewonnene Freiheit und der ersten Enttäuschung unmittelbar ein vernünftiges Interesse an der baldigen Ablösung haben konnten, und wo? [22] Doch nur dort, wo der künftige Zins dem bisherigen in etwa entsprach [23].

[20]) Für die Einzelheiten s. Teil IV. des Gesetzes über den Loskauf. Krest'-janskaja reforma. Sbornik S. 106—109.

[21]) §§ 168—173 der „Ordnung für die Großrussischen Gebiete", ebendort, S. 218—221. E m m o n s , S. 133.

[22]) Ausspruch eines Bauern: „Väterchen, wir sind nicht aus einem Willen, sondern aus Notwendigkeit frei geworden; auch ohne die Obrigkeit hätten die Herren von sich aus auf uns verzichtet." Tagebuch des Friedensmittlers A. A. P o l o v c e v (Gouv. St. Petersburg), in Russkaja Starina 1914, 2, S. 303.

[23]) War der Zins niedriger als der örtlich festgesetzte, bzw. wurde er vom Gutsherrn freiwillig herabgesetzt, so hatte dieser bei der Ablösung Verluste. K o v a n ' k o , S. 181.

Um die Staatskasse nicht zu sehr zu erschöpfen, war festgelegt, daß im ersten Zuge Zinswirtschaften zur Ablösung kommen und dann erst Fronwirtschaften auf Zins umgestellt werden sollten. Da die Bauern — in Erwartung der wahren Freiheit, vielleicht gelegentlich auch, um ihre Landanteile bei besseren Umständen aufzugeben — auf Frongütern sich vielfach weigerten, von Fron auf Zins überzugehen, kamen nicht einmal die Grundverschreibungen voran, von den Ablösungen ganz zu schweigen. Daher waren Gutsbesitzer ohne eigenes Kapital, die von nirgendwoher Geld bekamen, in einer fatalen Lage. Wer keine Möglichkeit zum Aufbau einer eigenen Gutswirtschaft sah oder tief verschuldet war, wird interessiert gewesen sein, das Fronverhältnis der zeitweilig verpflichteten Bauern so lange wie möglich aufrechtzuerhalten [24].

Die Bauernbehörden der einzelnen Gouvernements waren fast einhellig der Meinung, daß auch ohne Zustimmung der Bauern Frongüter auf Zins umgestellt werden müßten [25]. Innenminister Valuev stellte bald fest, daß die Ablösungsaktion nur langsam voran käme, da vielfach der Wert der Desjatine für die Ablösung weit über dem derzeitigen Marktwert angesetzt war und die Belastungen aus dem Loskauf von den Bauern schlechterdings nicht getragen werden konnten.

Die überhöhte Bewertung des Landes bremste zwar die Aktion, schuf für den Augenblick also eine gewisse Atempause für den Fiskus, gefährdete sie aber langfristig. Obwohl die Pflichtablösung mit gewissen Erleichterungen angesichts des polnischen Aufstandes in den Westgebieten (mit dem 1. Mai 1863) Gesetz wurde, ging in den übrigen Teilen des Reiches die Zahl der Loskaufabkommen pro Jahr immer weiter zurück und kann nach 1870 fast ganz zum Erliegen. In diesem Jahr waren 55 Prozent der Bauern in der Ablösung; aber nur ganz wenige Gutsherren haben das Fünftel bzw. Viertel von den Bauern erhalten [26]. Sie brauchten Geld um jeden Preis. Zu diesem Zeitpunkt war ein Drittel aller Loskaufaktionen auf Antrag der Gutsherren allein eingeleitet worden. 1881 befanden sich noch anderthalb Millionen Revisionsseelen im „zeitweilig-verpflichteten" Zustand.

---

[24]) D. I. B u d a e v , Krest'janskaja reforma 1861 goda v Smolenskoj gubernii, Smolensk 1967, S. 240. (Diese sehr gute Arbeit ist m. W. die bisher einzige Regionalstudie, die die Ablösungsaktion in allen Einzelheiten bringt und verdient einen nachdrücklichen Hinweis. Leider können wir nicht näher darauf eingehen.)

[25]) Gegen den hinhaltenden Widerstand des Finanzkomitees im Juni 1862. K o v a n ' k o , S. 196. Žurnaly 1918, S. 267. (Mancherorts hatten die Bauern keine Gelegenheit zum Nebenerwerb, konnten also nicht auf Zins umgesetzt werden.)

[26]) Den Gutsbesitzern gelang es manchmal, das Fünftel bzw. Viertel in Arbeitsleistungen zu erhalten. B u d a e v , a. a. O., S. 255—268.

In den Steppengebieten, wo Land reichlich vorhanden und billig war, hatten die Loskaufaktionen kaum eingesetzt; stellten die Gutsherren entsprechende Forderungen, liefen die Bauern einfach weg [27]. Wo die Anteile so klein waren, daß die Bauern davon kaum leben konnten — und nach Teilung der Familien und mit der Zunahme der Bevölkerung immer weniger — waren sie vielfach zur Flucht gezwungen, nachdem sie ihr Vieh wegen der Zahlungsrückstände hatten verkaufen müssen. Der hungernde Umsiedler, der unterwegs zusammenbricht, war ein häufiges Thema der sozialkritischen Malerei. Das Versäumnis, das darin bestand, daß man wegen der Kollektivhaftung, also aus fiskalischen Gründen, die Übersiedlung nach Sibirien in jenen Jahrzehnten nach Möglichkeit verhinderte, verdient nochmals festgehalten zu werden. — Gerade in Gebieten mit besonders ungünstigen Ablösungsbedingungen, mit viel Kleinbesitz neben Latifundien, wie im Gouvernement Chaŕkov, kam die Ablösung in den siebziger Jahren zum Stillstand [28]. Die meisten Ablösungsaktionen finden wir in den Schwarzerdegebieten des Südostens [29]. Man muß den Rhythmus der Ablösungen auf Ersuchen des Gutsherrn zusammensehen mit der Chance einer günstigen Verpachtung des Gutslandes und den Bedingungen einer eigenen Gutswirtschaft; diese hingen nicht zuletzt vom Angebot freier Arbeitskräfte ab. Allenthalben haben Bauern zu ihrer Ackernahrung hinzuverdienen müssen, vor allem im Gefolge der Teilung der Familien und Höfe. Solange eine Geschichte der Gutswirtschaft nach der Reform fehlt, wird sich darüber wenig ausmachen lassen [29a].

Während der kritischen Situation der Jahre 1879 und 1880, dem Ansatz zu einer Reichsreform und zu einem gründlichen Umbau des Steuersystems, wurde auch die Lage der Bauern diskutiert. Bunge, damals noch nicht Finanzminister, machte den Kaiser im September 1880 auf die Bevölkerungszunahme und die Mißernten aufmerksam, aufgrund derer die Bauern die Ablösungen nicht würden zahlen können. Der Wohlstand der Bauern,

---

[27]) Das Land war billig zuzupachten und teuer abzulösen. Im Gebiet um Samara versuchten die Gutsherrn mit Geschenken die Bauern loszuwerden. A. G. K a r e v s k a j a , Provedenie krest'janskoj reformy 1861 goda v Samarskoj gubernii. Autoreferat. (Universität Moskau) Kujbyšev 1959.
[28]) K o v a n ' k o , S. 228. (Wir können diese Dinge nur andeuten.)
[29]) K o v a n ' k o , S. 200.
[29a]) Die wichtige neue Arbeit von A. M. A n f i m o v , Krupnoe pomeščič'e chozjajstvo Evropejskoj Rossii (konec XIX v. -načalo XX v.), Moskva 1969, 392 S., stellt in den Mittelpunkt die Landverpachtung an die Bauern — außerdem setzt sie m. E. falsche Größenordnungen für eine intensive, arbeitsteilige und marktbezogene Gutswirtschaft an, wenn sie von „Großbetrieben" bei Höfen über 50 ha spricht und über 500 ha von „Latifundien".

so sagte er, könne nicht durch einige gute Ernten wiederhergestellt werden; wegen des übermäßigen Getreideexportes sei kein Überblick über die objektiven Möglichkeiten zur Besserung der sozialen Gesamtlage zu gewinnen. Bunge wollte den Export nicht wesentlich beschneiden, denn nur mit dessen Hilfe könnten die Steuern bezahlt und Kredite abgelöst werden. Aber der Staatskredit falle weiter ab. Die Lösung: Förderung der Übersiedlung nach Sibirien aus den ländlich übervölkerten Gebieten, vor allem der Ukraine und einzelner Teile des Schwarzerdegebietes [30]. Die Übersiedlung setzte die Freisetzung der Bauern aus der Dorfgemeinschaft voraus, diese konnte nur durch Abschaffung der Kopfsteuer, „des letzten Reliktes aus der Zeit der Sklaverei", ermöglicht werden.

Bunge drang damals nicht sofort im Reichsrat durch [31]; vielmehr wurde die Kopfsteuer seit 1881 nur schrittweise abgeschafft; es gelang ihm vor allen Dingen nicht, eine allgemeine progressive Einkommenssteuer durchzusetzen. Immerhin wurde eine Erbschafts- und Vermögenssteuer (5 Prozent) eingeführt sowie die Grundsteuer bzw. für die Städte die Immobiliensteuer erhöht.

Da man sich — nicht zuletzt wegen fehlender unbestechlicher Kontrollinstanzen an Ort und Stelle, aber auch mit Rücksicht auf den Standesstolz des Adels — nicht an eine umfassende Intensivierung der direkten Besteuerung heranwagte, begab man sich auf den bequemen und für den Wohlstand der unteren Klassen gefährlichen Weg der indirekten Steuern. Zwar ist die besonders verhaßte Salzsteuer 1880 unter dem Druck der öffentlichen Meinung abgeschafft worden; ihr konnte sich kein Bauer entziehen, wenn er nicht im Winter verhungern wollte. Aber dafür wuchsen Branntweinmonopolabgaben und andere Verbrauchssteuern (auf Zucker, Beleuchtungsstoffe usw.) ständig an. Im Budget und Geldvoranschlag für 1885 machten die Monopoleinnahmen 246 Millionen Rubel, die Einnahmen aus den Loskaufszahlungen 42,7 Millionen Rubel aus [32]. Das heißt, den Bauern ging es zwar schlecht, aber Geld für Schnaps hatten sie offenbar immer noch. Der Anteil der indirekten Steuern am Gesamtaufkommen stieg von 66,7 Prozent für 1867 auf 85 Prozent für 1897; in der gleichen Zeit sank der Anteil der gesamten Steuern an den Staatseinnahmen von 64 Prozent auf 49,3 Prozent! [33]

[30]) Bunges Denkschrift an den Kaiser 20. 9. 1880. Istoričeskij Archiv 1961, 2, S. 134.
[31]) K o v a n ' k o , S. 201.
[32]) Almanach de Gotha für 1886.
[33]) Brockhaus-Efron, s. v. Rossija, S. 198.— Ein besonderes Kapitel sind die übrigen Lasten, Steuern etc., die nach dem Bericht der Valnev-Kommission die Bauern nochmals überforderte. L j a š č e n k o , S. 221.

Das Fatum der bäuerlichen Verelendung scheint verschiedene Seiten zu haben, die alle berücksichtigt werden müssen. Im Jahre 1881 wurde die Ablösung endlich obligatorisch gemacht und die Zahlungen wurden herabgesetzt [34]. Mit der obligatorischen Ablösung war der ganze Charakter der Transaktion verändert: der Staat war nicht mehr nur Garant oder Vollstrecker, sondern das Subjekt der ganzen Aktion, folglich waren nun auch die Außenstände ein Teil der Staatsschuld [35]. Damit ist das Prinzip der Kapitalisierung der Verpflichtungen aufgehoben zugunsten einer Zahlung für den Grund und Boden des Bauern an den Staat bzw. eines Kredites des Staates an die Bauern.

Daran knüpfte sich eine interessante Polemik zwischen dem Nationalökonomen Janson, dem ersten großen Kritiker an der unzulänglichen Landausstattung der Bauern durch die Reform und dem jüngeren Samarin: es ging um die Frage, ob die Ablösung eine Bodenrente sei oder eine dinglich-persönliche Verpflichtung staatlichen Charakters. Denn in diesem Falle hätten die Loskaufzahlungen nichts mit der Größe des Landanteils zu tun [36]. Falls es sich um eine Abgabe an den Staat handele, könne dieser die Modalitäten des Loskaufes ohne weiteres verändern; und das hieße dann auch, daß auch die übrigen Schichten der Gesellschaft des Reiches notfalls für den Loskauf der bäuerlichen Landanteile aufzukommen hätten.

Wenn im Dezember 1881 Alexander III. mit der Mehrheit im Reichsrat feststellte, daß die Ablösung nicht nur für das Land, sondern auch für die Freisetzung der Person der Leibeigenen gezahlt werde, war von der Natur der Sache her die Leistung an die Zahlungsfähigkeit der Bauern geknüpft. Die Diskrepanz zwischen dem Marktwert des Bodens und seiner Bewertung für die Loskauf-Zahlung ist bereits von den Zeitgenossen bemerkt worden; nur war die Bürokratie nicht elastisch genug und nicht genügend informiert, um rechtzeitig einzugreifen. Es wurden Kommissionen gebildet, um sich nach der Lage der Bauern und den Zahlungsrückständen an Ort und Stelle umzusehen.

Die Nahrungsgrundlage schrumpfte ständig: zu viele Bauern hatten den Gratisanteil gewählt oder nicht den Höchstanteil genommen, um den hohen Zahlungen zu entgehen. Die Bevölkerung nahm zu, der Viehbestand konnte

---

[34] K o v a n ' k o , S. 201—240.
[35] Dazu sagte Alexander II.: „Früher war ich gegen den obligatorischen Loskauf. Ich wollte den Gutsbesitzern Zeit geben, ohne Zwang sich mit den Bauern auf patriarchalische Weise zu einigen. Ich habe aber nicht angenommen, daß diese Sache nach zwanzig Jahren immer noch nicht abgeschlossen ist, und bestimme hiermit, daß der Loskauf durchgeführt wird."
[36] K o v a n ' k o , S. 215.

nicht gehalten werden, der Boden wurde ausgelaugt — als Folge finden wir Mißernten und Zahlungsrückstände (1871 im Durchschnitt von 27 großrussischen Gouvernements: über 63 Prozent, am höchsten Smolensk mit 204 Prozent vom festgelegten Jahressatz; 1900: 119 Prozent vom Durchschnittsjahressatz 1896 bis 1900). Jedenfalls waren die Abgaben der ehemaligen Gutsbauern bis 1886 etwa um ein Drittel höher als die der Staatsbauern; dies zeigt genügend, daß das Prinzip falsch gewesen ist und der Staat unter Verzicht auf andere Ausgaben dieses Problem als erstes hätte lösen müssen [37]. Mit Moratorien und anderen Palliativmaßnahmen kam man nicht weiter; der wirtschaftliche Aufschwung ging zu langsam voran, als daß das Steueraufkommen in der Hauptsache von Industrie und Gewerbe hätte aufgebracht werden können. Der Reichshaushalt stützte sich auch nach 1905 im wesentlichen auf indirekte Steuern (1910: direkte Steuern = 8 Prozent). Schließlich — und das ist für unseren Zusammenhang fast das wichtigste — fehlte es an einer effektiven und korrekten Rechnungslegung; die erste ausführliche und einigermaßen genaue Bilanz der Staatsbank über die Finanzseite der Loskaufsaktion datiert von 1893! [38]

Eine Reihe von Gouvernementskomitees „für die Nöte der Landwirtschaft" haben schon in den siebziger Jahren die Ansicht vertreten, die Bauern hätten durch allzu hohe Bewertung des Bodens ihre Kapitalschuld längst abgezahlt [39]. Man hat neuerdings versucht, die verschiedenen Rechnungen nachzuprüfen; als offenbar beste Ziffer ist die Summe von 1,58 Millionen Rubel festzuhalten [40]. Auf diese Weise hatte die Staatskasse keinen Verlust, als sie 1907 endgültig auf alle weiteren Loskaufzahlungen verzichtete [41].

Im Durchschnitt sollten die Bauern fast 80 Rubel pro Desjatine zahlen, davon 27 Rubel als Preis für das Land und 52,5 Rubel als Prozente für das Darlehen. In Wirklichkeit haben die Bauern wesentlich weniger bezahlt, und zwar vor allem seit den Erleichterungen aus den Jahren 1881 bis 1905. Etwa drei Prozent der Bauern hatten ihr Land vor dieser Zeit losgekauft, die übrigen hatten im Jahre 1906 nur knapp 54 Prozent der

---

[37]) Die Frage der bäuerlichen Verelendung kann hier nicht angegangen werden. Zur finanziellen Seite, v. a. für die späteren Jahrzehnte, außer K o v a n ` k o die wertvolle Übersicht des Fürsten D. Š a c h o v s k o j über die Loskaufzahlungen, einer der besten Beiträge in dem sehr ungleichwertigen Sammelwerk: Velikaja reforma. Russkoe obščestvo i krest'janskij vopros v prošlom i nastojaščim. t. 6 (1911), S. 104—136.

[38]) K o v a n ' k o , S. 281.

[39]) Ebendort, S. 240.

[40]) N. M a l o v , in: Vestnik statistiki 1959, 2. S. 38—48.

[41]) Genaue Berechnungen bei K o v a n ' k o , S. 480—482.

Summe gezahlt — im Endergebnis zahlte der Bauer pro Desjatine alles in allem 35,8 Rubel statt 80 Rubel. Da die Zahlungen viel zu hoch angesetzt gewesen waren, hat diese ungeheure Belastung die wirtschaftliche Entfaltung des Landes entscheidend gebremst. Das eigentliche Übel war der Verzicht auf eine rechtzeitige Steuerreform — dies erscheint im Nachhinein als verhängsnisvoller denn die Loskaufoperation als solche.

9. Bäuerliche Unruhen um die Zeit der Reform

Den bäuerlichen Bewegungen während des 19. Jahrhunderts und vor allem zur Zeit der Reformen ist in der sowjetischen Forschung viel Aufmerksamkeit gewidmet worden; umfangreiche Sammlungen, sowie eine lange Reihe von Dissertationen wurden zu dem Thema veröffentlicht; doch vermag trotz vieler Nachrichten das Ergebnis nicht immer ganz zu befriedigen [1]. Anlaß und Ausmaße des jeweiligen Aufbegehrens sind nicht überall berücksichtigt, außerdem die Aktionen nicht gegen die Haltung der bäuerlichen Gemeinschaft insgesamt abgewogen, wobei wir es dahingestellt sein lassen, inwieweit die graue Masse resignierte oder glaubte, irgendwie weiterleben zu können. Die Hauptarchivverwaltung gab 1963 eine Übersicht über die Dokumentarveröffentlichungen zur bäuerlichen Bewegung des 19. und beginnenden 20. Jahrhunderts heraus, nützlich für viele lokale Quellen, aber ohne rechte Wertungen ihrer Bedeutung [2].

Die erste Sammlung einschlägiger Dokumente war die große Auswahl aus den Berichten der III. Abteilung aus den Jahren 1827 bis 1869, in zwei Bänden 1931 erschienen [3]. Die jährlichen Berichte sind so gut, wie Polizeiberichte nur sein können. Nicht selten bemühten sich die Agenten, die Motive zu ergründen und sparten nicht mit Kritik an den Gutsbesitzern. — Für die Zeit der Reform folgten 1949 und 1950 zwei Sammlungen, die erste die Berichte der Generäle der kaiserlichen Suite, der Flügeladjutanten und anderer Beamter enthaltend, die im Auftrag des Zaren unmittelbar nach der Verkündung des Manifests in die verschiedenen Gegenden des

---

[1] Bibliographie der sowjetischen Literatur bis 1961 von Z. B. V i n o g r a d , in: Revol. situacija 1962, S. 583—594; ergänzend über Unruhen in nicht russischen Gebieten V. A. F e d o r o v , in: Voprosy istorii 1968, 1, S. 161—169.

[2] E. S. P a i n a , Krest'janskoe dviženie v Rossii v XIX- načale XX vv. Obzor publikacii gosudarstvennych archivov. Moskva 1963, 81 S.

[3] M o r o c h o v e c. (Für die 50er Jahre sind nicht alle Jahresberichte der III.Abteilung aufgefunden oder veröffentlicht.)

Reiches gesandt wurden, um den Bauern die Maßnahmen zu erklären für die öffentliche Ruhe zu sorgen und zu berichten [4]. Es folgte die Sammlung der Berichte des Innenministers über den Gang der Reform für die Jahre 1861—1862 [5]. — Die neue große Sammlung über die Bauernbewegung in Rußland im 19. und zu Beginn des 20. Jahrhunderts wird mit N. M. D r u ž i n i n als Hauptherausgeber seit einer Reihe von Jahren vom Historischen Institut der Akademie der Wissenschaften der UdSSR und der Hauptarchivverwaltung herausgegeben [6]. Hier finden wir im wesentlichen mehr oder weniger ausführliche Rapporte der Untersuchungsbehörden. Diese geben meist nur wenig für die tieferen Gründe her und berichten über Vernehmungen, Bestrafungen und neuen Ungehorsam. Manchmal sind bäuerliche Anklageschriften abgedruckt, in denen wir mehr über alle möglichen Motive und Argumente der Bauern finden, nur nicht Klagen über die Verkürzung ihrer Landanteile.

Gegenüber diesen Dokumentarbänden, die nur die Unruhen zeigen und daher kein volles Bild über die Reform als solche geben können, berichten die übrigen genannten Sammlungen auch von den Fällen, in denen die Bauern aus Loyalität, Einsicht oder auch Resignation stillehielten oder sich in den entscheidenden Momenten des Jahres 1861 von den Argumenten der Abgesandten des Zaren oder der Gouverneure überzeugen ließen. Wenn es manchmal heißt, das so gegebene Bild sei beschönigt, so mag dies in manchen Zügen zutreffen. Doch wird jede Herrschaft daran interessiert sein zu erfahren, was ihre Untertanen denken; in einer Krisenzeit werden die Teilhaber an der Macht die Dinge kaum vertuschen, um nicht von der Entwicklung überrannt zu werden. Die neue umfassende Sammlung — wir berichten bereits über einzelne Teile [7] — ist unübersichtlich angelegt. Einzelne Meutereien bzw. Polizeiaktionen sind in voller Ausführlichkeit wiedergegeben; für die übrigen haben wir nur kurze Regesten, ohne daß man über Gründe und Hergang der Unruhe und über die Ergebnisse der Untersuchungen mehr erführe. Es ist nicht zu ersehen, warum in dem einen oder anderen Falle die eine oder andere Form gewählt wurde. Außerdem sind die erst genannten Berichte der III. Abteilung nicht wieder abgedruckt, wodurch die Orientierung erschwert ist. Mir scheint das Unternehmen recht

---

[4]) Krest'janskoe dviženie 1961.
[5]) Otmena krepostnogo prava.
[6]) Krest'janskoe dviženie. Die einschlägigen Bände für 1826—1849, Moskva 1961, 984 S., für 1850—1856, Mosva 1962, 828 S., für 1859 — Mai 1861, Moskva 1963, 822 S., für 1861—1869, Moskva 1964, 952 S., für 1870—1880, Moskva 1968, 613 S.
[7]) Jahrbücher für Geschichte Osteuropas, N. F. 11, 1963, S. 120—124.

eine Meuterei Verwickelten gerechnet wird, was eher hoch erscheint. Werden alle Bittschriften, Überfälle auf Schnapsbuden etc. mitgezählt (letztere während der noch zu erwähnenden Nüchternheitsbewegung), so wären für 1857 mit 0,17 %, 1858 0,46 %, 1859 0,81 % und 1860 mit 0,31 % der erwachsenen Bauern — nicht alles Gutsbauern! — zu rechnen. Doch gab es regionale Unterschiede — für das zentrale Gewerbegebiet wäre für die Jahre 1856 bis 1860 ein Durchschnitt von ca. 0,4 % von Beteiligten anzusetzen [10].

Neuerdings haben sich N. N. Leščenko und nach ihm in dem grundlegenden „Versuch einer statistischen Erforschung" B. G. Litvak methodisch mit dem Begriff „Bauernaufruhr" befaßt [11]. Ersterer ist wie viele seiner Vorgänger der m. M. nach berechtigten Ansicht, daß ein Widerstand gegen Übergriffe des Gutsherrn gegen die bestehende Ordnung nicht als Aufruhr zu bezeichnen sei, da das Rechtsverhältnis als solches nicht in Frage gestellt war [12]. Die Zahl der Teilnehmenden und das Ziel einer gesellschaftlichen Veränderung — mit der Verweigerung der Pflichten gegen den Gutsherrn beginnend — bestimmten den „Aufruhr". Einzelne Übergriffe, etwa illegales Holzfällen etc. seien nicht einzurechnen. Litvak hat diese Definition nicht übernommen, indessen für die Jahre 1855 bis 1864 die lokalen Archive des zentralen Großrußland durchforscht, in der richtigen Voraussetzung, daß längst nicht alle Nachrichten an oberster Stelle gesammelt und ausgewertet seien. Vielfach erscheinen Vorfälle lokaler Natur nur in den Zentralarchiven [13].

Entgegen den Erwartungen haben, wie wir sahen, die Nicht-Schwarzerdegebiete in den Jahren der Vorbereitung der Reform und der umlaufenden Gerüchte relativ häufiger protestiert als die Schwarzerdegebiete — und zwar deshalb, weil in den gewerblichen Gebieten die Bauern weiter

[10]) V. Jacunskij, in: Ajaloo järstendel rajadel (Festschrift Kruus). Tallinn 1966, S. 146—153.
[11]) N. N. Leščenko, in: Ežegodnik 1962, S. 53—66; B. G. Litvak, Opyt statističeskogo izučenija krest'janskogo dviženija v Rossii XIX v. Moskva 1967, 127 S.; für 1861 gibt es zwei amtliche Angaben: Unruhen in 2014 bzw. 1176 Dörfern, wobei in 1666 bzw. 377 Fällen Soldaten eingriffen (Innenministerium bzw. III. Abteilung). Morochovec, t. 2, S. 41 bzw. Istoričeskij Archiv 1960, H. 1, S. 197.
[12]) Leščenko, a. a. O., S. 59.
[13]) Von den Vorfällen im Gouvernement Jaroslavl' in der kritischen Zeit ist nur etwa die Hälfte nach oben zur Kenntnis gelangt, d. h. erscheint in dem Bande Krest'janskoe dviženie 1856—1861, vgl. L. B. Genkin, in Revol. situacija 1962, S. 127—155.

herumkamen und lebhafter reagierten [14]. Die Jahre 1858 und 1859 sahen mehr und heftigere Ausbrüche als das Jahr 1860 [16]. Aber auch für 1858 stellte die III. Abteilung in ihrem Jahresbericht fest: „Nicht eine Erhebung hat wesentlichen Umfang angenommen oder längere Zeit angedauert, wenn auch die Fälle von Ungehorsam zusammengenommen recht zahlreich waren, so blieben sie dort im großen Reiche kaum bemerklich ... Man kann sagen, daß im Ganzen Ruhe bewahrt wurde und bisher unvergleichlich weniger Unordnungen vorfinden als erwartet und vorgesehen." Je kleiner die Güter, desto häufiger finden wir Fälle persönlicher Rache (Brandstiftungen, Ermordung des Gutsherren etc.); in größeren Betrieben bzw. Siedlungen taten sich die Bauern zu geplanterem Widerstand zusammen.

Hier war etwa während der Erntezeit die Versagung der Fronpflichten ein erstklassiges Druckmittel — daß wir so selten über Erfolge der Bauern hören (angeblich nur in 2 Prozent der Fälle) muß nicht heißen, daß in der Stille die Gutsverwaltung nicht doch nachgeben mußte [16]. Was sich von selbst erledigte, kam nicht in die Akten. — Jedenfalls sind durch die methodischen Überlegungen von N i f o n t o v, J a c u n s k i j, L e š č e n k o und L i t v a k die mechanischen Aufrechnungen der bäuerlichen *vystuplenija*, wie sie dem jeweiligen Gouvernement gutgeschrieben wurden, erledigt; wie oft hat es sich nur um den Zusammenstoß eines einzelnen Bauern mit dem Gutsherrn oder dem Verwalter aus irgendeinem Grunde gehandelt, der zufällig zur Kenntnis der Behörden kam [17].

---

[14]) L i t v a k, a. a. O., S. 57. — Als Gründe für Bauernunruhen im zentralen Gewerbegebiet in den Jahren 1801—1860 erscheinen in ca. 22 % der Fälle übermäßige Fron, ca. 16 % allzuhoher Zins, ca. 20 % Wechsel des Gutsbesitzers, ca. 15 % Gerüchte über Befreiung, ca. 5 % Kürzung des Landanteils oder Ersatz durch schlechteres Land. V. A. F e d o r o v, in: Ežegodnik 1965 (1970), S. 308 bis 320.

[15]) Archivalien zitiert bei E m m o n s, S. 223 A. L i t v a k s Unterscheidung von klassenfeindlichem und regierungsfeindlichem Vorgehen vermag uns nicht zu überzeugen (Litvak, a. a. O., S. 66). N i f o n t o v s genannter Aufsatz wird von L i t v a k ignoriert, obwohl er Genkins Beitrag zur gleichen Festschrift anführt (a. a. O., S. 12).

[16]) Gegen L i t v a k, a. a. O., S. 62. — Übrigens sind 1860 rund 14 650 Staats- und Apanagebauern, aber nur knapp 3000 Gutsbauern wegen eigenmächtigen Rodens, dagegen je 8500 Bauern wegen Brandstiftung verurteilt worden (1865: 25 900 und 5800 bzw. 10 730 und 10 070 Verurteilungen). Ebendort S. 80. — Ein kleiner Gutsbesitz ist im 19. Jahrhundert 18 mal heruntergebrannt worden (Gouvernement Rjazan'). E. S. S t e p a n o v a, in: Učenye zapiski. Moskovskij Oblastnoj gosud. pedag. institut, t. 183, Moskva 1967, S. 422.

[17]) Vgl. z. B. auch die Bemerkungen von G. T. R j a b k o v zu Smolensk, in: Revol. situacija 1960, S. 150.

Die Motive bei den Bauern waren vielfältig: die Leibeigenschaft als solche ist nie anerkannt worden, aber wurde hingenommen bei einer legitimen Herrschaft, solange diese nicht die Untertanen übermäßig bedrückte oder ausbeutete. Sowie das Gut verkauft wurde oder die Familie ausstarb und irgendwelche entferntere Verwandte mit mehr oder wenigen guten Gründen das Erbe übernehmen wollten, verweigerten die Bauern die Anerkennung [18]. Wenn die Güter in Sequester genommen waren, meist schuldenhalber, versuchten die wohlhabenderen Bauern öfter sich beim *Opekunskij Sovet* freizukaufen [19]. Dieses Ersuchen wurde stets abgelehnt, zeigte aber die Widersprüchlichkeit einer Rechtsordnung, die die ursprüngliche soziale Rechtsbasis längst eingebüßt hatte. Immer wieder versuchten die Leibeigenen den Status von Staatsbauern zu erlangen, wenn ihnen der Besitztitel auf ein Gut nicht ausreichend begründet erschien. Solange ihre Abgesandten unterwegs zum Zaren waren, verweigerten sie folgerichtig jede Arbeit bzw. Zinszahlung [20]. Mit Bereitschaft nahmen die Leibeigenen jede Chance des Freikommens wahr; statt der Flucht schienen sich neue Möglichkeiten durch die Mobilisierung im Krim-Kriege zu ergeben. Die Rückkehrenden glaubten die Freiheit gekommen und verweigerten die Leistungen [21]. Der Dienst in der zum Schutz der Schwarzmeerküste aus Freiwilligen gebildeten Reserve, zog Massen von Bauern an, obwohl in den Aufrufen nichts über irgendeine Änderung in der Rechtsstellung gesagt war [22].

Gegenüber harten und grausamen Gutsherren setzten sich die Leibeigenen auch mit Mitteln direkter Aktion zur Wehr, oft mit Mord und Brandstiftung. Nicht alle Morde trafen die härtesten Herren — nicht selten waren die Behörden ratlos, da kein Anlaß zur Rächung von Gewalttaten gegeben schien. Offenbar erregten sich die Bauern gelegentlich in betrun-

---

[18]) Allein für 1856: Krest'janskoe dviženie (1850—1856), S. 540, 543, 723, 724; Ignatovič, a. a. O., S. 189—196, 200; K. A. B u l d a k o v, in: Učenye zapiski. Jaroslavskij gosud. pedag. institut, t. 58, Jaroslavl' 1966, S. 97; V. A. F e d o r o v, in: Tezisy 1964, S. 123.

[19]) Beispiele im gleichen Bande von Krest'janskoe dviženie, S. 724, 725; V. I. S e m e v s k i j, Krest'janskij vopros v. Rossii v XVIII i pervoj polovine XIX veka, t. 2, SPbg. 1888, S. 159, 205. (Der Ukaz vom November 1847, der diese Möglichkeit zuließ, wurde wegen des Protestes des Adels genau nach einem Jahre zurückgenommen.)

[20]) Krest'janskoe dviženie (1850—1856), S. 460.

[21]) Ebendort, S. 472—517, 567—569, 718—720.

[22]) Ebendort, S. 431—453, 714. — Auch die Dorfgeistlichkeit war mancherorts der Meinung, daß Mobilisierung die Freiheit mit sich brächte. Aus Vorlesungen von Prof. Sergeevič, zitiert A. R o d ž d e s t v e n s k i j, Južnorusskij štundizm, SPbg. 1886, S. 36.

kenem Zustand — und handelten durchaus unüberlegt. Auch das ist zu
berücksichtigen. Alles dies sind gewiß soziale Gründe, aber die Anlässe zur
Auflehnung lagen nicht immer in aktueller Bedrückung, sondern ebenso oft
auch in der Rechtsstellung als solcher.

Gelegentlich sträubten sich Bauern mit Gewalt gegen vernünftige Neue-
rungen, wie es jener Baron Ungern-Sternberg im Wolgagebiet erfuhr, der
wegen der Feuersgefahr befahl, den versumpften Dorfteich neu aufzu-
graben und deshalb von den Bauern gefesselt in die Stadt vor Gericht
geschleppt wurde [23]. — Es gab noch ganz andersartige Anlässe zur Unruhe, wie die Überführung einer Ikone in eine andere Kirche [24] oder Gerüchte über das Auftauchen des Großfürsten Konstantin Pavlovič, der die
Freiheit bringen werde [25], abgesehen von den langanhaltenden Meutereien
der altgläubigen Staatsbauern im Nordosten, als sie zum Anbau der teuf-
lischen Kartoffel gezwungen werden sollten [26].

An dieser Stelle sei auch auf den Terror der Bauern hingewiesen. Unter
Umständen wagte es der Gutsherr nicht mehr, im Dorfe zu wohnen oder
auf Einhaltung der Frondienste oder volle Zahlung des Zinses zu
drängen [27].

Zwischen Gutsherren und Bauern standen nicht nur die Verwalter, die
fast noch mehr an Leib und Leben gefährdet waren als die Herren selbst [28],
sondern auch die Starosten, die öfter angegriffen wurden. Man kann sich
denken, wie in urtümlichen Verhältnissen eine ständig in Spannung lebende
Volksseele auch ohne unmittelbaren Anlaß überkochte. Nicht selten handelte es sich um Konflikte innerhalb des Mir, die zwar im einzelnen in den
Motiven nicht zu klären, aber nicht ohne weiteres als Zeugnisse eines
„Klassenkampfes" einzuordnen sind [29].

[23]) Dokumenty i materialy po istorii Mordovskoj ASSR, t. 4, č. 1, Saransk
1946, S. 435—459.
[24]) M o r o c h o v e c, t. 1, S. 47 (1842). — S. T. A k s a k o v : Der Bauer
sieht im Popen einen Regierungsbeamten, der mit dem Gutsherrn Hand in Hand
arbeitet, wie das abzustellen? An seinen Sohn I. S. Aksakov 10. 8. 49. Russkaja
Mysl', 1915, 8, S. (2) 114.
[25]) M o r o c h o v e c, S. 80 (1848).
[26]) Krest'janskoe dviženie 1826—1849, S. 407—414 (1841).
[27]) A. P o v a l i š i n, S. 280—292; P. S t r u v e, S. 96; M. S. K a r m i n,
Krest'janskoe dviženie v Rjazanskoj gubernii v 50-ch godach XIX veka. Rjazan'
1929, S. 24 (= Trudy obščestva issledovatelej Rjazanskogo kraja, t. 24. Gute und
illustrative frühe Arbeit), ebendort S. 23 über den Selbstmord als Form bäuerlichen Protestes.
[28]) Übersichten über Mordtaten an Gutsherren und Verwaltern am Schluß der
Jahresberichte der III. Abteilung, M o r o c h o v e c, t. 1, passim.
[29]) Hier wäre zu nennen die Zusammenfassung von J a. I. L i n k o v, Očerki

Jedenfalls haben die Bauernunruhen nach den Zeugnissen der beteiligten Zeitgenossen mitbewirkt, daß die Reform vorangetrieben wurde [30]. Die große Welle des Aufruhrs fiel in das Jahr 1858, als die ersten Nachrichten von der bevorstehenden Freiheit sich herumsprachen und die Bauern wohl glaubten, der Zar habe ihre Befreiung befohlen und die Wahrheit würde hintangehalten [31]. Erst im Jahre 1860 beruhigte sich die Bewegung etwas; vielleicht warteten die Bauern ab [32].

Doch ist festzuhalten, daß nicht alle Gebiete gleichmäßig in Bewegung gerieten; wie gesagt, gehen die Arbeiten über die einzelnen Territorien quantitativ vor, aber man sollte sich auch hier nicht immer an reine Zahlen halten [33]. So ist es nach einer Aufstellung im Gouvernement Pskov (Pleskau) 1859 ruhig geblieben, 1860 gab es zehn Aktionen: dabei wurde viermal der Gutsbesitzer bzw. der Verwalter verprügelt, viermal der Frondienst verweigert, davon einmal sehr nachdrücklich. Zwei ernsthafte Zwischenfälle sind zu nennen: einmal wurde an einem Gutsbesitzer ein Mordversuch verübt, einmal mußte Militär heran, um eine Meuterei überbürdeter Bauern niederzuschlagen [34]. Unter Umständen sind auch im Jahre zuvor Gutsbesitzer verprügelt worden; nur ist das nicht nach oben zur Kenntnis gelangt. Diese nur als ein Beispiel für die bruchstückhafte Überlieferung. Es ist nicht einzusehen, weshalb in diesen für die Landwirtschaft ungünstig gelegenen Gouvernement in einem sehr unruhigen Jahr nichts geschehen sein sollte, selbst wenn man den Begriff *vystuplenie* weit faßt.

Als eigentümliches Phänomen jener aufgeregten Jahre erscheint die Nüchternheitsbewegung, wobei die Welle unter den katholischen Litauern zu unterscheiden ist von der davon unabhängigen Entwicklung des gleichen Jahres 1858 im Wolga-Gebiet. Wie es in Litauen nicht nur die Priester gewesen sein werden, so kam auch in den Wolga-Gebieten nicht nur von Momenten politischer Opposition im eigentlichen Sinne die Rede sein [35].

istorii krest'janskogo dviženija v Rossii v 1825—1861 gg. Moskva 1952, doch veraltet und publizistisch.

[30]) Ju. Samarin, zitiert bei S t r u v e , S. 96; A. I. K o š e l e v , Zapiski. Berlin 1884, S. 78. Vgl. A. A. K o r n i l o v , in: Naučnyj istoričeskij žurnal, t. 5, 1914, S. 47.

[31]) Auf Vorschlag des Hauptkomitees befahl der Kaiser im Oktober 1858, daß Übergriffe der Bauern gegen ihre Gutsherren außer der Reihe vor Gericht behandelt werden müßten, jedoch mit Revisionsinstanz. Žurnaly t. 1, S. 264—267.

[32]) Die ältere Literatur, zit., in: Revol. situacija 1960, S. 133.

[33]) Hierzu noch: S. V. T o k a r e v , in: Revol. situacija 1960, S. 124—132.

[34]) Krest'janskoe dviženie, 1856—1861, S. 659—674.

[35]) Über die Nüchternheitsbewegung 1858—1860, V. A. F e d o r o v , in: Revol. situacija 1962, S. 107—126.

Die Schnapspächter hatten die Preise erhöht und damit den Boykott herausgefordert. Die Regierung unterdrückte nicht, wie manchmal behauptet wird, die Abstinenz als solche — wie hätte sie das auch vermocht — sondern sie sperrte solche Leute ein, die Kneipen gestürmt hatten und die die Bauern durch Druck und Strafandrohung zum Boykott verpflichteten [36].

Im Ganzen hatten die Bauern konkrete Vorstellungen, wie ihre Freiheit auszusehen habe: Ihnen hätte ohne Entschädigung der gesamte bisher von ihnen genutzte Landanteil zu gehören, weil sie ihn von jeher besäßen. Höchstens in seltenen Ausnahmefällen haben sie, wie später in der Revolution von 1905, auch Gutsland für sich gefordert [37]. Demgemäß weigerten sich die Bauern mit allen Mitteln, von ihrem angestammten Land herunterzugehen, sich umsiedeln zu lassen, auch dann, wenn sich ihre Lage verbesserte [38]. Soweit Wälder von ihnen genutzt wurden, gingen sie mit Gewalt gegen Holzhändler vor, die vom Gutsherrn solchen Wald gekauft hatten, den die Bauern als ihren Nutzungsanteil beanspruchen zu können glaubten [39].

„Das Land ist unser, und wir sind des Zaren", (aber eben das Bauernland). — Angesichts dieser Vorstellung war die Haltung der Bauern durchaus folgerichtig, Zeugnis einer einheitlichen Rechtsvorstellung. Die Forscher betrachten oftmals gönnerhaft den „naiven" Glauben der Bauern an den Zaren, doch liegt hier der Kern des Kampfes um das „gute alte Recht", das der Adel zerstört hatte und das nun wiederhergestellt werden sollte. Die Aktionen der Bauern sind nur formal als „revolutionär" zu bezeichnen, ihre Weltanschauung aber war statisch, eher rückwärts gewandt.

Der gefälschten Manifeste gab es eine ganze Reihe, in denen der Zar den Bauern die vollständige Freiheit mit allem Lande gab [40]. Wer lesen konnte,

---

[36]) Berichte der III. Abteilung, M o r o c h o v e c, a. a. O., t. 1, S. 134—136; Krest'janskoe dviženie, 1857—1861, S. 213; vgl. L i t v a k, a. a. O., S. 63.

[37]) Mit Recht hat L i t v a k die weitgehenden Folgerungen V. A. F e d o r o v s bezüglich bäuerlicher Forderungen auf das gesamte Gutsland zurückgewiesen, die dieser als „bäuerliche Ideologie" gezeichnet hatte. L i t v a k, Opyt, a. a. O., S. 18—21, gegen V. A. F e d o r o v, in: Revol. situacija 1960 S. 133 bis 148. Einige Beispiele für recht weitgehende Ansprüche der Bauern bei V. I. K r u t i k o v, in: Ežegodnik 1964 (1966), S. 597—602. — Der Gedanke tauchte auf, daß alles Land an die Bauern gehen sollte und der Zar die Herren entschädigen. Denn schließlich seien sie nicht Landbebauer, sondern Beamte, so sollten sie Gehalt beziehen. G. A. K a v t a r a d z e, in: Vestnik Leningradskogo gosud. universiteta, Ser. Istorija ... 1969, 3, S. 54—64.

[38]) So in den Berichten des Vizegouverneurs von Tver', des Schriftstellers Saltykov-Ščedrin, in: Iz istorii Kalininskoj oblasti. Stat'i i dokumenty. Kalinin 1960, S. 105—139.

[39]) G e n k i n, a. a. O., S. 139, Z a k s, in: Iz istorii, S. 159.

[40]) Z. B. in: Krasnyj Archiv, t. 57, 1933, S. 142.

war aufgefordert, das Manuskript „richtig" vorzulesen. Öfter wird dies die Chance von Sektierern gewesen sein, so des Molokanen im Penzaschen, zu dem von allen Seiten die Bauern schickten, damit er ihnen die Freiheit richtig deute und der ihnen klar machte, sie müßten alle zusammenhalten, auch gegen den Flügeladjutanten, den Vertrauensmannen des Zaren, weil diesen die Gutsbesitzer bestochen hätten [41].

Weithin war es möglich, den Bauern innerhalb einiger Wochen bzw. Monate deutlich zu machen, daß diese fragmentarische Befreiung eben der Wille des Zaren sei. Insofern war die Entsendung von Männern aus der unmittelbaren Umgebung des Herrschers ein guter Gedanke, und sie haben öfter beruhigend wirken können. Häufig hat Militär eingegriffen, doch sollte es vielfach durch seine Präsenz die Bekräftigung des Allerhöchsten Willens dokumentieren [42]. Nach der ersten Enttäuschung über die Übergangszeit war überall dort frühzeitigere Beruhigung festzustellen, wo der bisherige Nutzungsanteil im wesentlichen erhalten blieb und die Loskaufzahlungen auf den ersten Blick tragbar erschienen. Wenn also die Bewegung im Sommer des Jahres 1861 abflaute, so nicht ausschließlich wegen der Unterdrückungsmaßnahmen.

Allerdings waren Bauern, die ernsthaften Widerstand leisteten, nur mit äußerster Härte zu besänftigen. Es heißt beständig nach Lenin, das bäuerliche Aufbegehren sei spontan und unkoordiniert gewesen und daher von vornherein zum Scheitern verurteilt. Dies mag weithin zutreffen. Andererseits aber zeigte sich funktionierende Solidarität über größere Gebiete hin, wie in der Nüchternheitsbewegung, so daß im Frühjahr und Sommer 1861 mehr möglich gewesen wäre, hätten die Bauern insgesamt die allgemeine Revolte gewollt. Neben der Enttäuschung lebte immer noch ein Gran Hoffnung auf die wahre Freiheit nach zwei Jahren und die bessere Einsicht des Zaren in der Zukunft. Von entschlossenen bäuerlichen Führern hören wir gelegentlich in den Dokumenten. Ein neuer Pugačev hätte sich gewiß an

---

[41]) Krest'janskoe dviženie, a. a. O., 1856—1861, S. 428—429; K. Z a j c e v, in: Izvestija Juridičeskogo Fakul'teta v Charbine, t. 11, 1926, S. 280—284. — Bei den Unruhen im Penzaschen unter der Führung des Molokanen machte ein Geistlicher mit, der nach dem Soloveckij-Kloster verschickt wurde. Bericht des Generalmajors Brenjakin, in: Russkij Archiv 1896, t. 3, S. 313—315.

[42]) Z. B.: Otmena krepostnogo prava, S. 262. Gen. Lt. M. L. D u b b e l t, in: Russkaja Starina 1891, H. 2, S. 471. — Wo gegen Bauern Militär eingesetzt, aber kein Widerstand geleistet wurde, gehörten die Fälle nicht vors Kriegsgericht. Žurnaly, 1, S. 311. Der Generalstab schlug vor, bei Unruhen auf dem Lande die Truppen nicht zu sehr zu verteilen, d. h. nicht einzeln bei Bauern unterzubringen, sondern sie gemeinsam aus dem Kessel zu verpflegen. Istoričeskij Archiv 1957, 1, S. 167.

die Spitze stellen können wie etwa der genannte Molokane Leontij Egorcev, wenn die Massen entschiedener gewesen wären.

Gewiß, es gab den Aufruhr von Brezdna im Gouvernement Kazan'; dort war der Raskolnik Anton Petrov allzu früh mit der „wahren Freiheit" an die Öffentlichkeit getreten. Er kündigte den Gutsbauern an, daß der Zar sie schon 1858 freigelassen habe, die Adlige ihnen aber dieses verheimlichten. Das wahren Manifest sei gestohlen, aber ein Jüngling mit goldener Medaille werde es herbei bringen. Sofort erscheint im Hintergrund der Samozvanec, der falsche Herrscher: Großfürst Konstantin sei in ihrem Dorfe in Fesseln gefangen gehalten und bitte die Bauern um Befreiung. Petrov war allem Anschein nach gar kein Revolutionär, sondern ein ruhiger Mann: nach dem Bericht eines Friedensmittlers habe er im Manifest in dem Zeichen „10 %" das Siegel der Hl. Anna entdeckt, außerdem aus dem beigefügten Muster einer Grundverschreibung — „ . . . von diesen seit der letzten Revision freigelassen: 0" — und der Notiz des Kaisers „byt' po semu" auf sofortige Freilassung geschlossen, die, wie gesagt, von den Adligen unterschlagen worden sei. Die Petersburger Kanzleien hatten offensichtlich keine Ahnung von der Psychologie und Auffassungskraft der Bauern, die die Verordnung ja in erster Linie betraf! Bei Petrov versammelten sich die Bauern, sie wollten eine Delegation nach Kazan' schicken. Doch schienen einige Gutsbesitzer eine neue Pugačevščina zu fürchten — der Kazaner Adel war ohnehin reformfeindlich, der Generalmajor Graf Apraksin trat im Adelskasino reichlich selbstbewußt auf. Gegen die Massierung von etwa 8000 Bauern trat der General mit 200 Mann an — er hat sich offenbar gar nicht dafür interessiert, was die Bauern, die sich im Recht glaubten, eigentlich wollten, sondern richtete jenes Blutbad an, für das ihm im Kasino Ovationen gebracht wurden, das aber die Zeitgenossen — und den Gouverneur — empörte [43]. Ein Offizier polnischer Abstammung rief zum Widerstand auf und wurde erschossen [44]. Alle Elemente eines großen Aufstandes waren gegeben, mit dem „wahren Zaren" und der

---

[43]) Berichte des Generalmajors Grafen Apraksin und Vernehmungsprotokolle der Bauern, zuerst in: Krasnyj Archiv, t. 35, 1929, S. 180—184 und t. 36, 1929, S. 182—191, danach: Krest'janskoe dviženie 1857—1861, S. 350—364. Wichtige Berichte des Gouverneurs und eines Beamten z. b. V., in: Izvestija obščestva, archeologii, istorii i etnografii pri Kazanskom universitete, t. 33. 4, Kazan' 1927, S. 79—81; Einzelheiten in den Erinnerungen des Friedensmittlers N. A. K r y - l o v , in: Russkaja Starina 1892, Nr. 4 und 5; Entwurf eines amtlichen Rechtfertigungsartikels, Mai 1861. Žurnaly ob ustrojstve, t. 1, S. 97—100; Bezdna erscheint auch in A. F. P i s e m s k i j s Roman „Vzbalamučonnoe more".

[44]) A. V. F e d o r o v , Russkaja armija v 50—70 godach XIX veka. Očerki, Leningrad 1959, S. 77—82.

„wahren Freiheit" — aber wenn man die Quellen liest, vor allem die Berichte der Beamten, so fragt man sich, ob die versammelten Bauern, und Petrov mit ihnen, diesen überhaupt beabsichtigt haben. Die Kazaner Studenten feierten die berühmte Panichide für die Opfer von Bezdna mit der Rede des allverehrten jungen Professors Ščapov und seinen Worten: „Ihr habt als Erste unseren Schlaf gestört, unsere falschen Zweifel, als ob unser Volk nicht zu eigenem politischen Handeln fähig sei . . ." [45].

Wie öfter gesagt, warteten die Bauern auf die richtige Stunde der Befreiung, *slušnij čas* — dieser Glaube mochte sich nicht immer deutlich äußern, doch blieb er lebendig und zwar über das Jahr 1863 hinaus [46]. Allerdings war die halbherzige Bestimmung von der zweijährigen Übergangszeit dazu angetan, die Bauern glauben zu machen, jetzt bliebe alles beim alten und nach zwei Jahren käme eben die vollständige Freiheit [47]. Daher weigerten sie sich, irgendwelche Vereinbarungen mit den Gutherren zu unterzeichnen, um sich gegen neuen Betrug zu sichern. Entsprechender berichtete etwa der Friedensmittler Dmitrij Samarin, der Bruder des Slavophilen, aus dem Samaraschen [48]. Aus dem Gouvernement Voronež wird ein Ausspruch von Gutsbauern zitiert: „Wir brauchen keine Grundverschreibung, wir lassen uns auf nichts ein, wir siedeln nicht um, das Land wird ohnehin alles uns gehören, wir warten die richtige Freiheit ab, jetzt betrügen uns alle" [49]. Daher wehrten sich die Bauern gegen die neue Regelung auch dort, wo sie nicht betrogen wurden und verweigerten als effektives Zeichen des Protestes die Unterschrift unter die Grundverschreibungen. Nur selten und meist unfreundlich wird die Stellung des Klerus gegenüber der Reform betrachtet. Man kennt die Korrespondenz zwischen Innenminister und Oberprokuror des Hl. Synod darüber, wie die Geistlichkeit

[45]) Ščapovs Rede bei der Panichide 16. 4. 1861, in: Krasnyj Archiv, t. 4, 1923, S. 409—410, danach: Krest'janskoe dviženie 1857—1861, S. 362—365.

[46]) Interessante Details, wenn auch manchmal überinterpretiert, bei V. A. F e d o r o v, in: Revol. situacija 1963, S. 237—258. — „Zwei Jahre werden wir arbeiten wie bisher, dann kommt Gottes Freiheit" (August 1861, Kreis Michajlov, Gouvernement Rjazan'). S t e p a n o v a, a. a. O., S. 417. — Wahrscheinlich sind, wenn man die Unruhen nach der Art der Verpflichtungen der Gutsbauern untersuchen würde, relativ die meisten bei den sog. „Gemischten" zu verzeichnen. Z. B. D u b b e l t, a. a. O., S. 470, Z a k s, in: Iz istorii, S. 136. — Gerüchte um Nižnij Novgorod, wonach alle Gutsbauern auf Staatsland umgesiedelt werden. M o r o c h o v e c, t. 2, S. 14.

[47]) So bereits etwa in den Aufzeichnungen des Gutsbesitzers S. I. N o s o v i č, aus dem Novgorodschen, in: Istoričeskoe Obozrenie, t. 10, 1899, S. 90.

[48]) D. S a m a r i n in der Zeitung: Den' 2. 12. 1861.

[49]) Krest'janskoe dviženie v Voronežskoj gubernii. Dokumenty i materialy.

durch richtige Interpretation die Untertanen ruhig halten solle — bereits ein Vierteljahr vor Verkündung des Manifestes [50]. Dennoch stellten sich Geistliche nicht selten auf die Seite der Bauern, etwa bei den Ural-Kosaken schon 1859 in einer freimütigen Predigt in Orenburg. Der zusammenfassende Bericht der III. Abteilung für 1861 nennt immerhin 37 Personen geistlichen Standes unter denen, die den Inhalt des Manifestes den Bauern falsch gedeutet und sie zum Aufruhr angestachelt hätten [51]. Solange die „überzähligen" Söhne der Geistlichen den steuerpflichtigen Ständen zugezählt wurden, also weder persönliche Adlige noch Ehrenbürger werden konnten — nämlich bis 1869 — war eine unmittelbare soziale Solidarität mit Bauern und Kleinbürgern gegeben, die wesentlich durch den ungemein starken Druck der kirchlichen Autoritäten, nicht aber wegen irgendwelcher angeblicher Standesinteressen nicht wirksamer geworden ist [52].

Wie gesagt, konnte auf die Bauern im Sinne der Wiederherstellung des anscheinend verletzten Rechtes als Autorität nur der wirken, der das Manifest zu lesen vermochte. Neben Geistlichen aller Sparten wurden auch verabschiedete Soldaten oder kleinere Beamten an der gleichen Stelle als „Schuldige" im Sinne der III. Abteilung genannt [53]. Hier fanden sich die Leute, auf die es ankam. Die Bauern des Fürsten Zubov im Gouvernement Kovno hatten sich zuerst bei ihrem Herrn mit Brot und Salz für die Freiheit bedankt; dann meuterten sie sie, weil ihnen ein offenbar besser unterrichteter Bauer eine „falsche Übersetzung" ins Litauische vorgelesen hatte; nur mit Soldaten konnten sie zum Gehorsam gezwungen werden [54]. Bei der Lektüre dieser Unzahl von Berichten aus dem kritischen Jahre 1861 drängt sich der Eindruck auf, daß die Behörden dann empfindlicher reagierten, wenn die Rechtsgrundlage des Manifests — das Recht des Gutsbesitzers auf den Grund und Boden — von einem anderen, dem bäuerlichen Rechtsbewußtsein her, zur Gänze in Frage gestellt wurde.

---

[50] Korrespondenz in: Krasnyj Archiv, t. 32, 1935, S. 132—135.
[51] Bericht bei M o r o c h o v e c, t. 2, S. 19, s. a. t. 1, S. 146; für Orenburg, I. P. K r e č e t o v i č, in: Čtenija v Imperatorskom obščestve istorii drevnostej Rossijskich pri Moskovskom Universitete, t. 237. 1911, S. 443. Im Gouvernement Kazan' durften bald auch Geistliche nicht mehr das Manifest verlesen und erklären. N. A. K r y l o v, in: Russkaja Starina 1892, H. 4, S. 100.
[52] Zu nennen das immer noch wichtige Buch von P. Z n a m e n s k i j, Prichodskoe duchovenstvo v Rossii so vremen reformy Petra Velikogo. Kazan' 1873, hier S. 348.
[53] M o r o c h o v e c, t. 1, S. 146; z. B. auch: Krest'janskoe dviženie Belorussii posle otmeny krepostnogo prava (1861—1862 gg). Dokumenty i materialy. Minsk 1959, S. 197.
[54] Otmena krepostnogo prava, S. 72, 148.

Zur bäuerlichen Bewegung dieser Jahre liegen eine Reihe von Dokumentenbänden für einzelne Gebiete vor, ebenso eine umfassende Sekundärliteratur; handelt es sich doch um ein beliebtes Thema für Kandidatendissertationen [55]. Ein Gouvernement nach dem anderen wird im Zusammenhang mit der Durchführung der Reform oder auch nur im Hinblick auf die bäuerlichen Unruhen abgehandelt. Hinter manchen Arbeiten zur „bäuerlichen Bewegung" verbirgt sich eine umfassende Geschichte der Reform im betreffenden Gebiet, so bei L e š č e n k o s Studie über die Ukraine (1959) [56]. Die ältere Arbeit von N a j d e n o v ist fast vollständig aus der Literatur erarbeitet und bleibt an der Oberfläche; sie ist nicht veraltet für manche Aktenauszüge, die in den neueren Dokumentenbänden nur im Anhang gebracht werden [57]. Wie angedeutet, sind die Quellen noch recht ungleichmäßig ediert, und die Einzelstudien, soweit sie uns zugänglich waren, oft zu sehr von vorgefaßten Meinungen geprägt, als daß hier die Forschung als im wesentlichen abgeschlossen gelten könnte. L i t v a k s Überlegungen werden hier neue Anregungen geben. Die Probleme der ländlichen Struktur wie die des bäuerlichen Rechtsdenkens sind kaum beachtet.

Die zu Beginn dieses Abschnittes genannte große Sammlung (vgl. Anm. 6) führt in weiteren Bänden über unseren Zeitraum hinaus. Seit der Mitte des Jahres 1861 nahm die Zahl der Unruhen zwar ab, blieb aber noch immer erheblich. Vielfach weigerten sich die Bauern, die Ablösungsurkunden zu unterzeichnen, auch wenn sie keinen ersichtlichen Grund angeben konnten. Sobald eine Gemeinde Sendboten *(chodoki)* zum Zaren nach Petersburg entsandte, die dort ihre Sache vertreten sollten, gingen sie auf keinerlei Argumente ein — und wenn, wie das wohl immer der Fall war, der Sendbote bzw. Interpret des Gesetzes oder des wahren kaiserlichen Willens ohne Erfolg zurückkehrte, blieb dieser, um sein Gesicht nicht zu verlieren, bei

---

[55]) Die älteren Arbeiten bei: P. A. Z a j o n č k o v s k i j , 1958, S. 455—458, ebendort ein Verzeichnis der älteren Bibliographien. Ein ziemlich vollständiges Verzeichnis in: Krest'janskoe dviženie, 1861—1869, S. 803—812. Wichtigere, v. a. uns zugängliche Arbeiten werden in den regionalen Kapiteln besprochen. Die Ergebnisse der Dissertation von M. V. K u k u š k i n a über die Bauernbewegung in den Großrussischen Gouvernements 1858—1860 (Istoričeskie zapiski 58, 1961, S. 116—179) geben v. a. interessante Einzelheiten für die Tricks mancher Gutsbesitzer, angesichts der Reform rasch Bauern ohne Land freizusetzen.

[56]) N. N. L e š č e n k o , Krestjanskoe dviženie na Ukraine v svjazi s provedeniem reformy 1861 goda (60 e gody XIX v.), Kiev 1959, 522 S.

[57]) M. N a j d e n o v , Klassovaja bor'ba v poreformennoj derevne (1861 bis 1863 gg.). Moskva 1955, 328 S.

seinen Behauptungen; dann schienen nur Soldaten zu helfen [58]. Öfters ist den Bauern erst im Nachhinein klar geworden, daß sie für lange Zeit mit erheblichen Belastungen beschwert sein würden; daher haben sie mancherorts nachträglich den Gratisanteil verlangt, und das offenbar nicht nur dort, wo die Sicherung durch Nebenerwerbe unmittelbar gegeben war [59]. Nach dem Gesetz war es möglich, daß im Interesse des Gutsbetriebes für die Übergangszeit Bauern von Zins auf Fron umgesetzt wurden — dies hat zu mancherlei Unzuträglichkeiten geführt [60].

Mehr noch als in den früheren Bänden sind in dem für die sechziger Jahre die meisten Unstimmigkeiten und Zusammenstöße durch ganz kurze Regesten wiedergegeben. Diese nützen nichts; man erfährt nichts über die Sachlage und über die Berechtigung der Beschwerden in den Augen der Obrigkeit — und welcher Instanz. Ein Oberst der III. Abteilung gab etwa 1869 ein durchaus verständnisvolles Bild der Zwangslage meuternder Bauern im Gouvernement Minsk [61]. Auch Gouverneure haben sich zu Zeiten gegen offenbare Mißbräuche der gutsherrlichen Gewalt gewandt. Doch waren gutwillige Behörden in keiner leichten Lage: irgendwie mußten die Gesetze durchgeführt werden. Welcher Gutsherr war sicher, daß die Bauern Konzessionen — freiwillig oder unter Druck — über die Vorschriften hinaus honorieren und nicht als Anlaß zu weiteren Pressionen nutzen würden? Es schien, als ob schon um des Beispiels für die anderen willen gestraft werden müsse; so wurden Truppen, vielfach Invaliden, in die Dörfer gelegt, oft mehr als Zeichen des unabänderlichen Höchsten Willens, denn als Exekutoren körperlicher Strafmaßnahmen. Gutsherren und Bauern haben nicht selten bei der Bereinigung der Verhältnisse durch — auch erzwungene — Festlegung der Grundverschreibungen abgewartet, ob nicht die andere Seite zuerst unter den stärkeren Druck geriete. Vom *slušnij čas* war bereits die Rede.

Dieser Band der Serie bringt leider wenig mehr als einiges illustrative Material für ökonomische und soziale Entwicklungstendenzen in den ersten Jahren nach der Reform. — An drei Stellen ist von Staatsbauern die Rede, die in den Gouvernements Vitebsk und Kovno sich wegen der Landversprechungen des Warschauer Revolutionskomitee am Aufstand beteiligt hatten [62].

[58]) Krest'janskoe dviženie, (1861—1869), S. 270 (Ekaterinoslav 1863), 427 (Olonec 1866).
[59]) Ebendort, S. 97 (Samara), 637 (Saratov) u. ö.
[60]) Ebendort, S. 94 (Pskov), 620 (Kursk).
[61]) Ebendort, S. 499—503.
[62]) Ebendort, S. 287, 726.

Für die agrarischen Verhältnisse der siebziger Jahre gibt der folgende, zuletzt erschienene Band dagegen recht viel her [63]. Die umfangreiche Einleitung von N. M. D r u ž i n i n (S. 5—52) bringt v. a. eine instruktive Übersicht über die Entwicklung der Bauernwirtschaft in den verschiedenen Regionen des europäischen Rußland. Die unzureichende Landausstattung wirkte sich mit der Erschöpfung des Bodens bei gleichbleibender Landtechnik, v. a. aber bei der raschen Zunahme der Landbevölkerung, der Teilung der Familien und Reduktion der durchschnittlichen Hofgrößen immer mehr aus; so hielten sich mit dem neuen Termin 1870 Gerüchte von der neuen Zuteilung, dem *Carskij nadel'* [64]. In diesem Jahr lief nämlich die Frist ab, während derer die Bauern nicht hatten auf ihren Anteil verzichten können. Da nun die „zweite Freiheit" nicht gewährt wurde, versuchten viele von ihrem Anteil und ihren gesamten Verpflichtungen loszukommen: Völlig verarmte verkauften den letzten Besitz, um mit Jahrespässen irgendwo unterzutauchen; Wohlhabende (wie im Kreise Rjažsk) zahlten alles auf einmal ab, um ins Gouvernement Orenburg zu übersiedeln [65].

In den Wolgagouvernements mit noch erheblichen Landreserven verlangten weiterhin viele Bauern die Umsetzung auf den Gratisanteil, sobald sie die Belastungen überblickten [66]. Wie im Jahrzehnt zuvor stießen mancherorts die Landmesser auf Widerstand, als sie zwischen Herrenland und Bauernanteil scheiden wollten, da man redete, alles vermessene Land werde sofort wieder dem Gute zugeschlagen. Oder aber es hieß, man sollte jetzt Zeit gewinnen, demnächst werde alles Land gleichmäßig verteilt, so daß auch der Gutsherr nur den Normanteil erhielte [67]. Bei den Vermessungen sind unglaubliche Unterschleife vorgekommen: der III. Abteilung wurde 1880 aus der Gegend von Voronež berichtet, wie dort bei der Vermessung der Landstücke in Gemengelage Besitztitel gefälscht, Starosten bestochen und Bauernland schlicht kassiert wurde [68].

---

[63]) Krest'janskoe dviženie (1870—1880) 1968, 613 S.

[64]) Ebendort, an vielen Stellen, v. a. in den Berichten des Beamten des Tambover Gouvernements Grafen G. N. Stenbock-Fermor und des revidierenden Senators S. A. Mordvinov aus 1878 bzw. 1881, S. 253—254 und 453—454.

[65]) S t e p a n o v a , a. a. O., S. 427—430.

[66]) V. a. bei den langandauernden und schweren Unruhen auf den Gütern der Fürstin Volkonskaja im Tambovschen. Krest'janskoe dviženie 1870—1880, S. 245 bis 261. Dort hatten Bauern den Gratisanteil genommen, aber in den nicht mehr wettbewerbsfähigen Fabriken bzw. Manufakturen der Umgebung ihre Arbeitsplätze verloren. Zum Elend waren Trunksucht und Schulden gekommen. S. a. S. 494 (Udelbauern, Samara), und an anderen Stellen.

[67]) Ebendort, S. 497 (Vitebsk), 498 (ebdt.) u. ö.

[68]) Ebendort, S. 313 (Voronež 1880).

Die Gerüchte von der neuen Umverteilung, auch von der „schwarzen Umteilung", flackerte bei jeder Gelegenheit wieder auf, so angesichts des Balkankrieges oder der Thronbesteigung des neuen Herrschers [69]. Mit dieser Frage befaßte sich im Juni 1879 das Ministerkomitee: man beriet eine Kundmachung gegen derlei „falsche Gerüchte" — diese sollte nur dort verlesen werden, wo es „nützlich" erschien, gab aber selbstredend Anlaß zu neuem Gerede [70].

Offen bleibt, wie weit diese Parolen unter der Bauernschaft auf revolutionäre Propaganda, vor allem das „Ins-Volk-Gehen" der Narodniki im Sommer zurückzuführen waren. Sie sind in dem genannten Band gesondert in einer „Chronik der regierungsfeindlichen Propaganda" (S. 534—549) aufgeführt; mann kann aber den kurzen Angaben nicht entnehmen, woher jeweils die neuen Losungen kamen. Manches ist kaum erklärlich — wie kamen Bauern in Wolhynien auf den Gedanken, 20 Desjatinen je Seele zu fordern? [71] Nach den aufgeführten Akten scheint Propaganda von außen nur dort wirksam geworden zu sein, wo offensichtlich unerträgliche Mißstände vorlagen. So bei dem berühmten Čigirinskoe delo, dem erfolgreichen Unternehmen der Kiever Studenten Dejč und Stefanovič, mit falschen zarischen Manifesten Zehntausende von Staatsbauern in einer geheimen Organisation auf die Beine zu bringen: Dort waren bei einer Neuregelung der Besitzverhältnisse die Reicheren mit Einzelbesitz auf Kosten der Ärmeren im Gemeinbesitz, trotz des rechtzeitigen Einspruchs der örtlichen Behörden, ungerecht begünstigt worden [72].

Im Gefolge von Lenins Diktum von der „zweiten revolutionären Situation" ist die Bedeutung der zerstreuten, meist lokalen Unruhen, die außerdem in erster Linie Staatsbauern betrafen, maßlos übertrieben worden. Die Staatskrise war nicht durch die „Massen" verursacht bzw. ausgelöst, sondern durch eine Gruppe zu allem entschlossener „Partisanen". C h e j f e c hat 1963 versucht, die „Bauernbewegung" mit ziemlich vagen Angaben als entscheidend darzustellen [73], aber bereits Z a j o n č k o v s k i j hat 1964 diese These zurückgewiesen und deutlich gemacht, daß die Jahre 1875 bis

---

[69]) Diese Parole war sehr weit verbreitet, von Pleskau bis Penza und Cherson. Für 1879: A. N. E n g e l g a r d t , Iz derevni. Moskva-Leningrad 1937, S. 274 (Smolensk).

[70]) Krest'janskoe dviženie, S. 380—382; P. A. Z a j o n č k o v s k i j , Krizis samoderžavija na rubeže 1870—1880 godov. Moskva 1964. S. 108—110.

[71]) Krest'janskoe dviženie, S. 489 (1870).

[72]) Ebendort, S. 122—160 (1873—1880).

[73]) M. I. C h e j f e c , Vtoraja revoljucionnaja situacija v Rossii. Moskva 1963, 240 S., hier S. 34.

1880 verhältnismäßig ruhig waren [74]. (Nebenbei bemerkt, erledigt diese Feststellung nicht nur die These von C h e j f e c, sondern auch Lenins Kritik an der Taktik der Narodovol'cy.) Liegt es an der Auswahl der veröffentlichten Dokumente — der von Z a j o n č k o v s k i j betreute Band enthält mehr Berichte der III. Abteilung — oder an der besseren Einsicht der Obrigkeit: im Vergleich zu dem Band über die sechziger Jahre gibt dieser einen gewissen Einblick in die Bemühungen, bäuerlichen Nöten beizukommen und Ursachen für Gerüchte und Unruhen zu verstehen, v. a. nicht immer gleich mit Soldaten einzuschreiten, wenn schuldiger Gehorsam nicht geleistet wurde. Solange die Selbstherrschaft sich auf ihre Truppen verlassen konnte, sah man an höchster Stelle trotz der elenden Lage auf dem Dorfe keinen Anlaß zu erneuter Reform [75]. — Zum Schluß noch ein Schlaglicht auf die Umschichtung innerhalb des Dorfes — der Bericht über den Mord an einem Kulaken im Pleskauschen im Jahre 1879. Dieser, ein ehemaliger Bediensteter *(dvorovyj)* eines Grafen Apraksin, hatte es zu fast 6000 Desjatinen Eigenland und einem Vermögen von ca. 800 000 Rubeln auf folgende Weise gebracht: er kaufte Feldraine und kleine Stücke, die ohne Zaun oder feste Grenze an Bauernweiden grenzten — das Vieh trat auf seinen Besitz über und weidete das Land ab; dann gab es Prozesse, die Bauern wurden ruiniert und ihr Land übernommen [76].

---

[74] Z a j o n č k o v s k i j, a. a. O., S. 10—11, 54.
[75] a. a. O., an mehreren Stellen.
[76] Krest'janskoe dviženie, S. 356—357.

offenbar unkontrollierbare persönliche Einflüsse hier eine folgenreiche Wendung herbeigeführt hatten." Als die eigentliche Arbeit im März 1859 auf die Redaktionskommission überging, die innerhalb der einheitlichen Befehlsgebung der Selbstherrschaft eine Sonderstellung einnahm [5], und in der liberale Experten, die möglicherweise mit der Londoner Emigration Verbindung hielten, maßgeblich und ohne definierte Verantwortlichkeiten tätig waren, formierten sich andere Kräfte gegen die Gruppe der Wohlmeinenden in der Kommission.

Diese war nicht im gleichen Sinne undiskutiertes geheimes Komitee, etwa wie die II. Abteilung der Höchsteigenen Kanzlei, die in der gleichen Zeit die neuen Justizgesetze in Angriff nahm. Ihre Kommunikation mit der aufgerufenen Öffentlichkeit gefährdete ihre fraglose Autorität als Vollzugsorgan des Allerhöchsten Willens. Zu Lebzeiten Rostovcevs war die Kommission wegen dessen engen Beziehung zum Kaiser praktisch unabhängig, nach seinem Tode wurde dies anders. Er hatte sich Mühe gegeben, Sachverständige heranzuholen. Košelev, der emsige slavophile Planer, beklagte sich zu Unrecht bei Herzen, er sei wegen seiner fortschrittlichen Gesinnung nicht berufen worden [6]; man warf ihm vielmehr vor, er habe sein Vermögen nicht zuletzt aus Branntweinkonzessionen erworben und sei moralisch nicht tragbar [7]. Unkovskij zu berufen, hätte allzu viele provoziert; Semenov-Tjan-Šanskij bedauerte, daß Rostovcev nicht auf Boris Čičerin verfallen war, gewiß einer der wenigen politisch-theoretischen Begabungen des damaligen Rußlands. Von den Experten war vielleicht am wichtigsten Bunge, damals Professor in Kiev, der spätere Finanzminister; er hat jene Grundsätze der Ablösung vertreten, die dann leider nicht voll verwirklicht wurden — davon wird noch zu sprechen sein [8].

Nach dem über unangefochtene Autorität Gesagten kann es nicht wundernehmen, daß die Mächtigen bei Hofe, die Latifundienbesitzer, sich in die Kommission hineinschoben. Als Ideologen hochadliger Exklusivität [9] waren sie schädlich genug, in einem früheren Stadium der Verhandlungen aber hätte sich ihre Teilnahme verhängnisvoll auswirken können [10]. Ihre beiden

---

[5]) Die Organisationsfragen sollen hier übergangen werden. S e m e n o v, t. 1, S. 13—18; E m m o n s , S. 214—218.

[6]) Über Košelevs Beziehungen zu Herzen, s. Literaturnoe Nasledstvo, t. 41/42, 1940, S. 596.

[7]) S e m e n o v - T j a n - Š a n s k i j , t. 3, S. 169.

[8]) Ebenda, t. 4, S. 188.

[9]) Ebenda, t. 3, S. 195—206.

[10]) Es soll versucht worden sein, Rostovcev durch den Oberpolizeimeister Grafen P. A. Šuvalov abzulösen, der sich zur Zeit gegenüber dem Kaiser liberal gebe (nicht identisch mit dem Mitglied der Hofpartei in der Kommission P. P.

sätzlich die Geschäfte; doch arbeitete die Bank ohne Defizit. Anfangs finazierte sie auch Übersiedlungen[35] Es ist aber die Frage, ob sie ohne erhebliches staatliches Startkapital hätte wesentlich günstiger arbeiten können; so kam ihre Tätigkeit ganz gewiß nicht der Masse der landhungrigen Bauern zugute.

Die wirtschaftliche Differenzierung auf dem Dorfe verstärkte sich in dem Maße, in dem die bäuerliche Selbstverwaltung nicht mehr von den Gutsherren, die gelegentlich ein wachsames Auge hatten, kontrolliert wurde, sondern von weit entfernten, ineffektiven, vielfach bestechlichen Unterbehörden.

Wie in den Vertretungsorganen der Staat- und Apanagebauern schon von jeher die Wohlhabendsten die Posten besetzten, so nun auch in der Volost'verwaltung der ehemaligen Gutsbauern. Die Volost'versammlung als Zusammenkunft aller Sippenhäupter verlor an Einfluß — sie wurde in den neuen Verwaltungseinheiten zu groß. Die sich komplizierenden finanziellen Aufgaben fielen der Volost'verwaltung zu. Wer lesen und schreiben konnte, hatte die größeren Chancen — oder aber der Volost'schreiber fällte die Entscheidungen. Dieser scheint auch mehr und mehr das Bauerngericht beherrscht zu haben, das gegen Ende des Jahrhunderts in raschem Niedergang war. Nicht nur die bäuerlichen Gerichtsbehörden, sondern die gesamte Selbstverwaltung funktionierte immer weniger, je mehr die bisher abgeschlossene Lebenssphäre dieses Standes in eine mehr und mehr arbeitsteilige Geldwirtschaft einbezogen wurde und damit das ständische Prinzip als solche sich als gefährlich obsolet erwies. Noch versuchten die Bauern in Rechtsfällen im Rahmen des Gewohnheitsrechts sich an die „Alten" oder die Mir-Versammlungen zu halten und das Bauerngericht zu umgehen. Daß die Steuerverteilung vielfach manipuliert werden konnte, liegt auf der Hand. Die Volost'verwaltung hatte die Pässe für die Wanderarbeiter auszugeben — eine Sache von größter Bedeutung für das geregelte Steueraufkommen im Dorf. Sie konnte Arbeitsverträge für ganze Arteli selbst abschließen, wobei die Unternehmer ihre Bedingungen durchdrückten oder Geld springen ließen. Eine Kiever Dissertation bestätigte das aus der Publizistik bekannte Thema der Kulaken oder Miroedy, das sich sonst so schwer fassen läßt[36]. Die Neureichen auf dem Dorfe werden vielfach, doch durchaus nicht immer auf krummen Wegen zu Geld gekommen sein. Aber in einer bisher geschlossenen, so rasch aufgebrochenen Welt wird der smarte

---

[35]) V. A. V o l o v i n , Krest'janskij pozemel'nyj bank (1883—1895 gg.) Diss. Moskva 1959, passim.

[36]) A. V. B o n d a r e v s k i j , Volostnoe upravlenie i položenie krest'jan v carskoj Rossii. Diss. Kiev 1950, v. a. S. 100—106, 136—140, 244.

mechanisch konzipiert: in großen Personenregistern werden z. B. alle Bauern
genannt, die irgendwann aktiv geworden sind; andererseits fehlt ein Sach-
register, aus dem etwa die Art des Protestes oder wenn möglich die Motive
deutlich werden könnten.

Besser als die ersten Bände der Dokumentenreihe unterrichtet über die
bäuerliche Bewegung im ersten Viertel des Jahrhunderts — um das hier
nachzuholen — die nachgelassene Darstellung von I. I. I g n a t o v i č [7a].
Zwar ist auch hier kein Überblick über die Relation der meuternden
Bauern zur Gesamtheit der leibeigenen Bevölkerung zu gewinnen, die einzelnen Zusammenstöße sind aber genau beschrieben: Es stellt sich heraus,
daß nicht selten ein Besitz in Zwangsverwaltung gegeben wurde, in dem
der Gutsherr untragbare Forderungen stellte oder durch unverantwortliche
Übergriffe die Bauern bis zum Äußersten reizte. Ein eigenes Kapitel ist
den Meutereien des Jahres 1812 in den zeitweilig besetzten Gebieten gewidmet, in denen sich die Bauern über das Eigentum der geflüchteten Herren hermachten und nationaler Widerstand und umfassende Räubereien
sich bis zur Unkenntlichkeit verknüpften. Ein anderes behandelt die vielerlei Unzuträglichkeiten, die mit den Umsetzungen von Leibeigenen in die
neu aufgesiedelten Gebiete des äußerstens Südens verbunden waren.

Zur kritischen Behandlung des Komplexes „bäuerliche Bewegungen" sind
neuerdings manche Beiträge geleistet worden: zur Vorsicht in der über-
eilten Addition der einzelnen Vorkommnisse mahnten J a c u n s k i j und
N i f o n t o v , der zugleich Quellenwert und Überlieferung der Berichte
der III. Abteilung klärte [8]. N i f o n t o v wies darauf hin, daß die über-
kommene Vorstellung von einer ständig ansteigenden bäuerlichen Bewegung
abgebaut werden müsse, so als ob die Regierung im letzten Augenblick,
angesichts der „revolutionären Situation" nachgegeben und sich zur Befreiung entschlossen hätte [9]. Diese These Lenins läßt sich anzweifeln, wenn
sie auch kanonisches Ansehen genießt und in der bekannten Reihe über
die „revolutionäre Situation 1859—62" neuerdings bekräftigt scheint.
J a c u n s k i j hat geschätzt, daß 1857 ca. 10 000 Bauern (d. h. 0,08 % der
erwachsenen Revisionsseelen), 1858 37 800 (0,32 %) 1859 16 100 (0,14 %)
und 18 600 (0,16 %) an Unruhen beteiligt waren, wenn jeweils mit 100 in

[8]) I. I. I g n a t o v i č , Krest'janskoe dviženie v pervoj četverti XIX veka.
Moskva 1963, 465 S. — Die Autorin schrieb das seinerzeit grundlegende, wegen
der fragwürdigen statistischen Unterlagen überholte Werk: Pomeščič'i krest'jane
nakanune osvoboždenija, zuerst 1902, zuletzt 1923.
[9]) A. S. N i f o n t o v , in: Voprosy (Družinin), S. 181—188.

III. DURCHFÜHRUNG DER REFORM
(REGIONAL)

1. Vorbemerkung

Da gutsherrschaftlich-bäuerliche Verhältnisse wie betriebliche Voraussetzungen für den Aufbau von Guts- und Bauernwirtschaften in den einzelnen Teilen des russischen Reiches sehr verschiedenartig waren, sollen Einzelheiten der Durchführung der Reform in einigen Kapiteln regional behandelt werden. Doch wird dieser Teil mehr als der erste einen berichtenden Charakter tragen, nach Möglichkeit aber nur Literatur nennen, die der Referent selbst zu Gesicht bekommen hat [1]. Eine Ausnahme bilden Dissertationen bzw. deren kurzgefaßte und seinerzeit gratis verteilte Autoreferate. Vielfach sind Kandidaten- und Doktordissertationen nur in diesen Referaten von unterschiedlichem Umfang und Informationswert zugänglich; sie sind jedoch aus den lokalen Quellen erarbeitet — vor allem, soweit sie aus der Schule Zajončovskijs stammen — und daher grundlegend für die Sozialgeschichte einer Region. Durch systematische Aufarbeitung der Grundverschreibungen (*ustavnye gramoty*) sowie — in sehr viel geringerem Maße — der Ablösungsakten (*vykupnye dela*) sind in den letzten Jahren solche Fortschritte erzielt worden, daß frühere Arbeiten, auch Zajončkovskijs oft genanntes Buch über die Durchführung der Bauernreform (1958) [2] vielfach überholt erscheinen. In den Bänden der Symposien zur Agrargeschichte Osteuropas [3] sind wichtige Dissertationen in ausführlichen Zusammenfassung gebracht worden.

Auch die neuen Arbeiten sind von unterschiedlichem Wert — der volkswirtschaftliche Aspekt der Reform tritt mehr oder weniger zurück gegenüber der Sicht auf die „Expropriation" des Bauerntums. Vielfach werden einigermaßen mechanisch nur die Landverluste der Bauern (*otrezki*) aufgezählt, d. h. die Minderung des bäuerlichen Landanteils gegenüber dem vorher genutzten Areal. Der wirtschaftende Gutsbesitzer oder Kulak hat aber, von Marx her gesehen, den gleichen historischen Stellenwert wie der

---

[1] Für vielfache Hilfe sei dem gastlichen Institut für osteuropäische Geschichte und Landeskunde der Universität Wien, vor allem den Herren Prof. Leitsch und Dr. Stoy herzlich gedankt.
[2] Zajončkovskij, 1958.
[3] Ežegodnik, seit 1958.

Bürger, d. h. nur der ökonomische Fortschritt durch die kapitalistische Produktionsweise konnte die „sozialistische Revolution" heraufführen. In der sowjetischen Forschung wird jedoch Lenins frühes Konzept vom Eindringen des Kapitalismus in das agrarische Rußland [4] im Sinne der *Narodniki* umgedeutet und verabsolutiert, d. h. auf die Situation von 1861 übertragen. Es scheint dann so, als ob die mehr oder minder geschlossene Hauswirtschaft mittlerer Bauern mit gleicher Landausstattung die sich mehrende Bevölkerung des Reiches hätte versorgen und überdies durch verstärkten Getreideexport jene ursprüngliche Akkumulation des Kapitals hätte bewirken können, wie sie jede Volkswirtschaft zum Aufbau der arbeitsteiligen industriellen Gesellschaft in jedem sozialökonomischen System leisten muß.

Das Urteil über die Modalitäten der Reform hat sich m. E. allein daran zu orientieren, inwieweit Adlige und Bauern zu wirtschaftenden Ständen im Bezug auf eine moderne Volkswirtschaft freigesetzt wurden und diese Möglichkeit genutzt haben. Daß dies, was den Adel betrifft, weithin nicht geschehen ist, liegt nicht in erster Linie an den Landzuteilungen. Wo der Gutsherr zum Unternehmer wurde, wie in manchen Teilen der Ukraine, blühte eine intensive Landwirtschaft auf. Vielfach war aber der Adel weder imstande noch geneigt, mit eigenem Inventar eine moderne Gutswirtschaft aufzubauen. Die Zukunft lag dann bei der ländlichen Mittelklasse, den bürgerlichen „Besitzern" — wie sie in Ostpreußen genannt wurden —, deren Aufstieg durch die Beibehaltung der minderen Rechtsstellung des Bauernstandes und die falsche Finanzpolitik des Staates verhängnisvoll erschwert worden ist. Soweit sich im Bauerntum, aus welchen Quellen auch immer, mobiles Kapital ansammeln konnte, wurde der verschuldete Adel ausgekauft. Ob dieser sich durch rechtzeitige Landverpachtung eine Grundrente ohne Risiko sichern konnte, hing vielfach von dem zunehmenden Landhunger der Bauern — manchenorts der Gratisanteilnehmer — ab, nicht zuletzt als Folge der raschen Zunahme der Bevölkerung und der Teilung der Großfamilien bei stagnierender Landtechnik.

Insofern darf L e n i n s Analyse vom Ende des Jahrhunderts nicht ohne weiteres als Gradmesser für die Ausgangslage von 1861 genommen werden; auch Zeitgenossen wie J a n s o n haben die demographischen Faktoren nicht richtig eingeschätzt. Die Landpacht — und zwar in Form von Arbeitsleistungen — ist mit Recht seit Lenin als „Überrest des Leibeigenschaftsrechtes" bezeichnet worden. Dieses System verlangsamte zwar den Übergang des flachen Landes zur rationalen kapitalistischen Produktionsweise,

---

[4]) Zur Quellenkunde von Lenins sozialgeschichtlichen Arbeiten V. K. J a c u n - s k i j in: Problemy istočnikovedenija (1955), S. 5—19.

konnte ihn aber nicht auf die Dauer verhindern[5]. Dies ist ein anderes
Kapitel — hier sollte nur bemerkt werden, daß die Entscheidungen von
1861 in ihren unmittelbaren Auswirkungen nur von der Zeitlage und deren
Möglichkeiten her betrachtet werden sollten. Die Frage nach der Möglichkeit
eines „preußischen Weges" für das Zarenreich ist nicht eindeutig negativ
beantwortet.

2. Die Grundverschreibungen

Die komplizierte Problematik der Aufteilung des Ackerlandes, der Wiesen und Heuschläge unter Gutsherren und Bauern wurde in Teil I bereits
behandelt. Zugleich wurde angedeutet, daß die ursprüngliche Absicht der
Verantwortenden, den Bauern vorsorglich das gesamte von ihnen bisher
genutzte Areal auch in Zukunft zur Nutzung zu überlassen, nicht verwirklicht wurde und auch nicht verwirklicht werden konnte. Die Materialien
der Gouvernementskomitees über die tatsächlichen Nutzungsverhältnisse
vor der Reform waren durchaus unzuverlässig[6]: Einmal waren die Fragen
nicht detailliert genug, zum anderen betrafen sie nur Betriebe mit mehr als
100 Revisionsseelen, zum dritten hatten viele Gutsbesitzer kein Interesse,
die tatsächlichen Bauernanteile wahrheitsgemäß anzugeben. Nachdem nun
Normanteile (Maxima und Minima) festgelegt waren, sollten mit Hilfe von
Friedensmittlern in zwei Jahren die Grundverschreibungen (ustavnye gramoty) für jedes einzelne Gut ausgefertigt und die beiderseitigen Anteile,
wenn auch noch nicht im einzelnen vermessen, so doch in großen Zügen,
vor allem der Boden-Bonität nach, festgelegt werden. Daß in dieser Hinsicht den Bauern oftmals übel mitgespielt wurde, indem man den Gutshof
arrondierte, die Bauern auf das wertlosere zapol'e verwies, Heuschläge
gegen Buschländereien vertauschte[7], liegt auf der Hand.
Die Grundverschreibungen[8] geben zwar Betriebsgrößen, Anteile usw. vor
und nach der Reform summarisch an[9], lassen aber dann kaum Schlüsse auf

---

[5]) Vgl. die Karte über das Prozentverhältnis des Adelsbesitzes von 1860 und
1910 in den einzelnen Gouvernements bei P e r š i n , S. 84.
[6]) Beispiele bei B. G. L i t v a k in: Ežegodnik 1960 (1962) S. 420; M. F.
Š p a k o v , ebenda 1963 (1965) S. 560.
[7]) Beispiele bei G. T. R j a b k o v , ebenda 1961 (1963) S. 420.
[8]) Zur Erforschung der Grundverschreibungen und Grundsätze ihrer Bearbeitung L i t v a k in: Istoričeskij Archiv 1957, 2, S. 160—169 u. Z a j o n č k o v -
s k i j in: Voprosy istorii (1961) H. 2, S. 85—104, hier S. 102.
[9]) Formular, in: Učenye zapiski. Vologodskij gosud. pedag. institut t. 32,2,
S. 151—154.

die Motivationen der abweichenden bäuerlichen Landanteile zu, wenn nicht der Maximalanteil gewährt wurde oder dem Besitzer ein Drittel seines früheren Ackerlandes verbleiben mußte. Außerdem lassen sie sich oft schlecht vergleichen, da sie für unterschiedliche Besitzkomplexe oder Teile davon aufgestellt worden sind, etwa wenn sich mehrere Besitzer in ein größeres Bauerndorf teilten. Fronbauern erhielten in der Regel eine bessere Landausstattung, da die Arbeitskraft des fronenden *tjaglo* vorerst erhalten bleiben sollte, soweit die Gutswirtschaft auf der Fronarbeit aufgebaut war. Bei Zinsenden war deren Landausstattung für den Gutsherrn unter Umständen weniger wichtig, vor allem dann, wenn der Bauer nebenbei verdienen konnte. Schwierig war eine gerechte Regelung bei den sogenannten „gemischten Verpflichtungen", d. h. dort, wo sowohl Fron wie Zins geleistet werden mußte, vorwiegend in Gebieten mit Forstwirtschaft, und zwar mit Leistungen, die nicht leicht zu normieren waren. Wie bereits gesagt, haben die Reformer diese Kategorie der Pflichtigkeiten gar nicht bemerkt und daher im Gesetzeswerk nichts darüber gesagt. Das Hauptkomitee stellte schon im April 1861 mit einiger Ratlosigkeit fest, daß diese Bauern in der Praxis doppelt belastet seien. Eine allgemeine Regelung war in diesem Stadium nicht mehr möglich, denn die Relationen Zins-Fron hätten ganz neu festgelegt werden müssen [10]. Dies ist meines Wissens nie erfolgt.

Vor allem ist, wie ebenfalls gesagt, in vielen Fällen dort, wo Zins gezahlt worden war, bis dahin überhaupt keine Gutswirtschaft betrieben worden. Falls der Gutsherr nach dem Übergang zur Ablösung die Entschädigungssumme — diese garantierte ihm ja der Staat, der sich künftig am Bauern schadlos zu halten hatte — nicht schlicht verzehren wollte, mußten irgendwelche agrarische Grundlagen für seine künftige Existenz gelegt werden; es sei denn, er beabsichtigte, in einen bürgerlichen Beruf abzuwandern. Andererseits konnte der Zinsende nicht unbegrenzt gedrückt werden, denn der Staat mußte schließlich für alle Ausfälle von Ablösungszahlungen geradestehen. Nicht alle Friedensmittler werden das Gemeinwohl im Auge gehabt haben, aber Durchstechereien waren gewisse Grenzen gesetzt. Wenn die Bauern mancherorts die Grundverschreibungen fast geschlossen nicht unterschrieben, so lag das nicht nur daran, daß die Bauern sich an Qualität und Umfang des Bodens wesentlich benachteiligt fühlten [11], sondern auch am Warten auf die „wahre Freiheit" *(šlusnij čas)*, die in zwei Jahren fällig sein sollte, wie auch schließlich an der Furcht vieler Fronbauern vor künf-

---

[10]) Žurnaly, 1918, S. 18—20.
[11]) Je weniger otrezki, desto mehr Bauern unterschrieben. B. G. L i t v a k Opyt statističeskogo izučenija krest'janskogo dviženija v Rossii XIX v. Moskva 1967, S. 72.

tigen Zinsleistungen, von deren Auswirkungen sie sich — vor allem in
Gebieten reiner Fronwirtschaft — keine klare Vorstellung machen
konnten [12].

L i t v a k , der verdienstvolle Erforscher der Grundverschreibungen, hat
die Frage gestellt, wie sich die Leistungen der Bauern vor und nach der
Freisetzung zueinander verhielten. Fron und Zins ließen sich in eine gerechte Relation bringen; schwieriger war dies bei den „gemischten Verpflichtungen". Diese Form der Exploitation ist noch wenig erforscht, auch
nur in seltenen Fällen aus den Akten zu erfassen. Im ganzen werden die
Leistungen nach der Reform auf Grund der Grundverschreibungen bzw.
der Ablösungsurkunden etwa 85 Prozent der Leistungen vor 1861 gleich-
gekommen sein [13].

In den meisten neueren Arbeiten werden die Grundverschreibungen nur
unter dem Gesichtspunkt der Beraubung der Bauern (obezzemelivanie) sta-
tistisch erfaßt — diese Daten besagen aber nicht alles, in vielen Fällen nicht
einmal viel für den gesamtgesellschaftlichen Zusammenhang. L i t v a k hat
mit Recht gefordert, daß die Grundverschreibungen zusammen mit den Ablösungsakten betrachtet werden müßten. Nur so würden folgende Fragen
geklärt: erstens, die Form der Verpflichtungen der zeitweilig verpflichteten
Bauern und ihre Auswirkung auf deren Bereitschaft zur Ablösung; zweitens, der Einfluß der Verschuldung des Gutes auf die Bedingungen der
Ablösung; drittens, die nachträglichen Änderungen des Bauernanteils (einerseits haben Bauern beim Übergang von Fron zu Zins um der geringeren
Leistungen willen freiwillig auf einen Teil ihres Anteils verzichtet, andererseits haben Gutsherren, um mehr Zins zu bekommen, den Landanteil der
Bauern freiwillig heraufgesetzt); viertens, die Bedeutung des freihändigen
Landerwerbs der Bauern in der Auswirkung auf die Bereitschaft zur Ablösung (vielfach haben Bauern sich nicht um die Ablösung bemüht, weil sie
mit eigenem bzw. zugepachtetem Land besser davonzukommen glaubten);
fünftens, der Prozeß des Übergangs von Fron zu Zins, der nicht so schnell
vorankommen konnte, wie ursprünglich beabsichtigt, weil der Staat die
Mehrbelastungen bei rascherem Übergang zur Ablösung fürchtete [14]. Damit

[12]) 1862 bestimmte das Hauptkomitee für Bauernfragen, daß Grundverschreibungen auch dann als rechtsgültige Dokumente zu gelten hätten, wenn sie den
widerstrebenden Bauern auf einer Mirversammlung vorgelesen worden seien —
eine gefährliche Praxis. Žurnaly, 1918, S. 442.
[13]) Zum Vorstehenden die wichtige Abhandlung von B. G. L i t v a k O neko-
torych spornych voprosach realizacii reformy 1861 g. in: Istoričeskie zapiski 68
(1961) S. 81—115.
[14]) L i t v a k in: Tezisy 1966, S. 187—191.

wird sich auch eine Frage genauer beantworten lassen, die im I. Teil bei der
Ablösung behandelt wurde, nämlich wieviel die Bauern tatsächlich von der
vorgesehenen Gesamtsumme bezahlt haben. Wenn der Gutsherr die Ablösung von sich aus beantragte, so entfielen die 20 Prozent Zusatzzah-
lungen; jene Bauern, die es sich finanziell leisten konnten, warteten daher
so lange, bis dem Grundherrn die Schulden über den Kopf wuchsen. Das
Konzept von L i t v a k wird, wenn es in künftigen Untersuchungen über
die Grundverschreibungen durchgeführt wird, die Erforschung der Auswirkungen der Reform — über die bisherige Technik der Bearbeitung der
Grundverschreibungen hinaus — auf eine ganz neue Basis stellen.

3. Zentralrußland

Die wirtschaftsgeographische Regionaleinteilung des europäischen Rußland durch Lenin ist in alle neueren Darstellungen übernommen worden [15];
sie hat sich im Großen und Ganzen bewährt, berücksichtigt aber nur zum
Teil die verschiedenen rechtlichen Voraussetzungen der Reform, die nicht
übergangen werden sollten. Das Schwarzerdegebiet läßt sich für die Zeit um
1860 nicht gut als eine Einheit ansehen, nicht zuletzt wegen der verschiedenen Bevölkerungsdichte und der Beziehung zum Markt, aber auch wegen
der unterschiedlichen Sozialverfassung; die Gewerbegebiete um die Haupt-
städte und deren weiterer Umkreis ungünstigen Klimas lassen sich dagegen
als Einheit begreifen. Der nachstehend angewandte Übergang zwischen
„Zentrum" und „Osten" mag etwas willkürlich erscheinen, läßt sich aber
aus dem vorliegenden Material begründen.

Der eigentliche Norden war hauptsächlich von Staats- und Apanagebauern bewohnt, deren Schwendwirtschaft mit beständiger Rodung und
Waldzerstörung jüngst von C o n f i n o eindrucksvoll beschrieben worden
ist [16]. Diese Wirtschaftsweise mußte in dem Maße in eine Krise geraten, in
dem der Wert des Waldes entdeckt wurde — darüber wird einiges im
Kapitel über die Apanagebauern zu sagen sein. Gutsbauern gab es in sehr
beschränkter Zahl (6 Prozent) nur im Gouvernement Olonec, und zwar in
dessen südlichem Teil, der mit Wanderarbeitern und Kleinhändlern vom
Petersburger Gewerbebetrieb her bestimmt worden ist. Auch ein anscheinend hoher Normanteil von 7 Desjatinen kann nicht darüber hinweg-
täuschen, daß in jenen steinigen Wäldern in der Tat nur rodend Umher-

[15]) Jüngstens P e r š i n , S. 67—79.
[16]) C o n f i n o , 1969, S. 46—55.

ziehende existieren konnten. Für die Masse der Staatsbauern gab es noch keinerlei Norm der Landausstattung; die Schwendwirtschaft wurde erst seit den achtziger Jahren abgebaut [17].

Die Gewerbegebiete des Nordens sind ungleichmäßig erforscht — soweit ich sehe, ist das Gebiet um Petersburg noch nicht Gegenstand einer zureichenden Arbeit gewesen [18]. Hier waren, etwa in Ingermanland, die Bauern im wesentlichen in den Wäldern tätig und standen meist in Zins bzw. in gemischter Verpflichtung, wobei sie die Frondienste in Waldarbeit geleistet haben werden. Der Zinssatz für die Ablösung war besonders hoch (12 Rubel); offenbar boten sich viele Möglichkeiten des Nebenverdienstes. Nur Karelien, d. h. der angrenzende Teil Finnlands, ist Gegenstand einer Studie über die Ausstrahlung der Hauptstadt auf ihre Umgebung geworden [19]. Für den Kreis Staraja Russa hat Z a j o n č k o v s k i j die Grundverschreibungen durchgearbeitet: Dort war das Land nicht wertvoll, die Bauern bekamen zu 76 Prozent den Maximalanteil und mehr, da die Gutsherren daran interessiert waren, bares Geld für die Person des Bauern zu erhalten [20]. Sie wollten verhindern, daß die Bauern den Gratisanteil nahmen und verschwanden. Die Zukunft eines Gutsbetriebes hing aber, wie auch sonst häufig im Norden und Osten, unter anderem von dem Zeitpunkt ab, zu dem die Bauern auf die Ablösung — wenn überhaupt — eingingen. Unternahmen sie von sich aus nichts, so geriet der Gutsherr bald in die Klemme, weil er kein Kapital hatte, um in der stärker werdenden Konkurrenz eine rationale Wirtschaft mit Inventar aufbauen zu können.

Durch die Bearbeitung etwa der Hälfte der erhaltenen Grundverschreibungen sind wir über das Gouvernement Pskov (Pleskau), einen der größten Flachsproduzenten Europas, besser unterrichtet. Hier überrascht der hohe Anteil des kleinsten Gutsbesitzes; fast ein Drittel der Bauern bekam deshalb nur den verminderten Anteil. Auch hier ging der Streit um Waldnutzung und Weiderechte [21]. Andererseits hat die Spezialkultur Flachs relativ hohe Gewinne auch für viele Bauern ermöglicht. Vor allem die

[17]) R. V. F i l i p p o v Reforma 1861 goda v Oloneckoj gubernii. Petrozavodsk 1961, 224 S.

[18]) Die Dissertation von G. S. K o i s t i n e n, Provedenie krest'janskoj reformy 1861 goda v Peterburgskoj gubernii. Leningrad 1953 (nicht gesehen) wurde von Z a j o n č k o v s k i j 1958, S. 22, negativ beurteilt.

[19]) G. K a r s t e - L i i k k a n e n. Pietari-suuntaus kannakselaisessa elämänkentässä. 1800-luvun loppupuolelta vuoteen 1918. Helsinki 1968, 322 S. (= Kansatietellinen arkisto 20).

[20]) Z a j o n č k o v s k i j, 1958, S. 157—167.

[21]) G. D e j č in: Učenye zapiski. Pskovskij gosud. pedag. institut, t. 4, Pskov 1957, S. 70—97.

Kleinbesitzer haben ihre Untertanen arg geschunden; der Hannoversche Gesandte Graf Münster berichtete von einer Gutsherrin, die von den Bauern nach einer Auseinandersetzung um einen zu schießenden Bären am Eingang ihres Hauses aufgehängt wurde. Der zuständige Minister erklärte, er könne nichts machen, denn er habe im ganzen Gouvernement nur drei Gendarmen zur Verfügung [22]. Manche Grundverschreibung mag auf dem Papier geblieben und mancher Besitz in jenen unwirtlichen Gefilden freiwillig geräumt worden sein, ohne daß das irgendwo aktenkundig geworden wäre [23].

Auch im Norden waren nicht alle Gutsbauern Zinsende bzw. Gewerbetreibende, so im Gouvernement Vologda ca. 60 Prozent gegenüber 25 Prozent Fronbauern und 15 Prozent Bauern mit „gemischten Verpflichtungen". Die Gutsbetriebe produzierten außer Getreide Flachs und betrieben Brennereien. Dennoch begann der Verkauf von Adelsland an Kaufleute und Bauern schon vor der Reform, obwohl der Zins seit dem Ende des 18. Jahrhunderts um 250 bis 300 Prozent erhöht worden war. Die bürgerliche Unternehmerschicht rekrutierte sich nicht nur aus Staatsbauern, sondern auch aus Zinsbauern von Magnaten, welche ihre Leibeigenen nicht so stark wie die kleineren Besitzer belasten mußten, die ihrerseits im Grunde bereits die Segel gestrichen hatten (über 70 Prozent der Bauern waren hier verpfändet) [24]. Der Adel war bestrebt, die Loskaufsumme für die Person des Leibeigenen recht hoch zu halten, dennoch vollzog sich sein Niedergang rascher als in anderen Gebieten (der Adelsbesitz verminderte sich von 1860 bis 1910 um 75 Prozent). Offenbar war der Drang zum Landerwerb bei den Bauern geringer, die Bodenpreise waren also niedriger, da in den dünnbesiedelten Nordgebieten viel ungenutztes Land blieb und die Löhne für freie Arbeiter lange Zeit relativ hoch lagen [25].

L. B. G e n k i n hat die Verhältnisse der Gutsbauern in den wichtigsten Gewerbegebieten außerhalb Moskaus, nämlich in den Gouvernements Jaroslavl' und Kostroma in einem hochinteressanten Buch dargestellt, von dem anscheinend nur der erste Band 1947 erschienen ist, der die Verhält-

---

[22]) H. v. N o s t i t z , Bismarcks unbotmäßiger Botschafter. Göttingen (1968), S. 55.

[23]) Für das Gouvernement Novgorod, mit gleichartigen Verhältnissen, liegen die vielleicht interessantesten Erinnerungen eines Friedensmittlers vor; S. I. N o t o v i č in: Istoričeskoe Obozrenie. T. 10, 1891.

[24]) A. I. C i n m a n Podgotovka otmeny krepostnogo prava v Vologodskoj gubernii. Vologda 1954, Autoreferat. 16 S.

[25]) F. A. A r s e n' e v Chozjajstvenno-statističeskij očerk Vologodskoj gubernii. Vologda (1873), 66 S. (Beispiel einer guten zeitgenössischen Regionalstudie, die in der Literatur nicht immer genügend berücksichtigt werden.)

nisse vor der Reform schildert [26]. Hier bestimmten Waldwirtschaft und Wandergewerbe ausschließlich das soziale Bild: Auch unter den Gutsbauern finden wir wohlhabende Handwerker, ja Unternehmer — andererseits waren sie bedrückt durch die berüchtigten „gemischten Verpflichtungen", zu denen außer Zins mehr oder weniger unbestimmte Dienste — Fuhrleistungen, Wegebau, Holzschlag und Flößerei — gehörten, die für die Forstwirtschaften zum Teil in der Sommerzeit gefordert worden sind [27]. Die Besitzer der großen Waldgüter schnitten bei der Reform besonders günstig ab, da die Ackerfläche der Güter relativ klein gewesen war, sie davon ein Drittel behielten und den Bauern dementsprechend ihr voller Normanteil nicht zugeteilt wurde. Wo die Bauern bisher das gesamte Ackerland der abwesenden Magnaten gegen meist niederen Zins bearbeitet hatten, waren die Landverluste besonders schmerzlich. Mehrere Male drohten die Gutsherren den Bauern mit Umsiedlung, wenn sie sich nicht sofort freikauften; dies mag nicht immer zum Ziel geführt haben, denn die Wohlhabenderen konnten lesen und schreiben, kannten die Welt und ließen sich nicht einschüchtern [28]. — Die Wälder wurden aber bald nach der Reform an Unternehmer verkauft, an Kaufleute oder Bauern, von denen die nunmehrigen Forstarbeiter mit landwirtschaftlichem Nebenbetrieb vollends abhängig wurden [29], soweit es ihnen nicht gelang, als Handwerker anderswo ihr Glück zu suchen.

Weiter gegen Norden, im Gouvernement Kostroma hatten die Bauern (25 Prozent Gutsbauern) Gewerbe getrieben und daneben den Wald, vor allem durch Schwendwirtschaft, aber auch zur Gewinnung von Gerbrinde, genutzt; dies fiel fort in dem Maße, in dem Staat oder Gutsherren ihrerseits eine rationelle Waldwirtschaft aufbauten [30]. Die Bauern sahen den Wald als ihr Gemeineigentum an und leisteten an vielen Stellen gegen dessen Verkauf zur Nutzung erbitterten Widerstand [31]. Mancherorts hatten die Gutsherren schon bei Bekanntwerden der Reformpläne ihren gesamten Wald rasch zur Abholzung verkauft [32].

[26]) L. B. G e n k i n.
[27]) Über Unruhen bei „Gemischtpflichtigen" Gn. lt. M. L. D u b b e l t in: Russkaja Starina 1891, 2, S. 470; Erinnerungen von A. N. K u l o m z i n in: Zapiski otdela rukopisej biblioteki im Lenina, t. 10, 1941, S. 17.
[28]) G e n k i n in: Revol. situacija 1962, S. 132.
[29]) K u l o m z i n a. a. O., S. 12, 27.
[30]) E. D j u b j u k in: Trudy Kostromskogo naučnogo obščestva po izučeniju mestnogo kraja, t. 3, Kostroma 1915, S. 1—32.
[31]) S e m e n o v, t. 1, S. 413; L. P. G o r l a n c o, in: Istorija SSSR 1972, 3, S. 124.
[32]) I. N. K u n t i k o v Krest'janskaja reforma 1861 goda v Nižegorodskoj gubernii. Autoreferat. Moskva 1955. 16 S.

Das Gouvernement Nižnij Novgorod (59 Prozent Gutsbauern) hatte von jeher viele Wanderhandwerker und Bauernhändler (68 Prozent Zinsbauern); die Nähe der Messe regte die verschiedensten Initiativen an [33]; vor der Reform haben die Bauern bei kleinen Besitzern bis 5,9 Desjatinen, im Mittelbesitz 5,2 Desjatinen Land bearbeitet (d. h. mehr als den Satz von ungefähr 5 Desjatinen, den nach den damaligen technischen Möglichkeiten ein *tjaglo* überhaupt zu leisten imstande war). Nur größere Besitzer (5,6 Desjatinen pro *tjaglo*) werden eine eigene Wirtschaft betrieben haben. Nach der Reform erhielten die Gutsbauern 3,8 Desjatinen Normanteil (Staatsbauern 5,4, Apanagebauern 4,4 Desjatinen); doch waren hier, wie auch an vielen anderen Orten, die Voraussetzungen für eine genügende Viehhaltung nicht gegeben (0,75 Desjatinen Heuschlag je *tjaglo*). Indessen scheinen die Zinsbauern — bzw. die Fronbauern nach dem Übergang zum Zins — mit dem wachsenden Verdienst aus Handel und Gewerbe — bei festgelegtem Jahreszins (9 Rubel) — während der Übergangszeit an rascher Ablösung wenig interessiert gewesen zu sein. Vielmehr warteten sie auch hier ab, denn der Marktpreis der Desjatine blieb wesentlich hinter dem Preis bei voller Ablösung zurück. Daher übernahmen die stark verschuldeten Gutsherren auch hier bald die Initiative zur Ablösung (76 Prozent aller Fälle) und erhöhten dabei vielfach den Bauernanteil gegenüber den Grundverschreibungen. Da der Bodenpreis nach 1861 nicht wesentlich anstieg, muß ungenutztes oder wenig intensiv genutztes Land zur Verfügung gestanden haben. So wirkten sich, solange die bäuerliche Bevölkerung nicht wesentlich zunahm, die Verringerungen des Landanteils im Ganzen nicht gravierend für die bäuerliche Existenz aus. Übrigens hören wir aus dieser Gegend, wo die Bauern offenbar über Kapital verfügten, daß Wohlhabendere ihren Hof individuell sofort freikaufen wollten — also nicht innerhalb der Landgemeinde und deren Bindungen — und aus diesem Grunde mit der Ablösung zögerten [34]. Man sieht die Auswirkungen der fiskalisch und ideologisch begründeten Zwänge der Kollektivhaftung und des geminderten Rechtsstatus der Bauern für die wirtschaftliche Entwicklung. Der südlichste Teil des Gouvernements gehörte zum Schwarzerdegebiet: dort allein sind Ab-

---

[33] Über K u n t i k o v, a. a. O., weiterführend die Dissertation von I. V. O r ž e c h o v s k i j Zemlevladenie i zemlepol'zovanie pomeščič'ich krest'jan Nižegorodskoj gubernii vo vtoroj polovine XIX veka. Autoreferat. Moskva 1964, 16 S. Daraus mehrere Aufsätze in: Učenye zapiski. Gor'kovskij gosud. universitet, t. 58, 1963, S. 173—195 (über Reform im Kreise Arzamas), t. 65, 1964, S. 301—324 (über Ablösungsaktion), dto., S. 347—365 (über Landanteil und Grundverschreibungen), dto. 383—396 (über Landvermessung und Umsetzung von Höfen).

[34] a. a. O. t. 65. S. 306.

lösungsvereinbarungen auf Grund gegenseitiger Übereinkommen zustande-
gekommen, weil das Land für Gutsherren und Bauern gleichermaßen wertvoll war [35].

Soweit ich sehe, fehlt es noch an einer Bearbeitung der Reformen und
ihren Auswirkungen im Gouvernement Tver, in dem der Adel auf so eindrucksvolle Weise die Initiative zu weitgehenden Reformen ergriffen
hatte [36]. Dort hatte sich das System „gemischter Verpflichtungen" der Gutsbauern besonders stark durchgesetzt (Ende der fünfziger Jahre: 31,4 Prozent Fron, 33,9 Prozent Zins, 34,7 Prozent gemischt). Die Hauptleistung ist
offenbar fast immer der Zins gewesen, die Fron eine zusätzliche Verpflichtung; manchmal scheinen die Bauern freiwillig einen Teil des Zinses abgearbeitet zu haben. Dabei wurde diese Leistung zwar billig berechnet,
brachte aber gelegentlich weniger Risiken im Vergleich zu den schwanken-
den Einkünften von Wanderarbeitern mit sich. Die Fron betrug vorwiegend
8 Tage pro Jahr und *tjaglo;* es gab allerdings wesentlich stärker Belastete.
Öfters waren die „Gemischten" auch Zinsende, die mit der Zahlung in
Rückstand geraten waren; die ganz Herabgekommenen wurden zu Depu-
tanten *(mesjačniki)* [37].

Die selbstbewußte Haltung des Adels im Moskauer Gouvernement ist
schon erwähnt worden; viele große Herren hatten hier ihre Besitzungen und
zogen aus diesen erhebliche Einnahmen (aber fast 30 Prozent der Gutsherren waren Besitzer von weniger als 20 Seelen). Über einige dieser Latifundien, die sich zum Teil über viele Gouvernements erstreckten, ist besonders gehandelt worden, so über den Besitz der Šeremetev [38]. Die Leibeigenen zinsten zu 70 Prozent, nur 20 Prozent fronten, der Rest trug
„gemischte Verpflichtungen". Da wohlhabende Leibeigene vielfach ihren
Unterhalt aus intensivem Gartenbau zogen, sollten nach Meinung des Adels
die Hofstellen nicht ohne weiteres freigesetzt werden; andernfalls wäre ein
großer Teil des Zinses fortgefallen. So setzte sich im Gouvernementskomitee
mit Unterstützung des Generalgouverneurs Zakrevskij die reaktionäre
Mehrheit durch, die im August 1858 in einer Eingabe an den Zaren forderte: erstens, keine Ablösung der Hofstelle, nur Nutzung gegen entspre-

---

[35]) Aus diesem Gouvernement liegt die m. W. bisher einzige Regionalstudie
zur Zemstvoreform vor: L. M. P o b e r e ž s k a j a Podgotovka i provedenie
zemskoj reformy v Nižegorodskoj gubernii. Autoreferat. Gor'kij 1967, 21 S.
(nicht gesehen).
[36]) E m m o n s , S. 73—151.
[37]) Dazu die wichtige Abhandlung von E. K. R o z o v in: Naučnye doklady,
1958, 1, S. 24—34.
[38]) Š č e p e t o v .

chende Verpflichtungen; zweitens, der Bauernanteil kann ausgetauscht werden, damit das Gutsland unzerstückelt bleibe; drittens eine Übergangszeit von 24 Jahren. Der Zar reagierte zurückhaltend; er wies darauf hin, daß die Hofstelle nicht nur das Haus selbst, sondern eben das Hofgrundstück — d. h. nicht etwa den Anteil innerhalb der Dorfgemeinde — umfasse [39]. Die starre Haltung des Moskauer Adels ist aus der Agrarstruktur und der Interessenlage zu verstehen; er konnte seine Linie nicht in voller Härte durchsetzen. Angesichts der sich wandelnden Sozialstruktur, vor allem des Aufschwunges der Moskauer Industrie, läßt sich auf Grund der Landverluste der Bauern (8,9 Prozent im Kreise Moskau, 9,7 Prozent im mehr industriellen Kreis Bronnicy im Südwesten, 16,2 Prozent im landwirtschaftlich bestimmten Kreis Ruza im Westen) deren neue Lage nicht recht abschätzen. Die Verluste trafen auch hier vor allem Zinsbauern, auch bei kleineren Besitzern, die eigene Gutsbetriebe aufbauen wollten und das von den Bauern genutzte Land verringerten. Zwar war das Klima hart, der Boden vielfach ausgelaugt, die Marktlage jedoch günstig. Die Motive für die Landverluste bei den Grundverschreibungen und auch später bei den Ablösungen sind sehr unterschiedlich gewesen: bäuerliche Handwerker haben unter Umständen das Interesse am Grundbesitz mit entsprechend hoher Ablösung verloren; Gutsherren oder auch Bauern haben, wo sie gute Wiesen oder Heuschläge vorfanden, sich auf intensivere Viehwirtschaft usw. verlegt. Wo der Bauernanteil sogleich vergrößert wurde, sollte entweder eine funktionierende Bauernwirtschaft für künftige Fron erhalten bleiben oder ein höherer Zins herausgeholt werden. Wo aber die Bauern die Grundverschreibungen erfolgreich sabotierten ,haben Gutsherren von sich aus Land zu den Normanteilen hinzugelegt. Daß im allgemeinen in der Nähe von Moskau den Gutsherren eigenes Wirtschaften aussichtsreich erschien, liegt auf der Hand, daher die Forderung auf Arrondierung der Gutsbetriebe und Beseitigung der Gemengelage [40]. L i t v a k hat für die Gutsherren eine Rechnung von Gewinn und Verlust durch die Reform aufgestellt: Vor der Reform hätten die Gutsherren für den Loskauf von Bauern und Revisionsseelen nach den damaligen Preisen maximal 49 Millionen Rubel erhalten;

[39]) M. K. D r u ž i n i n in: Izvestija Akademii Nauk SSSR. Serija istorii i filosofii, t. 5,1, 1948. S. 62—78.

[40]) B. G. L i t v a k s Dissertation ist grundlegend, doch konnte ich sie in Moskau nicht einsehen. Daraus eine Reihe von Aufsätzen, hier über die Ergebnisse der Untersuchung der Grundverschreibungen im Gouvernement Moskau in: Istorija SSSR 1958, 6, S. 145—158. Ferner S. S. F i l i p p o v a für die Kreise Bronnicy und Ruza, in: Materialy, t. 3, S. 368—391, sowie G. V. I l ' i n für den Kreis Moskau, in: Učenye zapiski. Moskovskij gosud. bibliotečnyj institut, t. 9, Moskva 1962, S. 178—210.

gemäß den Grundverschreibungen hätten sie faktisch 39 Millionen Rubel
— wenn auch mit kleineren Bauernanteilen — erlösen sollen, in Wirklichkeit waren es wesentlich weniger. Das beste Geschäft haben die großen
Grundbesitzer gemacht, die 50 Prozent des bisherigen Landes zur freien
Verfügung hatten und nur zwei Prozent der Einkünfte durch Verringerung
des Zinses verloren [41].

Die Bauernbehörde des Gouvernements Kaluga, für das keine neuere
Spezialarbeit vorliegt [42], hat sich unter dem Gouverneur Arcimovič mehr
als andere bemüht, die Interessen der Gutsbauern wahrzunehmen. Die
Punkte von grundsätzlicher Bedeutung können nur angedeutet werden:
strittig waren die Rechtstitel der Bauern auf früher von ihnen auf den
Namen des Gutsherrn gekauftes Land, die Unabhängigkeit der Bauerngerichte von der Administration und vor allem der zivilrechtliche Charakter der Auseinandersetzung von Bauern und Gutsherren, die juristisch überprüfbar sein sollten. Auch sollten die Zahlungen der Bauern noch nach
Unterzeichnung der Grundverschreibungen herabgesetzt werden können,
da es für jene unmöglich sei, in allen Fällen die Folgen zu übersehen. Mit
diesen wichtigen Anregungen ist die Bauernbehörde der Gouvernements
nicht durchgedrungen — sie waren auf eine grundsätzlich liberale Reform
im Sinne der Gleichheit aller Staatsbürger gerichtet [43]. Daß sich das Hauptkomitee für die Bauernfrage vor allem auf den letztgenannten Punkt nicht
einließ, überrascht nicht; eine solche Entscheidung hätte jene Überprüfung
der gesamten Finanz- und Steuerpolitik des Reiches erfordert, vor der man
soeben zurückgeschreckt war [44]. Die Kalugasche Bauernbehörde geriet in
heftige Auseinandersetzungen mit dem Fabrikanten Mal'cev, der ein ganzes
Imperium aus Fabriken und Gütern hier und in Tula aufgebaut hatte und
mit seinen Bauern sehr freizügig schaltete und waltete, wobei er — allerdings vergeblich — jedes Eingreifen zu deren Gunsten durch Beschwerdeführung nach oben zu verhindern versuchte [45].

Das Gouvernement Tula umfaßte ein ganzes Spektrum verschiedenartiger
Vorbedingungen auf der Grenze zwischen Nicht-Schwarzerdegebiet bzw.
Gewerbegebiet und Schwarzerdegebiet, beginnend mit den Problemen der
Befreiung der Fabrikbauern (oružejniki) in der staatlichen Waffenfabrik

---

[41]) L i t v a k , a. a. O., S. 158.
[42]) Nicht gesehen: A. A. K o r n i l o v Krest'janskaja reforma v Kalužskoj
gubernii pri V. A. Arcimoviče. SPbg. 1904, 276 S.
[43]) Aufsatzreihe von P. N. O b n i n s k i j in: Russkaja Mysl' 1896, H. 4—6,
u. a., H. 4, S. 67—75; H. 5, S. 6; H. 6, S. 21—38, 43.
[44]) Siehe das Kapitel „Ablösung" im ersten Teil.
[45]) Žurnaly 1918, t. 1, S. 74—84 (Mai 1861); über Mal'cev auch E m m o n s ,
S. 289—290 A.

der Stadt Tula [46]. Es gab über zehntausend adlige Güter (davon nur 29 Prozent unter 21 Seelen, aber 46 Prozent aller Güter mit 21 bis 100 Seelen, darüber einige ganz große, an der Spitze der Besitz des Grafen Bobrinskij mit 27 500 Seelen). Die Frongüter (61 Prozent, 39 Prozent Zinswirtschaften, „Gemischte" sind nicht genannt), nahmen von Norden nach Süden an Zahl zu, also mit der Besserung der Bodenqualität, was nicht verwundern kann. Wegen der günstigen Marktlage stellten sich eine Reihe von Gutsherren noch vor der Reform auf die Fruchtfolgewirtschaft um (in einem Falle schon 1836!) und forderten dadurch den Widerstand der Bauern heraus. Denn zum Zweck der Umstellung mußten die Gemengelagen beseitigt, arrondierte Schläge herausgeschnitten und die Bauern oftmals auf ungerodetes Land umgesetzt werden. Rationelle Wirtschaft bedeutete vielfach Verzicht auf ineffektive Fron und Umsetzung von Bauern auf Zins bzw. Anheuerung freier Lohnarbeiter zur Bedienung landwirtschaftlicher Maschinen, zum Teil aus den eigenen Leibeigenen [47] — ähnlich wie in der Ukraine. Das Schema Fron/Zins gleich Schwarzerde/Nicht-Schwarzerde läßt sich auch hier nicht verwenden; entscheidend war die Betriebsform. Die dynamische Entwicklung brachte viele Härten mit sich: die aus den vierziger Jahren stammenden Schilderungen verelendeter Bauern, wie sie von verschuldeten Herren schlicht auf die Landstraße gejagt worden waren, bezogen sich auf das Gouvernement Tula [48]. Um Tula blühte Handwerk und Unternehmertum. Manufakturen brachten für die „zugeschriebenen" Leibeigenen viele Härten, nicht zuletzt deswegen, weil der Unternehmer andere Möglichkeiten zur Bestechung der Behörden hatte als der durchschnittliche Gutsherr [48a]. Doch betätigten sich auch Gutsbauern als Unternehmer, meist mit kleineren Webereien; die Leibeigenen eines Dorfes besaßen gemeinsam drei ansehnliche Betriebe. Diese leibeigenen Besitzer zahlten einen hohen Zins; sie wurden von den Gutsherren nicht behindert, sondern gefördert [49]. Angesichts der unterschiedlichen sozialökonomischen Vernisse war die Interessenlage der Gutsherren im Gouvernementskomitee von Tula sehr verschiedenartig: Trotz mancher prominenter slavophiler Refor-

---

[46]) V. N. A s k u n o v in: Istoričeskie zapiski t. 6, 1940, S. 215—234 (Nach der Freisetzung der Bauern konnte der Staatsbetrieb nicht mit den freien Unternehmern konkurrieren; sogleich wollte die Artel' der Waffenschmiede die Fabrik selbst pachten, was nicht glückte).

[47]) V. I. K r u t i k o v Otmena krepostnogo prava v Tul'skoj gubernii. Tula 1956. 124 S., hier S. 25; d e r s. in: Ežegodnik 1965 (1970), S. 256—260.

[48]) A. P. Z a b l o c k i j - D e s j a t o v s k i j Graf P. D. Kiselev i ego vremja, t. 4, SPbg. 1882, S. 301.

[48a]) K r u t i k o v, in: Ežegodnik 1905 (1970), S. 262—264.

[49]) K r u t i k o v Otmena, S. 31.

mer, zuvörderst des Fürsten Čerkasskij kam es zu keiner einheitlichen Meinungsbildung; vor allem die Masse kleiner Adliger aus der Schwarzerde-
zone versuchte, möglichst viel Land, wenn nicht alles zu behalten [50]. — Die
Landausstattung der Bauern (1877: ehemalige Gutsbauern 2,6 Desjatinen,
Staatsbauern 4,2 Desjatinen, Apanagebauern 5,3 Desjatinen) war keines-
wegs günstig, was daraus erhellt, daß fast ein Drittel der Gutsbauern Land
wegen Überschreitung des Normenanteiles verlor. Nur 47 Prozent erhielten
den Höchstanteil; von denen, die mit weniger Land ausgestattet wurden,
hatten 40 Prozent auch vor der Reform nicht den vollen Anteil gehabt,
saßen also auf den zahlreichen Kleinadelsgütern (40—100 Seelen). Auch
hier verloren die Bauern auf den größten Besitzungen, vor allem die Zinsbauern, relativ viel Land, weil die Herren sich auf eigene Wirtschaft um-
stellen wollten (Gesamtverlust der Bauern: 12,5 Prozent). Andererseits
wurde im Kreis Venev, allerdings auf schlechterem Boden, von den Gutsherren der Bauernanteil freiwillig um 22,6 Prozent erhöht [51]. Das Dilemma
wohlmeinender Friedensmittler wird in diesem Gouvernement besonders
deutlich: Lev Tolstoj ist bald zurückgetreten; Čerkasskij hat offenbar den
Erwartungen, die die Gutwilligen in ihn setzten, nicht entsprochen [52].

Vom Schwarzerde- und Nicht-Schwarzerdeland in annähernd gleiche
Teile geteilt war auch das Gouvernement Rjazań. Über die Verhältnisse aus
der Zeit vor der Reform haben wir das ausgezeichnete Buch von P o v a -
l i š i n , die klassische Darstellung der Wirklichkeit auf dem Lande aus der
Sicht eines gebildeten Landwirts, der seine Zeitgenossen sehr kritisch be-
trachtete [53]. Die große Masse der Kleinstadeliger, besser Adelsbauern,
machte hier die Lösung besonders schwierig. Die Angaben über die Landverluste der Bauern schwanken, offenbar waren es 17,8 Prozent, was angesichts der angedeuteten Struktur nicht allzu hoch erscheint [54]. Landarmut

[50]) E m m o n s , S. 181—182.
[51]) K r u t i k o v , a. a. O., S. 107; Z a j o n č k o v s k i j , 1958, S. 213; A. D.
Z j u s i n über Veränderungen der Landnutzung in: Učenye zapiski. Tul'skij
gosud. pedag. institut. (t. 2.) Istoričeskie nauki. Tula 1967, S. 82—92.
[52]) K r u t i k o v , a. a. O., S. 94. — Berichte über böswillige oder unfähige
Friedensmittler auch in der Broschüre (ohne Benutzung der Grundverschreibungen) von I. I. F i š m a , V. A. A r c h i p o v , Otmena krepostnogo prava na
Brjanščine. Brjansk 1961, 61 S.
[53]) A. P o v a l i š i n.
[54]) P. P. K i r j a n o v , N. N. T e l k o v a (ungenau, da noch ohne Grundverschreibungen) in: Učenye zapiski. Rjazanskij gosud. pedag. institut, t. 28,
Istoriko-kraevedčeskij sbornik. Rjazan' 1961, S. 93—108. (Dieser interessante
Sammelband soll hier vermerkt werden als Hinweis auf die meist nicht genutzte
Menge regionalgeschichtlichen Materials in den Zapiski der Pädagogischen In-
stitute.)

bei zunehmender ländlicher Übervölkerung prägte nach der Emanzipation bald das Bild. Wenn am Ende der siebziger Jahre 50 Prozent aller Höfe weniger als acht Desjatinen zur Verfügung hatten, während nach J a n s o n das Existenzminimum 10 Desjatinen betrug, also 38 Prozent der Bauern Land hinzupachten mußten — die Ablösung entsprach etwa dem früheren Durchschnittszins — und die Pachtzahlungen, nicht die Ablösung, die Ur- sache der unaufhaltsamen Verelendung bildete[55], muß man auch hier fragen, welchen Anteil die ursprüngliche ungenügende Landzuteilung hatte und welchen die Bevölkerungsexplosion bzw. Familienteilung.

Im sogenannten Schwarzerdegebiet, zu dem die genannten Gouverne- ments Tula und Rjazań zu einem Teil gehörten, war der Boden besonders wertvoll, die Gutsherren waren daher in der Regel bestrebt, so viel Land wie möglich zu behalten. Als ersten Schritt zu einer vergleichenden Bear- beitung der Grundverschreibungen der Schwarzerdegouvernements hat L i t v a k die von sechs Gouvernements analysiert: Tula, Orel, Kursk, Voronež, Tambov und Rjazań[56]. Die bäuerlichen Landverluste hingen nicht nur von dem damaligen Stande der Gutswirtschaft ab (ob überhaupt Ackerbau mit oder ohne eigenes Inventar betrieben worden ist), sondern mehr noch von dem Status der Bauern: Zinsende konnten ohne Risiko für das Gut stärker geschröpft werden als Fronbauern, die wegen ihrer Bedeu- tung für den künftigen eigenen Betrieb, zumindest während der Übergangs- zeit geschont werden mußten. Der Übergang zum Zins ging rasch vor sich (Gouvernement Tambov 1860: 20,8 Prozent, 1864: 54,2 Prozent, 1870: über 83 Prozent aller Gutsbauern)[57]; im Schwarzerdegebiet fanden dem- nach die ehemaligen Gutsbauern viel rascher den Weg zur Geldwirtschaft, d. h. zu Marktproduktion oder Nebenerwerb als bisher vermutet. Dies scheint die eigentliche Krise im Schwarzerdegebiet im Zusammenhang mit der Bevölkerungsvermehrung in die siebziger und achtziger Jahre zu ver- legen — der Verelendungsprozeß der Bauern ist offenbar nicht kontinuier- lich vor sich gegangen. Die Größe der Landverluste der Bauern ist sehr verschieden, je nachdem, ob man die Empfänger von Gratisanteilen mit einberechnet oder nicht; es handelte sich ja um zwei verschiedene juristische Prozeduren.

Zu den Schwarzerdegouvernements im eigentlichen Sinne zählt nicht zu- letzt Voronež: an Spezialstudien liegt außer einer Dissertation eine Doku-

---

[55]) E. S. S t e p a n o v a in: Učenye zapiski. Moskovkoj oblastnoj gosud. pedag. institut, t. 183, Moskva 1967, S. 401—438.
[56]) L i t v a k in: Ežegodnik 1960 (1962), S. 418—425.
[57]) D e r s. in: Tezisy 1966, S. 189.

mentensammlung von 1961 vor [58]. Gutsbauern bildeten nur eine Minderheit; leider steht für Voronež, wie auch für einige andere Gouvernements
keine Statistik der Güter nach Kategorien der Seelenzahl nach zur Verfügung. Viele Gutsbauern — die Zahl ist nicht genau zu ermitteln — zogen
den Gratisanteil vor; das deutet darauf hin, daß entweder die Bauern angesichts des Reichtums verfügbaren Landes annahmen, sich das Nötigste
hinzupachten zu können, oder daß Lohnarbeiter selten und gut bezahlt
waren, oder aber daß auf Kleinstbesitz der zu erwartende Anteil den
Viertelanteil des Gouvernementsindex nur wenig überstieg [59].
Wenn im Gouvernement Tambov die Gutsbauern ebenfalls auf den
größten Besitzungen das meiste Land verloren, so bedeutet dies, daß diese
Herren bisher nicht selbst gewirtschaftet hatten [60]. Solange die Arbeitskraft
selten und teuer war, mochte sich der Übergang zu freier Lohnarbeit günstig
ausgewirkt haben; mit der Zunahme der Bevölkerung setzte bald der An-
gebotsdruck ein — aus dem Gouvernement Tambov hören wir von einem
Versuch einer bäuerlichen Genossenschaftsbildung mit dem Ziel, den Gutswirtschaften das Anheuern freier Arbeitskräfte gegen niedrigen Lohn zu
erschweren [61]. Näher der Wolga lagen die Verhältnisse wegen der großen
noch verfügbaren Flächen wieder anders; sie sollen im Abschnitt „Osten
und Südosten" besprochen werden.
Diese Referate über die verschiedenen Gouvernements des zentralen
Rußlands zeigen deutlich die Verschiedenheit der Voraussetzungen und
Bedingungen wie der Zielvorstellungen der Freisetzung. Noch läßt sich
keine endgültige Summe ziehen; dazu waren diese Faktoren zu ungleich-
artig. Es ist aber abzuschätzen, daß sich aus dem Durcharbeiten der Grundverschreibungen allein kein Bild von der Dynamik der agrarischen Entwicklung gewinnen läßt. Nicht nur waren die Motivationen verschieden,
sondern es kamen Ereignisse hinzu, die sich nicht voraussehen ließen und
nicht immer in Dokumenten unmittelbar niederschlugen. Ich weise hier nur
auf einige hin: Hungersnöte und Viehsterben trafen Faule und Fleißige,
Trinker und Wucherer mehr oder weniger gleichmäßig. Sie umfaßten in der

[58]) Krest'janskoe dviženie v Voronežskoj gubernii (1861—1863 gg.), Voronež
1961, 133 S. Nicht gesehen: M. M. Š e v č e n k o Pomeščič'i krestjane Voronežskoj gubernii nakanune i v period padenija krepostnogo prava. Autoreferat.
Voronež 1959.
[59]) Z a j o n č k o v s k i j 1958, S. 202—236; L i t v a k in: Ežegodnik 1960
(1962), S. 423.
[60]) Gegen Z a j o n č k o v s k i j 1958, S. 237, der sich mit einer mir unzu-
gänglichen Moskauer Dissertation von K. D. M a k s i m o v a (1951) auseinan-
dersetzt.
[61]) E. K. P e k a r s k i j Vospominanija in: Katorga i ssylka 1924, 4, S. 83.

Regel größere Gebiete und veränderten dort das bäuerliche Leben. Abgesehen von Schicksalsschlägen seitens der übermächtigen Natur, die auch nur
die einzelne Sippe oder ein einziges Dorf treffen konnten, haben Veränderungen innerhalb des Hofes, das Wegsterben von anteilsberechtigten
Söhnen, Spannungen und Teilungen innerhalb der Großfamilien zum Auf
und Ab aller sozialen Formationen beigetragen, so daß unter Umständen
die Ausgangslage von 1861 über die Existenzlage der Familie bzw. des
Dorfes am Ende des Jahrhunderts wenig auszusagen vermag. Es wäre
nachzuweisen, ob die künftigen Kulaken in der Mehrzahl mit den wohlhabenden Bauern von 1861 — ob Zinsende oder Fronende — gleichzu-
setzen sind. Jedenfalls waren die Wohlhabenden später gleichmäßiger über
das Land verteilt als vor der Reform. Also hatte allem Anschein nach
bäuerlicher Reichtum und Unternehmungsgeist in erster Linie dort Gelegenheit sich anzusammeln, wo die Bauern auf den Besitzungen großer Herren
mit mäßigem Zins belastet gewesen waren.

In verschiedenen Teilen des Reiches war der Gutsbesitz so zersplittert
und herabgekommen, daß der *barin* als Adelsbauer sich kaum noch von
seinem Leibeigenen unterschied. Manchmal lebten Herr und Knecht unter
einem Dache, ja sie verfügten gemeinsam nur über einen Winterpelz oder
ein paar Filzstiefel *(valenki),* so daß nur jeweils einer von beiden im Winter
ausfahren konnte [62]. Das Verhältnis mag gelegentlich ein idyllisch-patriar-
chalisches gewesen sein [63], wie Gogol' es schilderte; vielfach unterschied sich
der ungebildete Adelsbauer nicht den Sitten, sondern nur den unkontrollierbaren Rechten nach von seinen Leibeigenen. Vor allem waren auf einem
so winzigen Besitz „Herrenland" und „Bauernanteil" niemals getrennt;
beide Partner lebten von den gleichen Feldern. Freisetzung des Leibeigenen
hieß also Enteignung des einen oder des anderen Teiles. Dies haben die
Verantwortlichen der Reform früh erkannt [64] und daher beschlossen, Besitzungen unter 21 Revisionsseelen durch den Staat aufkaufen zu lassen.
Wieviele dies waren, darüber hatte man höheren Orts keine genauen Vorstellungen, da die Recherchen der Gouvernementskomitees ausdrücklich nur
für Besitzungen über 100 Seelen angefordert worden waren. Das Programm, die Untertanenverhältnisse durch freiwillige Übereinkommen ohne
finanzielles Engagement des Staates zu lösen, war an dieser Stelle durchbrochen, ohne daß man die nötigen Folgerungen für das gesamte Programm
hätte ziehen wollen — warum 21 Seelen als kritische Obergrenze? Wenn

---

[62]) P o v a l i š i n , passim.
[63]) Über die Kleinadelsdörfer um Kaluga P. N. O b n i n s k i j in: Russkij
Archiv 1892, 1, S. 131.
[64]) Žurnaly 1915, t. 1, S. 353.

einmal die Ablösungsakten durchgearbeitet sein werden, wird sich m. E. ergeben, daß die Kleingüter (21 bis ca. 60 Seelen) zuerst zugrunde gingen, und zwar mit verhängnisvollen Folgen für Herren und für Bauern.

Wenn der Staat die Zwergbetriebe auskaufte und damit die dortigen Bauern in den Status von Staatsbauern versetzte, was sollte mit den Ausgekauften geschehen? Vielfach waren Witwen und alte Leute ohne jegliche Subsistenzmittel der nackten Not preisgegeben, zudem oft so verschuldet, daß die Entschädigung sogleich vom Waisenrat oder von der Adelsbank einkassiert worden wäre. Das sollte verhindert werden, d. h. die Auszahlung sollte in diesem Falle nicht unmittelbar zur Schuldtilgung verwandt werden [65]. Aber damit war die Sache nicht erledigt: Im Gouvernement Kursk, wo von 5300 Adeligen 3100 weniger als 21 Seelen besaßen, hat man vorgeschlagen, diese Kleinbesitzer als freie Bauern in noch unbesetzte Gegenden umzusiedeln [66]. Ein bereits im Herbst 1861 unternommener Versuch der Übersiedlung ins Gouvernement Samara scheint nur begrenzten Erfolg gehabt zu haben [67].

Der Zwergbesitz ist also nach der Reform schnell verschwunden; der soziale Abstieg einer Schicht, für die in einer sich wandelnden Gesellschaft kein Platz mehr war, ließ sich nicht aufhalten. Die Besitzer von weniger als 21 Seelen hatten wenigstens ein gewisses Startkapital, das oft genug vertan worden sein mag. Für diejenigen, die einige Leibeigene mehr ihr Eigen nannten und praktisch im gleichen Status gelebt hatten, war keinerlei Schutz gegeben. Zwar sollte jedem Besitzer ein Drittel seines gesamten bisherigen Landbesitzes bleiben und der Landanteil der zu befreienden Bauern entsprechend gemindert werden [68] — aber in vielen Fällen hatten die kleinen Gutsherren keine Mittel, darauf eine Wirtschaft aufzubauen. Zahlreiche Kleinstbetriebe werden bald aufgekauft worden sein, soweit sie nicht so rasch vorteilhaft verpachtet werden konnten, daß sie eine gewisse minimale Rente sicherten. In der Ukraine haben diese adligen Bauern vielerorts versucht, ihre Existenz dadurch zu retten, daß sie mit der letzten Gelegenheit vor der Reform ihre Leibeigenen auf den Status von Hofleuten umsetzten — wovon noch zu handeln ist. Inwieweit dies für Zentralrußland zutraf, vermag ich nicht zu sagen, da, soweit ich sehe, die Regionalarbeiten keine Andeutungen über die Relation von Einziehung bäuerlichen Landbesitzes unmittelbar vor der Reform und Umfang des Guts- bzw. Acker-

landes machen.

[65]) Žurnaly 1918, t. 1, S. 647.
[66]) Denkschrift eines Betroffenen, in: Zapiski otdela rukopisej biblioteki im Lenina, t. 10, 1941, S. 90.
[67]) Žurnaly, 1918, S. 326.
[68]) § 20 der Regelung für die Großrussischen Gebiete.

4. Die Ukraine und der Süden

Linksufrige und Rechtsufrige Ukraine unterschieden sich nicht zuletzt in der politisch-sozialen Struktur: Letztere war fast vollständig vom polnischen Großgrundbesitz beherrscht. Neben den sozialen bestimmten nationale Spannungen das Verhältnis von Gutsherren und Bauern, und zwar schärfer als in Litauen und in Weißrußland. Teile der Linksufrigen Ukraine, vor allem das Gouvernement Poltava waren durch weitgehende Zersplitterung sowohl des Guts- wie des Bauernlandes charakterisiert. Neurußland und die südlichen Steppengebiete sind erst spät kolonisiert worden; neben einer großen Anzahl von Staatsbauern finden wir hier von Gutsherren aus dem Norden überführte und angesiedelte Landleute. In der sowjetischen Forschung wird die Ukraine als einheitliches Wirtschaftsgebiet gesehen und eher nach Klimazonen als nach historischen Gegebenheiten differenziert. — Die ländlichen Verhältnisse der ersten Hälfte des Jahrhunderts wurden in mehreren stoffreichen Büchern von Huržij beschrieben [69]. Für die Reform selbst liegt eine umfassende interessante Dokumentensammlung vor [70]; für diese Zeit und die späteren Jahrzehnte gibt es zwei einander ergänzende Darstellungen von Leščenko [71] und Teplyćkyj [72].

Die Bedeutung des Getreideexportes für weite Gebiete der Ukraine haben bereits die Zeitgenossen bemerkt, ebenso die des Binnenhandels. Nicht zufällig hat Ivan Aksakov 1858 sein großes Werk über die ukrainischen Jahrmärkte geschrieben, wohl die erste sozialwissenschaftliche Feldstudie in Rußland [73]. Vor allem der Weizenexport entwickelte sich weitgehend über die Schwarzmeerhäfen, d. h. der Weizen stammte zu einem guten Teil aus der Ukraine (1841—1845 fast 94 Prozent, 1856—1860 noch 77 Prozent des gesamten russischen Getreideexportes [74]). Neurußland

---

[69]) I. O. Huržij Rozvytok tovarnoho vyrovnyctva i torhivli na Ukraïni (z kinca XVIII st. do 1861 roku) Kiïv 1962, 205 S. Ders. Borot'ba seljan i robotnikiv Ukraïny proti feodal'no-kriposnyc'koho hnitu (z 80-ch rokiv XVIII st. do 1861 r.) Kiïv 1958, 167 S. Nicht gesehen: ders. Rozklad feodal'no-kriposnyc'koi systemy v sil'skomu hospodarstvi Ukraini peršoi polovyny XIX st. Kiïv 1954.

[70]) Otmena krepostnogo prava na Ukraine. Sbornik dokumentov i materialov. Kiev 1961, 427 S.

[71]) N. N. Leščenko Krest'janskoe dviženie na Ukraine v svjazi s provedeniem reformy 1861 goda. Kiev 1959, 524 S.

[72]) V. P. Teplyc'kyj Reforma 1861 roku i ahrarni vidnosyny na Ukraïni. Kiïv 1959, 306 S.

[73]) I. S. Aksakov Issledovanie o torgovle na ukrainskich jarmarkach. SPbg **1858.**

[74]) Teplyc'kyj a. a. O., S. 39; siehe auch Huržij 1962, a. a. O., S. 131.

erbrachte einen ungeheuren Getreideüberschuß. In Normaljahren wurden etwa 50 Prozent auf dem Binnenmarkt abgesetzt; auch die Bauern verkauften etwa 20 Prozent der gesamten Ernte. Früher als in anderen Gebieten treffen wir hier die Spezialisierung an, mit Tabakkulturen und vor allem mit Zuckerrübenbau [75]. Aus der Verarbeitung der Landesprodukte erwuchs bald eine ansehnliche Industrie. Von 1825 bis 1860 stieg die Zahl der Arbeiter auf rund 82 000; so gab es gewisse Möglichkeiten zur Aufnahme des Bevölkerungsüberschusses. Im jüdischen Ansiedlungsrayon (den Gouvernements Černigov, Poltava, Wolhynien, Podolien und Neurußland) machte sich die Konkurrenz des aufkommenden jüdischen Proletariats bemerkbar. Diese Frage wird in den vorliegenden Büchern nirgends erörtert.

Neben weitberühmten Latifundien mit zum Teil spezialisierten Kulturen bzw. Zuchten (Askania Nova) hielt sich eine Unmasse kleinsten Gutsbesitzes. Damit blieb einem Teil der Landleute eigenes Land vorenthalten: so waren im Gouvernement Poltava um 1860 etwa die Hälfte der „Bauern" ohne eigenen Grund und Boden, also eigentlich Landarbeiter [76]. Hier besaßen fast 3000 „Gutsherren" zwischen ein und fünf leibeigene Bauern. Sowie die ersten Gerüchte über die bevorstehende Reform laut wurden, überschrieben die erschreckten Kleinstbesitzer häufig ihre „Bauern" zu „Hofleuten", deren Zahl zwischen 1850 und 1858 in diesem Gouvernement um 22 Prozent wuchs [77]. Was sollten diese kleinen Leute auch machen, wenn sie nicht sofort enteignet werden wollten? Wenn man die Landgrößen zu Beginn der Grundverschreibungen mit denen der endgültigen Zuteilungen vergleicht — diese entsprachen in etwa dem Inventarland von 1846 —, so waren in dem Jahrzehnt vor der Reform etwa 16 Prozent des Bauernlandes in Podolien, 17,6 Prozent im Gouvernement Kiev eingezogen worden, und zwar zuerst von den Vollbauernwirtschaften. Allerdings begannen die Familien sich zu verkleinern; die Zahl der Arbeitskräfte pro Hof sank ab, so daß die *tjagla* von den Gutswirtschaften mit eigenem Inventar stärker belastet worden sind [78]. Bereits in den Inventaren erschienen die Bauern in verschiedenen Kategorien, nämlich als spannfähige Vollbauern *(tjaglye, konnye* und *volovye)*, als nicht spannfähige Landleute *(pešie)* mit einer

---

[75]) H u r ž i j 1958, a. a. O.; d e r s. Zarodžennja robitnyčnoho klasu Ukraïny (kinec' XVIII- perša polovina XIX st.) Kiïv 1958 (nicht gesehen).

[76]) L e š č e n k o , a. a. O., S. 38.

[77]) Über Voraussetzungen und Durchführung der Reform in Poltava L. S. L i c h i n a in: Ežegodnik 1960 (1962), S. 437; zu Bauernunruhen ebendort, O. CH. S o k o l o v s' k y j in: Pytannja istorii narodiv SSSR, t. 4, Char'kiv 1967, S. 126—137.

[78]) A. Z. B a r a b o j über Landenteignungen in Kiev und Podolien kurz vor der Reform in: Revol. situacija 1960, S. 30—36.

kleinen Wirtschaft, sowie als Häusler *(ogorodniki)* und schließlich als völlig Besitzlose *(bobyli)*, wobei die beiden letzten Kategorien erschreckend zunahmen. Dort, wo vor allem durch den Zuckerrübenanbau die Gutsbetriebe sich rasch modernisierten, kamen sie in den Arbeitsspitzen mit widerstrebenden Fronarbeitern nicht aus. Daher wurden zusätzlich Erntearbeiter gegen Barlohn eingestellt. Diese verdienten offenbar zu gewissen Zeiten recht gut. Somit mußte geringer oder fehlender eigener Landbesitz nicht ohne weiteres Verelendung bedeuten; in der Mehrzahl der Fälle wird dies allerdings der Fall gewesen sein [79]. Übrigens scheinen die Unterschiede zwischen den verschiedenen Kategorien der Landbewohner nicht nur ökonomischer, sondern auch juristischer Natur gewesen zu sein. Genaueres war nicht zu erfahren.

Daß sich 1860 im Gouvernement Poltava 63,4 Prozent *pešie* fanden, wird uns nicht wundern, aber auch in den neurussischen, landreichen Gouvernements Ekaterinoslav und Cherson, wo von Landarmut und Kleinbesitz nicht die Rede sein konnte, waren es 60 bzw. 56 Prozent [80]. Wiederum scheint der Terminus „Bauer" ein falsches Bild zu geben: Hier handelte es sich nicht notwendig um enteignete ehemalige Vollbauern. Im späten Kolonisationsgebiet ist die Ansetzung der Landbevölkerung auf verschiedene Weise vor sich gegangen. Die Mir-Verfassung wurde nachträglich übergestülpt und hatte daher nur den Schein mit der schützenden Dorfgemeinde Großrußlands gemein.

In der eigentlichen Ukraine hat sich in der ersten Hälfte des Jahrhunderts der bäuerliche Wohlstand langsam gehoben — wir verfügen über eine gründliche Arbeit zur Rechtsufrigen Ukraine aufgrund zahlreicher Gutsinventare; hier waren Landanteile und Pflichten der Leibeigenen durch die Inventare von 1846—1848 den Rahmen nach festgelegt [81]. Arme Landbewohner sind oftmals stehengeblieben oder weiter abgesunken, aber die Masse auch der mittleren Bauern hat sich wirtschaftlich etwas verbessert. Wer nicht imstande war, mit eigenen Kräften seinen Acker zu bearbeiten,

---

[79] B a r a b o j über Lohnarbeit in der Rechtsufrigen Ukraine in: Ežegodnik 1961 (1963), S. 321—330: Die Gutsherren waren über Vor- und Nachteile freier bzw. Fronarbeit geteilter Meinung. B o r o v o j in: Ežegodnik 1965 (1970), S. 220—226.

[80] Tabelle: T e p l y c' k y j S. 13. — Folgende Zahlen für die Kategorien der Bauern, Gouv. Kiev, nach: Otmena, a. a. O., S. 46.

	Tjaglye u. polutjaglye	Pešie	Ogorodniki	Bobyli	(Seelen)
1845	52 500	95 300	14 000	9 600	
1863	17 900	137 500	33 900	17 800	

[81] B a r a b o j über Differenzierung im Bauerntum der Rechtsufrigen Ukraine, in: Ežegodnik 1960 (1962), S. 38—52.

mußte sich sein Land vom Gutsherrn oder von spannfähigen Bauern pflügen lassen und wurde damit mindestens ein „Halbpächter" auf eigenem Grund und Boden. Wenn z. B. Graf Branicki, der größte Getreideexporteur im Gouvernement Kiev in den vierziger Jahren, einen großen Teil seiner *pešie* in *ogorodniki*, d. h. Instleute verwandelte und deren Land einzog, so konnte — brauchte aber nicht — dieser neue Status für die Betroffenen einige Vorteile bringen.

Auch wenn verschiedene Inventare verglichen werden und das Auf und Ab der unterschiedlichen Schichten im Dorfe beschrieben wird, so ist es nur möglich, die Ergebnisse der verschiedenartigsten Prozesse abzulesen, hinter die man kaum blicken kann: Ob dem Landmann die einzige Kuh eingegangen ist, ob er sie vertrunken hat oder ob der Gutsherr die Hutweide fortgenommen hat, das weiß man nicht. Hier steckt, dies sei nochmals betont, die Wirklichkeit jeder „Differenzierung des Bauerntums". Nicht nur Gutsbauern verloren ihr Land in den letzten Jahrzehnten vor der Reform, sondern auch Staatsbauern[82]. Offenbar haben bäuerliche Wucherer nach irgendwelchen Katastrophen den Boden der Notleidenden pfandweise oder käuflich erworben — unser Gewährsmann kann nichts Genaueres aussagen.

In den fruchtbaren Gegenden der Ukraine wollte der Adel angesichts der Reformen sein Land nach Möglichkeit behalten. Die Weitblickenden befürchteten nach den Erfahrungen mit flüchtigen Leibeigenen, daß sie nach Freisetzung der Bauern ihre Arbeitskräfte verlieren würden. Daher der berüchtigte Plan des Zuckerfabrikunternehmers Graf Bobrinskij, die Bauern nur mit einer Desjatine, einschließlich der Hofstelle, freizugeben, dies aber gratis[83]. Im Regionalgesetz *(mestnoe položenie)* für die Ukraine wurde festgelegt, daß die Bauern ihren Landanteil gemäß den genannten Inventaren zurückerhalten sollten; entsprechende Beweismöglichkeiten für die Bauern wurden in Aussicht gestellt[84].

Die Verkündung der Reform rief in allen Teilen der Ukraine sofort im Frühjahr 1861 ausgedehnte Unruhen hervor. Das nationale Moment spielte nicht nur auf dem rechten Dnjepr-Ufer mit — gegenüber den polnischen Gutsherren —, sondern wohl auch auf dem linken Ufer und in der Steppe

---

[82] Huržij 1962, a. a. O., S. 72—75.
[83] Leščenko a. a. O., S. 86—97; Teplyc'kyj a. a. O., S. 83—86; M. K. Kozyrenko Vvedennja položen' 19 ljutoho 1861 r. na Pravoberezny Ukraïni, in: Narisi z social'no-ekonomicnoï istoriï Ukraïni dožovtenevoho periodu. Kiïv 1963, S. 142—167.
[84] Mestnoe položenie §§ 3—7; Teplyc'kyj a. a. O., S. 96—98; Kozyrenko a. a. O., S. 149—160.

in der Auseinandersetzung mit russischen Gutsbesitzern [85]. Jedenfalls haben die Herren weithin versucht, während der zwei Jahre Übergangszeit das äußerste Mögliche herauszupressen; offenbar zeigte sich der unmittelbar gefährdete Kleinstadel hier am aktivsten. Oft waren es die gleichen Bauern, die schon 1854 rebelliert hatten, als mit der Mobilisierung für den Krimkrieg die Gerüchte von der bevorstehenden Befreiung im Lande umliefen. Im April und Mai scheinen sich etwa 400 000 Bauern in Bewegung befunden zu haben. In der Rechtsufrigen Ukraine (mit 72 Prozent aller Meutereien) lebten Hajdamaken-Traditionen wieder auf; hier verstand man sich auf Konspiration und gemeinsames Losschlagen. Ein gewisser Teil der bäuerlichen Unruhen leitete sich aus Mißverständnissen her [86]; diese Tatsache festzustellen ist nicht „unwissenschaftlicher Objektivismus" [87], vielmehr geht sie aus mehreren Nachrichten des genannten Dokumentenbandes hervor [88].

Die Friedensmittler aber, vor allem aus dem polnischen Adel, erschienen im Vergleich zu anderen Gebieten ungewöhnlich parteiisch oder borniert [89]; auch hier aber treffen wir auf das bekannte Problem: Woher brauchbare Leute nehmen? Nachdem anfangs mancherorts die Bauern gegen ihre neue Selbstverwaltung protestiert hatten, schienen sie später einzusehen, daß in dieser gemeinschaftlichen Öffentlichkeit ein starker Schutz für den einzelnen gegeben war; darüber klagten bald manche Friedensmittler. Massen bäuerlicher Beschwerden gingen an den Generalgouverneur ab. Auf diesen fußt wesentlich das materialreiche Werk von L e š č e n k o. Was auf die Beschwerden im einzelnen geschah, bleibt dunkel. Gelegentlich wurde in den Akten erwähnt, daß die Behörden nach der Untersuchung nicht eingeschritten seien; in den übrigen Fällen ist nichts vermerkt — also wird man in der Mehrzahl der Fälle den Beschwernissen nachgegangen sein. Die selbstherrliche zarische Bürokratie kann hier, wo es vielfach gegen den polnischen Adel ging, Nützliches gestiftet haben, wenn es auch die Forschung nicht erwähnt. In der Rechtsufrigen Ukraine bestand jedenfalls keine Veranlassung zur Schonung des Adels; sonst hätte man seinerzeit die Inventare nicht aufstellen lassen. Schließlich waren — noch vor dem Auf-

---

[85]) Diese Frage bei L e š č e n k o nicht behandelt.

[86]) A. V. F l o r o v s k i j „Volja pans'ka ta volja mužyc'ka". Strannica iz istorii agrarnych vol'nenii v Novorossii 1861—1862 gg. Odessa 1922, passim.

[87]) L e š č e n k o a. a. O., S. 11; vgl. aber L i t v a k in: Istorija SSSR 1960, 4, S. 103.

[88]) Otmena, a. a. O., S. 171, 184.

[89]) Vgl. die vernichtende Charakteristik eines höheren Gendarmerieoffiziers über Bauernbehörden und Friedensmittler im Taurischen Gouvernement. Otmena, a. a. O., S. 189.

stand — die polnischen Umtriebe in Konstantinopel während des Krimkrieges den maßgeblichen Persönlichkeiten im Gedächtnis geblieben.

Um das vorauszunehmen: im folgenden Jahre flammten die Unruhen
wegen des neuen Termins der wahren Freiheit *(slušnyj čas)* wieder auf. Im
Jahre 1863 erfaßte der polnische Aufstand auch den Adel in der Ukraine [90].
Die Bauern verhielten sich trotz gefälschter Freiheitsmanifeste [91] skeptisch.
Vielfach ließen sie sich von den Behörden als Patrouillen gegen die Aufständischen mobilisieren und gingen gegen die Gutsbesitzer vor, wollten
allerdings keine weiteren Verpflichtungen auf sich nehmen [92]. Hier, wie
L e š č e n k o es tut, zu erwarten, daß die polnische Oberschicht ihre Posi-
tionen im Lande durch Aufgabe ihres Landbesitzes hätte räumen sollen,
scheint nun etwas viel verlangt.

Wie angedeutet, gestaltete sich die Reform in der Ukraine besonders
schwierig. Aus den vorliegenden Arbeiten ist nicht zu ersehen [93], wieweit
die relative Landarmut der Bauern nach der Reform mitbedingt war durch
die zweifellos beträchtliche Einziehung bäuerlicher Landanteile, oder mit
veranlaßt durch freiwillige Aufgabe des zustehenden Landes im Hinblick
auf die zu erwartenden Belastungen. Das Land wurde hier nicht nach der
Zahl der Revisionsseelen pro Hof zugeteilt, sondern nach der Viehausstat-
tung. Dies war unter Umständen hart für die Betroffenen, d. h. die Land-
ärmsten, entsprach aber der stärkeren Ausrichtung auf rationelle Produktion. In der Linksufrigen Ukraine blieben 17,6 Prozent der Landleute ohne
Land; etwa weitere 4 Prozent erhielten den Gratisanteil: Im Steppengebiet
waren 26 Prozent ohne Land — mit den *darstvenniki* insgesamt 44 Prozent der Bauern an der unteren Grenze; im Taurischen Gouvernement
hatten 44 Prozent der freigesetzten Gutsleute keinerlei Landanteil [94]. Je
mehr Land zur Verfügung zu stehen schien, um so leichter haben die
Bauern auf das ihnen zustehende, aber schwer abzuzahlende Land verzichtet, in der Aussicht, dieses Land sofort gegen einen niedrigen Preis pachten
zu können. Selbstverständlich stiegen die Pachtpreise bald, manchmal in
spekulativer Absicht. Wenn nach den lokalen Gegebenheiten nur ein ein-

---

[90]) Die große neuere Literatur über den polnischen Aufstand und seine Auswirkungen nach Rußland hinein wird nicht berücksichtigt. — Über die Rolle der
polnischen Friedensmittler in Podolien im Aufstand, D. D. B r o n e v s k i j, in:
Russkaja Starina 1893, H. 10, S. 497—523.

[91]) L e š č e n k o, a. a. O., S. 389—392, 406—407.

[92]) Otmena, a. a. O., S. 372—373. Viel Material neuerdings in: Obščestvenno-
političeskoe dviženie na Ukraine v 1863—1864 gg. Kiev 1964, XLVIII, 550 S.
(Aus der Reihe: Povstanie 1863 g. Materialy i dokumenty.)

[93]) Vielleicht bei H u r ž i j 1954.

[94]) T e p l y c' k y j a. a. O., S. 99.

ziger Verpächter angegangen werden konnte und die Pacht abgearbeitet werden mußte, nunmehr zu Bedingungen des Bodenmonopolisten, dann läßt sich ermessen, wie verhängnisvoll übereilte Entscheidungen der Bauern sich ausgewirkt haben. Wenn allerdings in günstiger Verkehrslage die Exportmöglichkeiten, die sich nach dem Kriege neu auftaten, genutzt werden konnten, so vermochte sich der Pachtbauer ebenfalls zu erholen [95].

Insgesamt war der Landverlust der Bauern erheblich, in der Linksufrigen Ukraine 29,4 Prozent, in den Steppengebieten 30,8 Prozent, aber, wie gesagt, weithin freiwillig. Das gründliche und objektive, mit vielen Tabellen illustrierte Werk von T e p l y ć k y j, sowie ein Aufsatz von L e š č e n k o [96] vermitteln einen Eindruck von dem raschen, elementaren Prozeß des Einbruchs der Geldwirtschaft [97]. Unter den gleichen Bedingungen verlor auch der Adel nicht unerheblich Land; später minderte sich allerdings der Verlust (Gesamtukraine 1877 36,9 Prozent des gesamten Bodens in Adelsbesitz gegenüber 1905 24,6 Prozent; die entsprechenden Zahlen für die Bauern: 46,5 Prozent zu 58,4 Prozent) [98]. Übrigens sind in der Rechtsufrigen Ukraine mit Erlaß vom 1. März 1863 die Bauern sofort zu Vollbesitzern geworden; sie erhielten den unverkürzten Inventaranteil und 20 Prozent Nachlaß auf die Ablösungssummen.

Die ukrainische Landwirtschaft auf dem Wege zum Kapitalismus erscheint als ein besonders dankbares Forschungsthema, weil hier der Marktmechanismus sofort wirksam geworden ist. Entscheidende Schritte zur Veränderung des Besitzgefüges wurden durch die Bauernbank seit 1883 ermöglicht [99]. Hier wäre im einzelnen nachzuprüfen, inwieweit reiche Bauern

---

[95]) Vgl. J. L. v a n R e g e m o s t e r L'influence de la réforme de 1861 sur la production marchande, l'exportation et le commerce des céréales de la Russie du Sud-Ouest, in: Revue historique, t. 262, 1964, S. 1—32. — Für die Risiken vgl. z. B. den Rückgang der Wollproduktion im Gouvernement Poltava infolge Preisverfalls seit 1862. D. S o l o v é v in: Naukovi zapysky naukovo-doslidčnoi katedry istorii ukrains'koi kul'tury, no. 6, Char'kiv 1927, S. 247—267.

[96]) Außer L e š č e n k o s Buch von 1959 (S. 280—316, 433—459), sein Aufsatz über veränderte Agrarverhältnisse in der Ukraine auf Grund der Reform, in: Ežegodnik 1958 (1959), S. 185—200.

[97]) Dazu außer T e p l y c' k y j a. a. O., u. a. J. O. H u r ž i j Ukraïna v sistemi vserossijs'koho rynku 60-90-ch rokiv XIX st. Kiiv 1968, 189 S. — Über die Unruhen der 70er Jahre auch M. E. M a k o v s k i j in: Istoričeskie zapiski 5, 1939, S. 225—252.

[98]) Tabelle bei T e p l y c' k y j S. 163. Dort das Kapitel über die Mobilisierung des Bodens unter genauer Auswertung der verschiedenen Statistiken. — Im Gouvernement Kiev wurde der Besitz des polnischen Adels zwischen 1845 und 1877 fast halbiert.

[99]) T e p l y c' k y j a. a. O.. S. 153.

der Dorfgemeinde Kredite zum Landkauf vermittelt und Vorschüsse gegeben haben, um die landhungrigen Nachbarn in die Hand zu bekommen. Nicht zuletzt käme es auf die Analyse großer Gutsbetriebe an, wofür ein Anfang in der Arbeit über den Besitz der Herzöge von Mecklenburg aus der russischen Linie, Karlovka, gegeben ist [100]. Ein Vergleich zwischen ähnlich gelagerten Bauernwirtschaften in der Rechtsufrigen und in der Linksufrigen Ukraine würde zeigen können, inwieweit deren günstigere Ausgangsbedingungen wesentlich für eine gesündere Zukunft der bäuerlichen Wirtschaft gewesen sind.

Über einzelne ukrainische Gebiete liegen mehrere Arbeiten vor. Podolien ist auf Grund einer erheblichen Zahl (900) von Grundverschreibungen beschrieben: Die Güter waren mit jeweils über 64 Rubel pro Revisionsseele verschuldet. Hier ist in den fünfziger Jahren viel Land eingezogen worden, und die Bauern haben nur einen um 6,2 Prozent gekürzten Inventaranteil erhalten, so daß der in diesen fruchtbaren Gegenden traditionelle Landhunger bestehen blieb [101]. Das Gouvernement Poltava mit seinem Splitterbesitz, der Masse der Landlosen und derem Bodenhunger ist ebenfalls auf der Basis von einem Drittel der Grundverschreibungen bearbeitet worden. Wenn auch die meisten kleinen Betriebe verschwanden, so blieb bei Bewahrung der allgemeinen Relation von Gutsland und Bauernland (rund 77 zu 23 Prozent) der Landhunger wegen der Stabilität der wenigen sehr großen Betriebe unverändert stark [102].

Im Gouvernement Chaŕkov besaßen vor der Reform über 19 Prozent der Bauern keinerlei eigenes Land; vielfach waren die Anteile sehr klein, an einigen Orten eine Desjatine pro Revisionsseele und weniger. Daher wurden überall die bisherigen Anteile erhalten, „an manchen Stellen" auch vergrößert. Doch haben wegen niederer Pachten oder fehlenden lebenden Inventar die Landleute „massenhaft" auf das Land verzichtet oder sich mit dem Gratisanteil begnügt (im Kreise Kupjansk fast 30 Prozent, in einigen Dörfern des Kreises Achtyrka bis zu 90 Prozent). Da es sich nicht in allen Fällen um Hofleute handelte, wäre es wichtig, die Motive im einzelnen

---

[100]) Über Karlovka Ende 19. und Anfang des 20. Jahrhunderts, A. M. A n f i - m o v , in: Materialy, t. 5, 1962, S. 348—376.

[101]) P. F. Š č e r b i n a Krest'janskaja reforma 1861 goda na Podolii. Autoreferat Kiev 1964; d i e s., unter dem gleichen Titel in ukrainischer Sprache, in: Naukovi Zapysky istitutu istoriï AN URSR, t. 13, 1960.

[102]) L i c h i n a in: Ežegodnik 1960 (1962), S. 437—444; N. A. K u r e n ' g i n (auf Grund der Verschreibungen aus 6 Kreisen), in: Materialy, t. 6, S. 249—279; ferner S o k o l o v s' k y j, a. a. O., (wie Anm. 77); siehe auch P e r š i n , S. 17, (Verzicht von allzu schlecht gestellten Bauern auf ihr restliches Land).

kennenzulernen. L e š č e n k o ist hierauf nicht eingegangen. Die Landverluste führt er zwar auf, aber nicht die Vergrößerungen — es fehlt jede Gliederung nach Besitzgrößen der Güter, ebenso erfahren wir nichts über die Rechtsnatur der teilweise erheblichen zusätzlichen Zahlungen an die Gutsbesitzer, es sei denn, die Bauern hätten — das wäre ganz ungewöhnlich — in der Masse von sich aus auf Ablösung gedrungen [103]. Leider ist in keiner Arbeit angegeben, inwieweit die Kürzungen des bäuerlichen Landanteils zugunsten der Kleinstbesitzer geschahen, die nach dem Gesetz wenigstens ein Drittel ihres bisherigen Besitzes behalten sollten.

In den Neurussischen Gouvernements saßen in erheblichem Maße Staatsbauern. Das spätbesiedelte Taurien kannte außer Kolonisten fast nur dorthin überstellte Gutsbauern aus den Stammgütern der großen Familien des Nordens, wie der Voroncev. Daher waren viele Leibeigene als Hofarbeiter *(mesjačniki)* festgelegt. Übrigens war bis zum Jahre 1827 die Annahme flüchtiger Gutsbauern vor allem aus der überfüllten Linksufrigen Ukraine praktisch sanktioniert. Um die Landverluste richtig würdigen zu können, müßte man die Gründe für den relativ häufigen Verzicht auf den vollen Landanteil in jenen dünnbesiedelten Gegenden kennen [104].

Der Übergang von der Viehwirtschaft zu extensiver Getreideproduktion (*perelog*-System) ging in der Steppenukraine um die Mitte des Jahrhunderts erst langsam vor sich — nur die Kolonisten und einige große Betriebe wirtschafteten intensiver. Noch standen große Flächen zur Verfügung, sie wurden rasch reduziert. Nach der Reform wuchs hier die Bevölkerung aus verschiedenen Gründen — ebenso wie im nördlichen Kaukasus — besonders rasch an; das gesamte Land war bald gerodet und verteilt; seit den neunziger Jahren zogen schon aus Neurußland die ersten Siedler in Richtung Sibirien. Mit dem starken Export bildete sich ein bäuerliches Unternehmertum, Neurußland wurde bald der Hauptmarkt für Saisonarbeiter. Damit verschärfte sich die Differenzierung innerhalb des Mir; Umteilungen gab es fast gar nicht mehr. Anscheinend hat hier das Einerbenrecht der deutschen Kolonisten einigen Einfluß gehabt [105].

[103]) N. N. L e š č e n k o in: Ežegodnik 1960 (1962), S. 603—614.
[104]) Über die bäuerliche Siedlung in Taurien (Ende 18. u. erste Hälfte 19. Jahrhundert) S. A. S e k i r i n s k i j in: Ežegodnik 1961 (1963), S. 356—362; für die Zeit nach der Reform und der Vertreibung tatarischer Bauern, d e r s., in: Ežegodnik 1965 (1970), S. 358—367; zur Rechtstellung von Kolonisten und anderen Freibauern, u. a. Beginn des Jh., E. I. D r u ž i n i n a in: Ežegodnik 1964 (1966), S. 572—583. L e š č e n k o bringt zur Reform im Gouvernement Cherson nichts über die Ackernahrung und den freiwilligen Landverzicht der Bauern, in: Ežegodnik 1966 (1971) S. 424—434; d e r s. über das Gouvernement Ekaterinoslav, in: Ežegodnik 1965 (1970), S. 381—388.
[105]) S. J a. B o r o v o j, A. S. K o c i e v s k i j in: Tezisy 1969, S. 87—90.

Im „freien Felde" siedelten sich in der ersten Hälfte des Jahrhunderts außer deutschen Mennoniten auch russische Sektierer an, vor allem Molokany und Duchoborcy, und zwar in einer Art Kommunen, ohne Obrigkeit und in völliger Gleichheit der Rechte und Pflichten. Sie hatten Zuzug durch flüchtige Leibeigene und Soldaten, die als Proselyten aufgenommen und — durch Bestechungen der örtlichen Behörden — von der Gemeinde geschützt wurden. Später wurden wohl die Neuankömmlinge auch als Arbeitskräfte mit geringeren Rechten beschäftigt, offenbar in dem Maße, in dem das verfügbare Land rarer wurde [106]. Die Entwicklung lief in die gleiche Richtung wie in den deutschen Gemeinden.

An der Südküste, auf der Krim, ließ man die früheren Gutsbauern ganz ohne Landanteil; daher kam es zu erheblichen Meutereien [107]. Die Angaben des zuständigen Forschers in seinem Beitrag von 1962 über Landverluste der Bauern auf Grund der Grundverschreibungen weichen von denen in seinem Buch von 1957 [108] ab: Der Normalanteil der mit Land befreiten Bauern betrug etwa 7 Desjatinen, doch haben angesichts der Menge des freien Feldes viele den Gratisanteil genommen, aber auch mit anderen Landinteressenten, z. B. deutschen Kolonisten, mannigfache Schwierigkeiten gehabt [109]. Zwar gab es viel Land, aber die Gutsherren waren daran interessiert, den besten Boden für ihre Viehzucht zu behalten. Nur Ungünstiges erfahren wir über die Rechtsstellung der Krim-Tataren, die im Gefolge des Krimkrieges zur Hälfte auswandern mußten und deren Verbliebene wegen angeblich fehlender Besitzdokumente nach 1860 von den Gutsbesitzern ihrer Länder beraubt wurden [110].

Die Grundverschreibungen für das Gouvernement Cherson sind neuerdings untersucht, doch liegt erst ein vorläufiger Bericht vor [111]. Hier hat sich die Gesamtfläche bäuerlichen Landbesitzes um knapp 14 Prozent vermindert: Viele Hofleute, etwa 19 Prozent, erhielten kein Land, 10 Prozent

---

[106]) A. S. K o c i e v s k i j in: a. a. O., S. 96—99.

[107]) Über die Grundverschreibungen in Taurien M. M. M a k s i m e n k o in: Ežegodnik 1962 (1964), S. 455—463; über die Verteilung der Ländereien der Chans, des emigrierten tatarischen Adels und der umgesiedelten Griechen und Armenier, an den russischen Adel nach der Eroberung der Krim, siehe S. A. S e k i r i n s k i j in: Tezisy 1969, S. 118—121.

[108]) M. M a k s i m e n k o Krest'janskoe dviženie v Tavričeskoj gubernii nakanune i posle ormeny krepostnogo prava. Simferopol' 1957, 101 S.

[109]) Krest'janskoe dviženie 1850—1856 gg., S. 92.

[110]) S e k i r i n s k i j, in: Ežegodnik 1965 (1970), S. 358—362. Über die deutschen Kolonien in Südrußland ist aus den Archiven wenig veröffentlicht. S e k i r i n s k i j z. B. stützt sich auf A. K l a u s Naši kolonii, t. 1, Odessa 1869.

[111]) L e š č e n k o in: Tezisy 1966, S. 191—195.

wollten nur den Gratisanteil haben. Auch hier scheinen viele in der Hoffnung auf billige Pacht oder freie Siedelfläche auf jede Landzuweisung verzichtet zu haben, die übrigen übernahmen wohl den Normalanteil. Über die Ablösungssummen hinaus sollen die Bauern hier 20—25 Prozent zusätzlicher Zahlung meist in bar geleistet haben — leider wissen wir nicht, weshalb. — Ähnlich waren die Verhältnisse am unteren Don, dem *Priazove*. Die Getreideausfuhr über den Hafen Rostov belebte sich sofort nach 1856, und die großen Güter arbeiteten bereits vor der Reform ausschließlich mit freien Lohnarbeitern (ca. 9000 Revisionsseelen in jenem Gebiet). Übrigens fiel bald der Getreidepreis wegen der rumänischen Konkurrenz [112].

Im Zusammenhang mit der Ukraine verdienen einen Hinweis die gründlichen Arbeiten von B u d a k und G r o s u l über die ländliche Entwicklung und die Reformen in Bessarabien. Die ansässigen Bauern waren hier nach überkommenem Recht persönlich frei, aber voll von den Gutsherren abhängig. Nach 1812 nahm der Zustrom flüchtiger russischer Leibeigener zu; daneben kamen Kolonisten, vor allem aus den Balkanländern, nicht nur aus der Moldau. Unter dem Einfluß des russischen Leibeigenenrechtes verschlechterte sich die Stellung der bessarabischen Bauern, sicher juristisch, vielleicht noch mehr ökonomisch [113]. Auf die Lage der Bauern in Bessarabien wirkte sich mit der Zeit die Besserstellung ihrer Nachbarn im Südteil des Landes unter rumänischer Herrschaft aus, wo ihnen ein Normanteil von 5 bis 8 Desjatinen zugemessen worden war. Nach langem Hin und Her, angesichts nicht unerheblicher Unruhen unter den besonders schlecht gestellten Gärtnern und Zigeunern, mit Gerüchten von einer Übersiedlung in den Kaukasus — darüber unterrichtet eine umfangreiche Dokumentensammlung des Staatsarchivs der Moldauischen Republik [114] — wurden schließlich die Bauern 1868 nicht nur offiziell freigesetzt, sondern mit durchschnittlich 7,4 Desjatinen Land pro Familie einschließlich der Landlosen ausgestattet. Dank den Spezialkulturen wie Tabak und Wein waren die Gutsherren schon seit längerer Zeit Unternehmer geworden. Daher

---

[112]) V. I. P i s a r e v Likvidacija krepostnogo prava v Priazo've. Rostov n/Donu 1924, 102 S. — Über das Aufkommen der Marktproduktion in diesem Gebiet in den 40er und 50er Jahren A. G. K o l o m o j c e v in: Voprosy ekonomiki, istorii i sovetskogo prava. Rostov na/Donu 1967, S. 41—51 (nicht gesehen).

[113]) J a. G r o s u l Krest'jane Bessarabii (1812—1869 gg.), Kišinev 1956, 397 S.; ergänzend: I. A. A n c u p o v Gosudarstvennaja derevnja Bessarabii v XIX veke (1812—1870 gg.). Kišinev 1966, 262 S.

[114]) Položenie krest'jan i obščestvenno-političeskoe dviženie v Bessarabii (1861 bis 1895 gg.), Dokumenty i materialy. Ed. I. G. B u d a k. Kišinev 1964, 718 S. (= Istorija Moldavii. Dokumenty i materialy, t. 4.)

legten sie keinen Wert auf zeitweilige Fronleistungen, forderten aber möglichst hohe Zahlungen für den Loskauf des Landes und der bäuerlichen
Arbeitskraft [116]. — Die nützlichen Arbeiten mußten die rumänische Kritik
an der russischen Politik mehr wortreich als überzeugend zurückweisen. Die
nationale Problematik in ihren sozialen Auswirkungen wird in den genannten Arbeiten übergangen. Daher erfahren wir nur selten etwas über
die deutschen Kolonisten im Zusammenhang der bessarabischen Verhältnisse [116]. Wenn auch ihre Landausstattung (60 Desjatinen je Familie) anfangs durchaus großzügig war, so verfügten doch dank des Einerbenrechts
1871, als die den freien Bodenverkehr hemmenden Vorschriften fielen,
36 Prozent der männlichen Bevölkerung nicht mehr über eigenes Land. Im
übrigen blühten Ackerbau und Viehzucht. Die Stellung gegenüber dem
Staat war nicht immer einfach: Schon im Jahre 1815 führten einige Dörfer
unter der Leitung von Pastor Schnabel einen regelrechten Krieg gegen die
Behörden, die ihnen ihren Besitz streitig zu machen versuchten [117]. Über
die bulgarischen und gagausischen Siedler gibt es eine eigene, uns unzu-
gängliche Literatur [118].

5. Der Westen

Vom Königreich Polen sehen wir ab; die juridischen, politischen und
ökonomischen Voraussetzungen der Agrarreform dortzulande waren durchaus andere [119]. Die Ostseeprovinzen gehörten nur hinsichtlich der Wand-
lungen der ländlichen Beziehungen unter dem Einfluß wachsender Welt-
marktbezogenheit in unseren Zusammenhang. Sie sollen hier außer Be-
tracht bleiben; Kenner der baltischen Geschichte seien angeregt, über die
zahlreichen wichtigen Beiträge zur Wirtschaftsgeschichte Estlands und Lett-
lands zusammenfassend zu berichten. Vor allem estnische Historiker haben
zu den Symposien über osteuropäische Agrargeschichte wesentlich beigetragen. — Da die Verhältnisse im Gouvernement Smolensk sich eher mit
denen in Weißrußland als mit denen im zentralen Gewerbegebiet verglei-

---

[115]) Ja. G r o s u l , I. G. B u d a k Krest'janskaja reforma 60—70 godov XIX
v. v. Bessarabii. Kišinev 1956, 269 S. (darin 90 Seiten Dokumente).
[116]) I. A. A n c u p o v in: Tezisy 1964 (1966), S. 581.
[117]) E. I. D r u ž i n i n a in: Ežegodnik 1964 (1966), S. 581.
[118]) Vor allem der Dokumentenband: Ustrojstvo zadunajskich pereselencev v
Bessarabii i dejatel'nost' A. P. Jušnevskogo. Edd. K.-P. K r y ž a n o v s k a j a i
E. M. R u s s e v . Kišinev 1957. (Nicht gesehen).
[119]) Vgl. I. I. K o s t j u š k o Krestjanskaja reforma 1864 goda v Carstve
Pol'skom. Moskva 1962, 494 S.

chen lassen, fassen wir dieses mit Litauen und Weißrußland für unsere Überschau zusammen.

Besonders gut untersucht sind die ländlichen Verhältnisse vor der Reform für Litauen und das westliche Weißrußland — also die Gouvernements Grodno, Kowno und Wilna in den Grenzen bis 1843 — in dem Buche von U l a š č i k [120], der besten und am wenigsten voreingenommenen Regionalstudie für diesen Zeitraum, die wir im Rahmen unseres Berichtes zu erwähnen haben [121]. Doch vermissen wir eine einleitende Übersicht über die historischen Voraussetzungen der verschiedenartigen Agrarverfassungen im historischen Litauen bzw. in den von der Hufenreform Sigismund Augusts erfaßten Teilen des westlichen Weißrußland einerseits, der eigentlich russischen Agrarverfassung andererseits [122]. Wie allenthalben, können zwar für die erste Hälfte des Jahrhunderts die Verhältnisse auf einzelnen Gütern nach gutsherrlichen Instruktionen und Inventaren mehr oder minder genau beschrieben werden; die allgemeinen Statistiken aber sind so unzuverlässig, daß sie sich auf keinerlei Weise berichtigen lassen. Für die Zahl der Leibeigenen haben wir divergierende Angaben, und zwar nicht nur für verschiedene Jahre — da könnten Epidemien einen plötzlichen Rückgang bedingen —, sondern auch für bestimmte Gegenden: Im Gouvernement Grodno soll die Zahl der Gutsbauern zwischen 1834 und 1858 um 26 000 abgenommen haben, davon im Kreise Kobryń um 30 Prozent, ohne daß andere Gruppen der Bevölkerung entsprechend zunahmen [123]. Ganze Dörfer müßten ausgestorben sein, wovon man sonst nichts hört. Neben einem Anteil von etwa 40 Prozent Gutsbauern an der gesamten Bevölkerung finden wir 1858 fast 25 Prozent Staatsbauern, vor allem auf den nach 1831 konfiszierten Kirchen- und Ordensgütern. Ihnen wurden, besonders seit 1857, die *Vol'nye ljudi* zugeschrieben, freie Bauern alten Rechts.

In Litauen blieben von jeher die Höfe weitgehend ungeteilt; die weichenden Erben mußten in den Frondienst als „Bauern ohne Land". Diese *hutniki*, die in einer „Ecke" des Bauernhauses leben, oder *ogorodniki*, d. h.

[120]) N. N. U l a š č i k Predposylki krest'janskoj reformy 1861 g. v Litve i Zapadnoj Belorossii. Moskva 1965 479 S. Für den gesamtwirtschaftlichen Hintergrund die ausgezeichnete Übersicht von L. M u l j a v i č i u s u. M. J u č a s, Nekotorye voprosy geneziza kapitalizma v Litve. Vilnius 1968, 139 S. (hektographiert, mit dt. Zusammenfassung).

[121]) Über die Viehhaltung in Litauen und dem westlichen Weißrußland, U l a š č i k in: Materialy t. 4, 1960, S. 139—172.

[122]) Vgl. W. C o n z e Agrarverfassung und Bevölkerung in Litauen und Weißrußland, Bd. 1., Leipzig 1940, v. a. S. 118—120.

[123]) U l a š č i k Predposylki a. a. O., S. 59.

Kätner oder Häusler, sind seit dem 16. Jahrhundert bezeugt [124]. Sie sind nicht etwa Opfer des Bauernlegens einer entwickelten Gutswirtschaft *(Folwark)*, sondern stammen zu einem großen Teil aus der Vermehrung der Bevölkerung bei Einzelhofwirtschaft und Anerbenrecht. — Wie allenthalben hat in Litauen die Masse des kleinen Adels (9.4 Prozent der Bevölkerung im Gouvernement Kowno) auf die soziale Lage des Bauerntums beständig gedrückt. Nicht alle aus der breiten Szlachta besaßen eigene Höfchen; viele waren selbst Bedienstete, etwa Kutscher bei wohlhabenderen Standesgenossen. Mit dem Adelsdiplom war es manchmal nicht weit her; man konnte sie in besonderen Werkstätten kaufen. Nach dem Aufstand von 1831 wur, den viele dieser kleinsten Adeligen, ohne Rücksicht auf Legitimität oder Fragwürdigkeit ihrer Abkunft, den steuerzahlenden Klassen, vor allem den Staatsbauern, zugeschrieben. Doch planten die russischen Behörden, den adligen Stand noch weiter zu durchforsten [125]. Bauernadel hielt landlose Bauern zur Arbeit, entweder Häusler oder auswärts Angesessene [126]. Der niederste Adel verschuldete selbstverständlich leichter und mußte sein Land an seine Gläubiger, meist größere adlige Besitzer, verkaufen. — Litauen und Weißrußland waren die Gebiete der ausgedehntesten europäischen Latifundien, vor allem der ursprüngliche Besitz Radziwiłł-Sayn-Wittgenstein, über den interessante Einzelheiten mitgeteilt werden [127].

Vielfach waren Güter, aber auch Staatsdomänen, verpachtet, oft an Deutsche oder Juden, die die Bauern während der meist kurzen Pachtzeit ungemein ausnutzten und immer wieder Anlaß zu Protesten und Brandstiftungen gaben [128]. Das Gutsland stand zum Bauernland etwa im Verhältnis von 45 zu 55 bis zu den Inventaren (1846—1848). Die Normierung der gutsherrlich-bäuerlichen Verhältnisse im westlichen Rußland und in der Ukraine sollte die im wesentlichen russischen Bauern gegenüber den polnischen Adligen schützen [129], hat aber vielfach einen gegenteiligen Effekt

---

[124]) Über Landlose Bauern in Litauen J u č a s und M u l j a v i č i u s, in: Tezisy 1965 g., S. 115—118.

[125]) U l a š č i k a. a. O., S. 88—94.

[126]) J u č a s, M u l j a v i č i u s a. a. O.

[127]) U l a š č i k a. a. O., S. 117—120.

[128]) Außer U l a š č i k Predposylki a. a. O., d e r s. über Bauernunruhen in Litauen in der 1. Hälfte des 19. Jahrhunderts in: Istorija SSSR, 1959, 1, S. 155 bis 168, dazu speziell für die verpachteten Staatsgüter T. A. K o n j u c h i n a, in: Ežegodnik 1966 (1971), S. 410—423.

[129]) In der Regel gaben die Inventare keine zureichende Grundlage für die Verpflichtungen der Bauern; oft konnten die Nutzflächen nicht genau bestimmt werden. Zum Quellenwert der Inventare U l a š č i k in: Voprosy istočnikovedenija, t. 10, 1952, S. 85—103.

erreicht. Offenbar haben die polnischen Gutsherren neue Repressalien entsprechend denen nach 1831 befürchtet und sich trotz der Feststellungen der Inventare, vor allem nach dem Reskript über die künftige Befreiung von 1857, beeilt, möglichst viel Bauernland zugunsten ihrer Gutswirtschaft einzuziehen, wenn auch in unterschiedlichem Ausmaß (5,6 Prozent des Ackerlandes mit Weiden insgesamt, 11,5 Prozent des Bauernlandes im Gouvernement Grodno) [130]. Wahrscheinlich ist bei dieser Gelegenheit auch Land freier Leute in Ausnutzung ihrer unklaren Rechtsstellung untergegangen. Das Bauernlegen jener Jahre war Anlaß für die Unruhe der Bauernschaft während des polnischen Aufstandes. — Die Gutswirtschaft mit ihren Betriebsmitteln und Anbauergebnissen ist von Ulaščik mustergültig berechnet worden und verdiente eine eigene Analyse [131]. Wegen der Nähe der Ostseehäfen und des preußischen bzw. des deutschen Marktes hat sich die Gutswirtschaft relativ früh entwickelt, stärker noch nach der Eröffnung der Ostbahn bis Wilna 1862. In zunehmendem Maße wurden freie Lohnarbeiter anstatt der dinglich gebundenen, weniger effektiven *ogorodniki* beschäftigt [132].

Bis dahin wurde in die großen Fronwirtschaften nicht eben viel investiert, und die Bruttoeinnahmen waren nicht hoch. In dem Gräflich Zubovschen Besitz Georgenburg an der Memel, 60 km östlich von Tilsit, erbrachten 1840 22 000 Desjatinen Landwirtschaft 55 000 Rubel Einnahme, der Wald von 32 000 Desjatinen 400 Rubel — und dies am großen Fluß und direkt an der Grenze [133]. In dem großen Besitz Uczpol der Fürsten Sapieha wurden auf fast 20 000 Desjatinen 1,43 Rubel pro Desjatine, d. h. 10 Rubel pro Revisionsseele erwirtschaftet. Aufgebessert wurden diese Einnahmen durch die Städtchen oder Flecken in gutsherrlichem Besitz mit den verschiedensten Abgaben der meist jüdischen Bewohner, außerdem durch das Brennrecht, das 1841 pro Revisionsseele im Durchschnitt 42 Kopeken brachte und oftmals verpachtet war.

Angesichts der unterschiedlichen rechtlichen Struktur der Landbewohner in jenen Gebieten fielen die Regulative für eine einheitliche bäuerliche Bevölkerung durch die russische Landgemeinde fort. Wenn wir recht sehen, fehlte eine gewohnheitsrechtliche Ordnung der Verpflichtungen gegenüber der Gutsherren. Wenn auch Zins- bzw. Fronlasten nicht immer unerträglich hoch waren, so fielen sie jedenfalls auf den Einzelnen und nicht auf die

[130]) Zur Einziehung von Bauernland vor der Reform, Ulaščik in: Revol. situacija 1960, S. 49—61.
[131]) Ulaščik Predposylki, a. a. O., S. 126—205.
[132]) Jučas und Muljavičius, wie Anm. 124 und 120.
[133]) Ulaščik a. a. O., S. 291—292.

Gemeinde. Die sozialen Unterschiede sind immer relativ groß gewesen und mußten sich mit dem Übergang zur Marktwirtschaft verschärfen.

Die Bauernwirtschaften im eigentlichen Litauen glichen eher den ostpreußischen bzw. baltischen: Die Lasten waren auf die Einzelhöfe je nach Größe und Bonität des Bodens verteilt. Zwar sind die Höfe grundsätzlich teilbar gewesen, aber der Gutsherr war — vor allem bei Zinsbauern — an der Erhaltung der vollen Hofstelle interessiert [134]. Diese Vollstellen waren jedenfalls bis zu den Inventaren in der Regel mit Land genügend ausgestattet (fast 16 Desjatinen, davon 9,2 Desjatinen Acker pro Hof, d. h. 3,8 Desjatinen pro Revisionsseele, die *ogorodniki* eingerechnet). Gemangelt hat es offenbar an Zugvieh, um das ganze Land zu bestellen [135]. Dank der raschen Differenzierung unter den Landleuten gab es vielfach, vor allem in Žemaiten, Vollbauern, die selbst Lohnarbeiter beschäftigten. Jedoch waren wohlhabende Bauern wegen der gemeinsam zu tragenden Steuern darauf aus, keine arbeitslose, überschüssige Dorfbevölkerung zu dulden. Die *batraki* sollten, wie in Großrußland die *priemyšy*, zwangsweise gegen Unterhaltsverpflichtung den Höfen zugeeignet werden. Den für den Markt produzierenden Vollbauern im ungeteilten Erbe stand eine wachsende Zahl von Habenichtsen gegenüber, die noch nicht in die Industrie abziehen konnten und erst in späteren Jahrzehnten nach Übersee auswanderten. Merkwürdigerweise werden in den umfangreichen Untersuchungen zur Sozialgeschichte Litauens die Juden in ihrer Sozialfunktion nicht erwähnt. Diese stellten die große Mehrheit jener Kleinbürger, die sich mehr als jeder andere Stand vermehrten [136] und damit alle nur denkbaren Handwerke und Dienstleistungen in den Städtchen besetzten, so daß der ländliche Bevölkerungsüberschuß hier nicht unterkommen konnte.

Wie anderswo, zeigen auch hier die Untersuchungen über die bäuerlichen Unruhen, wo das Landvolk der Schuh drückte [137]. Fast alle Vorfälle entzündeten sich an Übergriffen der Administration oder der Besitzer früherer Staatsgüter, vor allem der konfiszierten Besitzungen. Der Kampf ums Recht verschärfte sich mit dem Einziehen von Bauernland und der Weige-

---

[134]) Außer U l a š č i k die nützliche Arbeit von M u l j a v i č i u s in: Ežegodnik 1960 (1962), S. 445—453.

[135]) U l a š č i k a. a. O., S. 323.

[136]) Zunahme der Einwohner in den Flecken des Gouvernements Kovno in den Jahren 1858—1863 ca. 28 %. M u l j a v i č i u s und J u č a s, Nekotorye voprosy a. a. O., S. 9.

[137]) Außer U l a š č i k (wie Anm. 128), v. a. S. A. L a z u t k a Revoljucıonnaja situacija v Litve 1859—1962 gg. Moskva 1960, 260 S. (vorher Dissertation Moskva 1954), daraus eine Übersicht: d e r s., in: Revol. situacija 1960, S. 480—501.

rung, „über die Inventare hinaus" Fron bzw. Zins zu leisten [138]. In Litauen verbreitete sich seit 1858 besonders der Boykott der Kneipen, hier als Leistung des moralischen wie des politischen Widerstandes von der katholischen Kirche besonders gefördert [139].

Über die Wirtschaftsstruktur des eigentlichen Weißrußland vor der Reform sind wir informiert durch ein Buch von F r i d m a n [140] und durch zwei nützliche Übersichten von Frau Č e p k o [141]. In Gebieten der Hufenreform waren für die Einzelhöfe die Pflichten dem Prinzip nach in den Inventaren festgelegt, im Osten, in den Gouvernements Vitebsk und Mogilev, auf die *tjagla* gemäß der Dorfgemeindeverfassung gleichmäßig verteilt. Noch herrschte weithin kein Landmangel; es gab genügend zu rodende Wälder, das Wachstum der Bevölkerung wurde einigermaßen ausgeglichen. Die Landausstattung der Fronbauern, 1,5 bis 2 Desjatinen je Seele, und die Fronpflichten — vier bis sechs Tage pro Woche und Hof — hielten sich im üblichen Rahmen. Die Möglichkeit zu roden bedeutete aber auch, daß gutes Ackerland vom Gute mit sich entwickelnder Eigenwirtschaft eingezogen wurde und die Bauern sich auf das Neuland verwiesen sahen. Die Großfamilie blieb beisammen, hielt mehr Vieh und war weniger durch Katastrophen gefährdet. Für die Bauern blieb der Markt von geringer Bedeutung; maßgeblicher war er für die Güter in der Nähe großer Flüsse, des Njemen und der Düna, wo die Bauern zum Teil von der Flößerei lebten. Das Wandergewerbe blieb unbedeutend, die Bauernschaft noch undifferenziert. Auch hier finden wir das Problem der landlosen Pauperes, *bobyli*, die keine Abgaben zahlen und nicht beschäftigt werden konnten. Mit der Zeit

---

[138]) Polizeiberichte etc. in dem Bande: Revoljucionnyj pod-em v Litve i Belorussii v 1861—1862 gg., der Serie: Vosstanie 1863 goda. Dokumenty i materialy (mit Einleitung in vier Sprachen). Moskva 1964, 709 S. — Außerdem U l a š č i k, a. a. O., S. 414—435, sowie V. I. N e u p o k o e v über Unruhen bis Ende 1857, in: Učenye zapiski Vilniusskogo gosud. universiteta, Seriji obšč. nauk, t. 1, Vilnius 1954.

[139]) K. G i e c z y s Bractwa trzeźwości w diecezyi Żmudskiej w latach 1858 bis 1864. Wilno 1935.

[140]) M. V. F r i d m a n Otmena krepostnogo prava v Belorussii. Minsk 1958, 200 S. Ergänzend mit vielen Einzelheiten über die Projekte der Gouvernements- und Kreisadelskomitees bzw. -versammlungen, d e r s., in: Učenye zapiski Belorusskogo gosud. universiteta t. 36, Minsk 1957, S. 73—106.

[141]) V. V. Č e p k o, in: Ežegodnik 1958 (1959), S. 173—184 und 1960 (1962), S. 363—377. Nicht gesehen habe ich ihr offenbar wichtiges Buch: Sel'skoe chozjajstvo Belorussii v pervoj polovine XIX veka. Minsk 1966, 220 S. Das Autoreferat der Doktor-Dissertation, Razloženie feodal'no-krepostničeskoj sistemy i formirovanie kapitalističeskich otnošenij v sel'skom chozjajstve Belorussii v pervoj polovine XIX v., datiert erst Minsk 1968 (56 S.).

war der Überschuß an Menschen in einer mit unbezahlten Kräften arbeitenden kapitalarmen Wirtschaft nicht zu verkraften. — Die Forscher haben sich besonders für die Landtechnik in Weißrußland interessiert. Die Bedeutung der Kartoffel für die Volksernährung scheint noch nicht genügend gewürdigt; sie wurde, von Westen her vordringend, seit den dreißig Jahren feldmäßig angebaut. Um 1860 sind schon 30 Prozent der Gutswirtschaften zur Fruchtfolgewirtschaft, mit deren Anforderung höherer Viehhaltung, übergegangen [142]. Nicht recht bedacht scheinen uns in den vorliegenden Arbeiten die für gewaltige Gebiete des Westlichen Rußland entscheidenden natürlichen Bedingungen, vor allem die Sümpfe. Je weiter nach Osten, bis vor Smolensk, und je weiter nach Süden, bis gegen Podolien, um so extensiver war der Landbau, um so mehr lebten die Bauern von Nutzungsrechten in Heuschlag und Wald, die in Inventaren und Dokumenten meist nicht erschienen.

Die Bauernreform ging bekanntlich von den „Westgebieten" aus, dem Reskript an den Militärgouverneur von Wilna, Nazimov; und sie bekam unmittelbare politische Aktualität durch den polnischen Aufstand. Gemäß der gebietlichen Regelung von 1861 *(mestnoe položenie)* für die Gouvernements Wilna, Grodno, Kowno, Minsk und einen Teil des Gouvernements Vitebsk (das „Polnische Livland") [143] sollten die Bauern alles bisher genutzte Land, außerdem das zeitweilig gepachtete, behalten. Sollte dem Gutsherrn weniger als ein Drittel des bisherigen Besitzes verbleiben, konnte er einen entsprechenden Teil des Landes einziehen. Über die Nutzungsrechte (Servituten) war nichts gesagt. Die Höfe sollten als solche erhalten bleiben; daher war ein „Normalanteil" pro Revisionsseele nicht vorgesehen, die sog. „Bauern" ohne Hof gingen leer aus. Die Ablösung allein auf Grund der Grundverschreibungen stieß auf den heftigsten Widerstand der Bauern, die ihr Ackerland gemäß den Inventaren von 1847 haben wollten, sowie der Landlosen, die sich ihrem Schicksal überlassen sahen.

Mitten hinein in die Reform brach 1862 der polnische Aufstand mit dem Versprechen im Manifest der Warschauer „Roten" in litauischer und weißrussischer Sprache: Alles von den Bauern genutzte Land sollte ihnen ohne

[142]) U l a š č i k in: Ežegodnik 1959 (1961), S. 173—185. Zum Kartoffelanbau der Bauern in Litauen und Weißrußland, d e r s., in: Materialy, t. 5, 1962, S. 308—337.
[143]) Krest'janskaja reforma. Sbornik, S. 341—390. — Auf die Projekte des Adels gehe nicht nicht näher ein, vgl. außer F r i d m a n (wie Anm. 140) v. a. N e u p o k o e v in: Vilniusskij gosud. universitet. Učenye zapiski, Serija istoriko-filologičeskich nauk, t. 2, Vilnius 1955, S. 169—212.

Ablösung gehören, und die Landlosen sollten drei Morgen erhalten [144]. Darauf mußte die Regierung in verschiedenen Etappen nachziehen [145]: Vor allem ging es um die Servituten, die Wiederherstellung bäuerlichen Besitzes gemäß den Inventaren und eine wesentliche Erniedrigung der Ablöse-summen, die ohnehin meist etwas niedriger waren als der Marktpreis von Grund und Boden. Jede letzthin enteignete Familie sollte 3 Desjatinen erhalten. Außerdem wollten die *batraki*, die etwa als weichende Erben ihr Land längst zuvor verloren hatten, an der neuen Regelung teilhaben. Der Generalgouverneur Murav́ev setzte sich gegen den besiegten polnischen Adel für die russischen und litauischen Bauern ein, zum Leidwesen des Innen-ministers Valuev, der in diesem Falle wenig seiner liberalen Attitude ent-sprach [146]. Nach Möglichkeit sollten auch jetzt die Gutsländereien selbst nicht berührt werden, nur das bisher verpachtete Land.

Die „Bauernbewegung" in Litauen [147] und zu einem Teil in Weißrußland ging mit dem Aufstand parallel. Für die Zeit unmittelbar vor dem Auf-ruhr liegt eine Aktensammlung vor [148]; nach Gouvernements geordnet ent-hält sie leider keine Namensregister; man hätte gern erfahren, auf welchen Besitzungen die Bauern besonders unruhig waren. Die Wittgensteinschen Güter erscheinen häufiger. Nach dem Abflauen der Proteste im Herbst 1861 schwoll die Bewegung im folgenden Jahre wegen der ungünstigen Bedin-gungen der Grundverschreibungen [149] wieder an. Wenn ich recht sehe, war in Weißrußland der Kampf ausschließlich um bessere Ablösungs- und Zu-teilungsbedingungen entbrannt und nicht von der Wiederherstellung eines

[144]) Die Dokumente in: Vosstanie v Litve i Belorussii 1863—1864 gg. der genannten Serie: Vosstanie 1863 goda. Moskva 1965, 586 S.

[145]) Eingehend Zajončkovskij 1958, a. a. O., S. 365—390; über die Rückgabe bäuerlicher Landanteile infolge des Aufstandes Neupokoev in: Problemy obščestvenno-političeskoj istorii Rossii i slavjanskich stran. (Ticho-mirov-Festschrift). Moskva 1963, S. 418—427; ferner Muljavičius (Mule-vičius) Provedenie krest'janskoj reformy 1861 goda v Litve. Diss. Vilnius 1964 (nicht gesehen), zusammengefaßt in zwei Aufsätzen in: Ežegodnik 1960 (1962), S. 445—453 und 1963 (1965), S. 585—598. Zwei Dissertationen von L. N. Byčkauskas-Gentvala (Autoreferat 1955) und L. I. Siling (Auto-referat 1954) zur gleichen Thematik scheinen überholt, werden jedenfalls nicht mehr zitiert (beide nicht gesehen).

[146]) Zajončkovskij, 1958, S. 377.

[147]) Lazutka in: Revol. situacija 1960, S. 486—500; ferner Neupokoev wie Anm. 160.

[148]) Krest'janskoe dviženie v Belorussii posle otmeny krepostnogo prava (1861—1862 gg.) Dokumenty i materialy. Minsk 1959, 480 S. (Enthält wichtige Unterlagen zur russischen Politik in den „Westgebieten" überhaupt.)

[149]) Fridman in: Revol. situacija 1963, S. 259—274.

alten Eigentumsrechtes bestimmt; ich nenne hier zwei nicht hervorstechende
Arbeiten über die bäuerliche Bewegung in den Gouvernements Vitebsk [150]
und Mogilev [151].

Es versteht sich, daß der neu ausgerichteten litauischen Forschung im
ersten Überschwang der Aufstand von 1863 in seinen Auswirkungen auf
die Westgebiete als eine wesentlich von Bauern getragene Erhebung erschien. So wurde eine litauische Intelligenzschicht postuliert, die angeblich
von den russischen „revolutionären Demokraten" wie Černyševskij maßgeblich beeinflußt worden sei [152]; die Russen sollten als die Initiatoren des
litauischen nationalen und sozialen Erwachens erscheinen. Der einzige pro-
minente Litauer in dem Aufstand, der Priester und Bauernführer Macke-
vičius, hat zu Petersburg keinerlei Beziehungen gehabt. Allerdings haben
sich im eigentlichen Litauen katholische Staatsbauern beteiligt, einerseits um
allgemein zu mehr Land zu kommen [153], wohl auch dort, wo Domänenland mit Staatsbauern verpachtet worden war [154]. Denn diese waren von
den Reformen nicht betroffen. Die orthodoxen Bauern weiter im Osten
— praktisch alles Gutsbauern — haben offenbar das Warschauer Manifest
ignoriert und den Kampf gegen die Reformgesetzgebung unabhängig vom
Aufstand geführt. Übrigens ist der Führer der Aufständischen in Weißrußland Kalinowski in seinen Appellen in weißrussischer Sprache nicht
weiter gegangen als die Warschauer „Roten": von einer Übergabe etwa des
gesamten Ackerlandes an die Bauern war nicht die Rede [155]. Der Aufstand
war und blieb wesentlich ein adliger bzw. ein kleinadliger, insofern er ein
nationaler war; der Besitzstand mußte im Interesse der nationalen Sache
auch von denjenigen Polen gehalten werden, die, wie Kalinowski, sich für

---

[150] A. T. Karatkievič in: Vesci Akademii Navuk BSSR. Serija hra-
madskich navuk 1961, 2, S. 54—62 (Zusammenfassung der Dissertation: A. Z.
Korotkevič, Otmena krepostnogo prava v Vietbskoj gubernii, Moskva
1954).

[151] D. N. Chonkin in: Učenye zapiski. Mogilevskij gosud. pedag. institut,
t. 2, Mogilev 1955, S. 3—19 (für die Daten über die Bauernanteile veraltet);
ferner M. G. Lysenko Krizīs krepostnogo chozjajstva i reforma 1861 goda
v Mogilevskoj gubernii. Dissertation Minsk 1955 (nicht gesehen).

[152] Lazutka, Revol. situacija, a. a. O., S. 138—149.

[153] Zu den Motiven der Teilnahme litauischer Bauern am Aufstand V. B.
Bikulič, in: Revol. situacija 1963, S. 115—143, hier S. 134; vgl. Krest'janskoe
dviženie v Rossii, a. a. O., (1861—1869), S. 287, 726.

[154] Etwa ein Drittel aller Bauern in den überwiegend katholischen Gouvernements Wilna und Kowno waren Staatsbauern.

[155] Kalinowskis Zeitung „Mužyckaja praúda", in russ. Übersetzung in: Revol.
pod-em v Litve, a. a. O., S. 124, 133; ferner S. M. Bajkova in: Ežegodnik
1961 (1963), S. 422—432, und 1963 (1965), S. 45—60.

die weißrussischen Bauern einsetzten. Nur die wenigen Litauer konnten als Katholiken revolutionär und demokratisch sein, und das waren, wie gesagt, Priester [156].

Das Ziel des polnischen Aufstandes war primär politisch und nicht ausschließlich sozial: Die Revolutionierung des gesamten Rußlands ist zwar von einigen polnischen Emigranten sowie von Ogarev und Bakunin intendiert gewesen, im Lande selbst aber schon der Kürze der Vorbereitungszeit wegen nur als Fernziel improvisiert [157], nicht jedoch vorbereitet und mitgeplant worden. Ein Auseinanderklaffen jeweils legitimer nationaler und sozialer Interessen ist in der sowjetischen Ideologie als Möglichkeit nie bewältigt; kompliziert durcheinanderlaufende Fronten bleiben unklar. Die ausgewogene Beurteilung von Frau B a j k o v a in ihrem Referat von 1961 erscheint in dem Beitrag zum Wilnaer Symposion von 1963 abgeschwächt [158]. Es versteht sich, daß der Direktor des Historischen Instituts der Litauischen Akademie der Wissenschaften daran interessiert war, die durchgängige sozialrevolutionäre Rolle des gesamten litauischen Volkes herauszuarbeiten [159]. Für die Führung des Aufstandes in Litauen, das „Litauische Provinzialkomitee" in Wilna und dessen Konflikte mit Warschau, haben wir eine materialreiche, etwas naiv urteilende Darstellung von L a z u t k a , der zu sehr die Übereinstimmung polnischer und sogenannter „litauischer" Interessen betont [160].

In welchem Maße haben sich Murav́evs harte Maßnahmen gegen den polnischen Adel in den Westgebieten nach Niederwerfung des Aufstandes zugunsten der Bauern ausgewirkt? Ältere Arbeiten stützten sich auf anscheinend genaue Berechnungen des Statistikers R i c h t e r aus dem Jahre 1900; dieses setzten die Bauernanteile nach der endgültigen Regelung etwas zu hoch an [161]. Während Z a j o n č k o v s k i j 1958 die Daten Richters noch im wesentlichen übernahm, haben neuere Arbeiten anhand der Grund-

---

[156]) Der Haltung des katholischen Klerus wird keine der besprochenen Arbeiten gerecht. Auch der Bischof von Telšiai, ein Litauer, hatte den Bestand der Kirche zu erhalten und ihn nicht durch einen aussichtslosen Aufstand zu gefährden, vor allem nach den Erfahrungen der Kirche seit 1831. Wie sollten die Priester die Klassenfeinde der Bauern sein? So z. B. A. F. S m i r n o v in seinem inhaltsreichen Aufsatz in: Revol. situacija 1960, S. 460—479, hier S. 478.

[157]) V. a. in der sogenannten „Kazaner Verschwörung".

[158]) Siehe Anm. 155.

[159]) J u. I. Ž i u g ž d a in: Ežegodnik 1963 (1964), S. 29—44.

[160]) L a z u t k a , a. a. O., passim. — Außerdem allgemein die Beiträge von N e u p o k o e v und Ž i u g ž d a in dem Sammelband: Lietuvos valstiečiai XIX amžiuje. Vilnius 1957, S. 105—175.

[161]) U l a š č i k , in: Istorija SSSR 1961, 6, S. 119—120.

verschreibungen im Vergleich mit den Inventaren die Entwicklung der Nutzungsfläche im einzelnen überprüft [162]. Leider ist das nicht in vollem Umfange möglich, denn nicht alle Unterlagen sind erhalten, vor allem nicht für den gleichen, unter Umständen inzwischen geteilten oder zusammengelegten Besitz [163]. Bei allen Berechnungen, auf den neueren, wurden weder die Nutzungsrechte voll einbezogen — sie bildeten eine sehr wesentliche Grundlage der bäuerlichen Wirtschaft in den weißrussischen Wäldern —, noch konnte die ständige neue Aneignung ungenutzten Landes, gerodeter Wälder oder Buschwerks, erfaßt werden, die zugunsten des Bauern wie des Gutsherrn vor sich ging [163a]. Waren doch die Besitzungen bzw. die derzeitigen Nutzungsanteile in großen Teilen Weißrußlands, vor allem in Polesien, aber auch in Teilen des eigentlichen Litauen kaum vermessen: jeder nutzte, was er nutzen konnte, und ließ den Rest liegen — und dies bis weit ins 20. Jahrhundert hinein.

In dem Maße nun, in dem die Gutsherren ihre Eigenwirtschaft aufzubauen suchten, mußte es zu ständigen Reibereien kommen, da derlei Gewohnheiten und deren materielle Bedeutung juridisch kaum gerecht abzuwägen sind. Wenn man die aufgeführten Zahlen liest, wundert man sich, daß die Bevölkerung nicht längst verhungert war, d. h. man kann hier, wie auch vielfach anderswo, allein von dem Ackerland des Bauern her keinen vollen Überblick über seine Existenzweise gewinnen.

Die sorgfältige und durchdachten weißrussischen und vor allem litauischen Arbeiten behandelt in letzter Zeit auch die Veränderungen der bäuerlichen Wirtschaft in den folgenden Jahrzehnten. Enquêten der Jahre 1872—1874 ergaben für das Gouvernement Kowno, daß vor allem Flachs und Getreide verkauft wurden und der Wohlstand anscheinend allenthalben stieg [164]. Für das eigentliche Weißrußland liegt eine erste Skizze von Š a b u n j a vor, wonach der Abfluß der ländlichen Bevölkerung in die Städte — trotz des relativ raschen Wachstums der Industrie — nicht in dem gleichen Tempo vor sich ging, da die zunehmende jüdische Bevölkerung dort die Plätze bereits besetzt hatte [165]. Der größte Grundbesitzer in Weißruß-

---

[162] Z a j o n č k o v s k i j , 1958, S. 395—400.

[163] F r i d m a n in: Ežegodnik 1962 (1964), S. 445—454.

[163a] Über den Kampf um die Servituten bis ins 20. Jahrhundert hinein. A. V. P o l o n s k i j , in Ežegodnik 1965 (1970), S. 402—411.

[164] M u l j a v i č i u s in: Tezisy 1966, S. 113.

[165] Über Marktproduktion in der weißrussischen Landwirtschaft K. I. Š a b u n j a in: Ežegodnik 1961 (1963), S. 435—447; über Gutsherren als Unternehmer, Č e p k o in: Perechod ot feodalizma k kapitalizmu v Rossii. Materialy vsesojuznoj diskussii (1965). Moskva 1969, S. 166 (ein für unsere Fragestellung wenig ergiebiger Sammelband); für den von Westen kommenden wachsenden

land, der Fürst Sayn-Wittgenstein (später Hohenlohe-Schillingsfürst), mit 859 000 Desjatinen und fast 43 000 Revisionsseelen und mit vier Millionen Kreditrubeln verschuldet, hat nach dem Aufstand trotz erheblicher Proteste etwa 200 000 Desjatinen abgeben müssen, zum Teil Vorwerksland, zum Teil ungerodete Strecken, wobei die Bauern 66 Prozent mehr Land erhielten, als sie vor der Reform nutzten [166]. Diese nationalpolitische Maßnahme richtete sich gegen den Untertan eines fremden Staates.

Zur Durchführung der Reformen im östlichen Weißrußland, nämlich im Gouvernement Mogilev, stellte der Minsker Archivar Š p a k o v wichtige methodische Überlegungen an: Über die Landnutzung der Bauern vor der Reform könne man sich nur anhand der späteren Grundverschreibungen unterrichten, doch seien die Inventare für diese Gegenden bis zu einem gewissen Grade ebenfalls zuverlässig. In diesem Gouvernement erhielten auch die landlosen Bauern eine Häuslerstelle von 3 Desjatinen pro Familie; im ganzen waren 8 Desjatinen Ackerlandes je Hof als untere Grenze vorgesehen, wobei vielfach mit schlechtem Boden gerechnet werden muß. Mit der Bevölkerungsvermehrung nach der Reform bahnte sich auch hier die Dauerkrise an [167].

Zusammenfassend läßt sich für das westliche Rußland folgendes sagen: Die rasche Zunahme der Bevölkerung konnte niemand voraussehen; die Ausstattung der Bauern mit Land war mäßig, aber fürs erste einigermaßen auskömmlich; sie verlangte allerdings für die nächste Zukunft nicht nur einen engeren Anschluß an den Markt — dies war durch die Eisenbahnbauten theoretisch gegeben — sondern auch eine verbesserte Agrartechnik. Im Westen machte sich der Druck der Übervölkerung besonders bemerkbar, da die städtischen Berufe blockiert waren. Diese Situation charakterisiert den „Ansiedlungsrayon", die den Juden vorbehaltenen Gebiete. Besäßen wir eine Feldstudie über die Entwicklung des Gutsbesitzes, vor allem über das Verschwinden vieler kleinerer und mittlerer Güter — abgesehen von Konfiskationen nach 1863 —, könnten wir Schlüsse für einen möglichen „preußischen Weg" der russischen Wirtschaft gerade von diesen Verhältnissen her ziehen.

Dank der Arbeiten von B u d a e v und R j a b k o v , Dozenten des Pädagogischen Instituts in Smolensk, sind wir über die Lage des Gouvernements

---

Einfluß der Fruchtwechsel- und Weidewirtschaft, V. P. P a n j u t i č in: Tezisy 1969, S. 267—271. — Über geringe Einkünfte trotz rationeller Wirtschaftsweise auf den Gütern der Fürsten Paškevič, V. V. Č e p k o , in: Tezisy 1970, S. 187 bis 190.

[166]) F r i d m a n in: Ežegodnik 1963 (1964), S. 572—584.

[167]) M. F. Š p a k o v, ebendort, S. 559—571. Dadurch offenbar überholt, L y s e n k o, wie Anm. 151.

Smolensk besonders gut informiert. Diese Gegend gehörte nicht mehr zum zentralen Gewerberayon; sie war agrarisch ausgerichtet, hatte aber nicht jene günstigeren natürlichen Bedingungen wie die nördliche Ukraine. Bis hierher reichte der Aufstand nicht; daher genossen die Bauern nicht die sich an diesen anschließenden Konzessionen. Das Gouvernement war eine arme Gegend, mit geringer Verbindung zum Markt, schwachem Wachstum der wenigen Städte. Obwohl die geringe Entwicklung der Städte auf eine eher rückständige Wirtschaft hindeutet, ist neuerdings auf den überraschenden Aufschwung bäuerlicher Wirtschaften seit dem Ende des 18. Jahrhunderts hingewiesen worden, der sich offenbar überall dort vollzog, wo die Landeplätze der großen Flüsse leicht erreichbar waren. Auf den stärkeren Marktbezug deutet auch die frühe Verbreitung der Geldpacht — statt Abarbeit — hin [168].

Von allen russischen Gouvernements hatte Smolensk vor der Reform den höchsten Prozentsatz von Gutsbauern (72 Prozent); 50 Prozent der Gutsbesitzer verfügten über weniger als 20 Seelen, meist auf Fron, auf schlechtem bis mäßigem Boden. Der Mangel an Kapital verhinderte die Intensivierung der Landwirtschaft und belastete die Bauern. Auch hier nahmen die Proteste der Bauern im Zusammenhang mit ihrer Bedrückung oder mit der Verschuldung der Gutsbesitzer zu [169]. Angesichts des geringen Werts des Ackerlandes bemühte sich das Gouvernementskomitee zur Vorbereitung der Reform um einen möglichst hohen Preis für die Freisetzung der Person des Bauern. Offenbar waren die Kleinadligen recht dickköpfig in ihren Forderungen, sie wurden von der Redaktionskommission gerügt; ihre Vorschläge blieben unberücksichtigt. Die höchsten Normen in den Kreisen, meist 4 Desjatinen pro Seele, waren geringer als die Durchschnittsanteile vorher, (4,8 Desjatinen), außerdem fielen die mannigfachen Servituten, vor allem die Waldnutzungen, fort, die bei den armseligen Verhältnissen eine große

---

[168]) A. A. K o n d r a š e n k o v, D. I. B u d a e v, G. T. R j a b k o v, in: Tezisy 1969, S. 184—187, korrigieren die eingehende Darstellung der Wirtschaftsstruktur vor der Reform durch V. S. O r l o v Otmena krepostnogo prava v Smolenskoj gubernii. Smolensk 1947, 175 S. Über die Differenzierung unter den Gutsbauern auch R j a b k o v, in: Smolensk. K 1100-letiju pervogo upominanija goroda v letopisi. Materialy jubil. naučnoj konferencii. Smolensk 1967, S. 128—144. Das Budget zweier Gutswirtschaften, anscheinend ausschließlich mit freien Lohnarbeiter, analysiert R j a b k o v, in: Tezisy 1970, S. 194—196.

[169]) G. T. R j a b k o v Krest'janskoe dviženie v Smolenskoj gubernii v period razloženija krepostničestva. Smolensk 1957, 155 S.; zusammenfassend sein Aufsatz in Revol. situacija 1960, S. 149—175; über die Unruhen 1861—1863 auch B u d a e v in: Materialy po izučeniju Smolenskoj oblasti, vyp. 2, Smolensk 1957 (nicht gesehen).

Rolle spielten [170]. B u d a e v hat als Schüler Zajončkovskijs die Grundverschreibungen genau untersucht, sein Vorgänger O r l o v nur zu einem
kleinen Teil [171]. Im großen und ganzen erhielten hier die Bauern den Maximalanteil, abgesehen von den bisherigen Leibeigenen des Kleinstadels. Dennoch verschlechterte sich ihre wirtschaftliche Lage, da in diesem Gouvernement, wie im übrigen Westen und in anderen Gegenden mit viel Wald,
Buschwerk und Sumpf die verschiedenen, bisher ungerechneten gewohnheitsrechtlichen Nutzungen fortfielen. Sowie ein Gutsbetrieb aufgebaut und die
Gemengelage beseitigt wurde, mußten vielfach Bauern umgesiedelt werden,
was nicht selten hieß, daß sie das nahe am bisherigen Hof gelegene Land
verloren — nur dieses war mehr oder weniger regelmäßig gedüngt — und
in das noch kaum in Kultur genommene *zapol'e* abgedrängt wurden.
B u d a e v s ausgezeichnete neue Untersuchung gewährt besonders gute
Einblicke in Verhältnisse einer armen Gegend, die bereits vor 1861 immer
rascher in die Marktproduktion einbezogen worden war. Auch für Smolensk
erfahren wir durch einen Vergleich der Gutsbeschreibungen von 1857 und
der Höfe-Statistiken 1886/87 einiges über die sozialen Veränderungen
durch die Reformen: Die Großfamilien lösten sich auf, die Zahl der Höfe
nahm um 41 Prozent zu, die Zahl der Bewohner pro Hof minderte sich um
38 Prozent; gleichzeitig ging die Viehhaltung übermäßig zurück; erst seit
den 80er Jahren gingen die Bauern zur Mehrfelder- bzw. Fruchtfolgewirtschaft über; mit der Verbesserung des Absatzes durch die Eisenbahnen
nahm der Flachsanbau auffallend zu, erst spät wurde die Kartoffel stärker
beachtet [172]. Die Lage der kleinsten Höfe war durch das Wegsterben der
Wirte gefährdet: 1886 waren 9 Prozent der Höfe ohne eigene Arbeitskräfte. Wo kein Handwerker auf diesen Stellen zusätzlichen Verdienst
brachte, war die Lage ziemlich hoffnungslos. Wandergewerbe nahmen allerdings nach der Reform einen großen Aufschwung [173]. Auch hier finden wir

---

[170]) Die verschiedenen Arbeiten von D. I. B u d a e v seit seiner Dissertation
(Provedenie reformy 1861 goda v Smolenskoj gubernii. Autoreferat. Smolensk
1957, 19 S.) in: Ežegodnik 1962 (1964), S. 464—474 und in: Naučnye doklady,
1959, 4, S. 44—66, zusammengefaßt in, d e r s.: Krest'janskaja reforma 1861
goda v Smolenskoj gubernii. K voprosy o realizacii „položenij 19 fevralja".
Smolensk 1967, 293 S., m. E. der besten und objektivsten Regionalstudie über
die Durchführung der Reform, auf Grund der Grundverschreibungen und der
Loskaufsakten. Über letztere noch d e r s., in: Materialy 6, 1965, S. 280—301.
[171]) Dazu B. G. L i t v a k in: Istoričeskie zapiski 68, 1961, S. 91.
172) B u d a e v in: Ežegodnik 1965 (1970), S. 368—380. Über den Widerstand
der Bauern in den nächsten Jahrzehnten und die Übersiedlungsbewegung, d e r s.,
in: Materialy po izučeniju Smolenskoj oblasti, t. 6, Moskva 1967, S. 177—223.
[173]) Vergleichende Analyse der Hofbeschreibungen vor der Reform und der

keine Arbeiten über das Schicksal der Gutsbetriebe, ihre Kapitalquellen, ihre Ausstattung mit Arbeitskräften, ihren Übergang zu moderner Wirtschaftsweise.

6. Der Osten und Südosten

Das Gebiet der Mittleren Wolga, zu einem großen Teil aus spät kolonisierten Gegenden bestehend, war meist mit Staatsbauern und Apanagebauern besetzt [174] — von diesen ist unten gesondert die Rede. Der Status der Staatsbauern wird in unserem Bericht nicht berücksichtigt.

Eine Reihe von Nationalitäten war über das Gebiet verteilt, deren ökonomische Verhältnisse zur Zeit der Agrarreform in mehreren, vielfach schwer zugänglichen Arbeiten beschrieben sind. Bei der Beurteilung der jeweiligen Situation ist etwa für die Čuvašen die alte Sippentradition im Auge zu behalten, der zufolge in großen Dorfgemeinschaften *(složnye obščiny)*, die aus mehreren Siedlungen bestanden, auch bei der Aussiedlung die Rechte, etwa Weiderechte, beibehalten wurden und ein gewisser Schutz gegen Verarmung gegeben war [175]. — Die Tataren waren fast ausnahmslos Staatsbauern [176]; von den Mordvinen waren es 59 Prozent (dazu 30 Prozent Apanagebauern) [177], unter den Čuvašen etwa 64 Prozent, dazu 23,5 Prozent Apanagebauern und nur 7,5 Prozent Gutsbauern [178]. Im Osten, gegen den Ural hin, waren die Baškiren durch Übergriffe russischer Gutsbesitzer und Bauern in ihrem Weideland stark beschnitten worden und hatten 1798 bis 1865 als Kantonisten, eine Art Wehrbauern, einen beson-

Hofverzeichnisse der Zemstvos von R j a b k o v , in: Ežegodnik 1961 (1963), S. 411—421.

[174]) Im Gouvernement Samara umfaßte das Gutsland nur 10,5 % der Gesamtbodenfläche.

[175]) Über diese ein guter Aufsatz von V. D. D m i t r i e v in: Učenye zapiski. Naučno-issled. institut jazyka, istorii i ekonomiki pri sovete ministrov Čuvašskoj ASSR, t. 23, Čeboksary 1963, S. 196—228.

[176]) Nur 71 Muslime im Gouvernement Kazan' von der Reform 1861 betroffen. Agrarnyj vopros i krest'janskoe dviženie 50 do 70-ch godov XIX v. Moskva-Leningrad 1936, S. XXIII (= Materialy po istorii Tatarii vtoroj poloviny XIX veka, t. 1 = Trudy istoriko-archeologičeskogo instituta AN SSSR, t. 16.).

[177]) Očerki po istorii Mordovskoj ASSR, t. 1, Saransk 1955, S. 229. — Die veröffentlichten Quellen zur Bauernbewegung vor 1861 sprechen bis auf eine Ausnahme (Steuerverweigerung) nur von Gutsbauern: Dokumenty i materialy po istorii Mordovskoj ASSR t. 4, č. 1. Saransk 1948, passim.

[178]) T. G. G r i g o r' e v in: Materialy po istorii Čuvašskoj ASSR, vyp. 1., Čeboksary 1958, S. 336.

deren Rechtsstatus [179]. Auch abgesehen von der russischen Religionspolitik
lebten die Fremdvölker — mit Ausnahme eines Teils der Tataren — aus
den reichen Gegenden abgedrängt, vielfach in desolaten Verhältnissen, in
der Regel armseliger und geknebelter als die umliegenden russischen
Bauern [180]. — Große Güter mit extensiver Bewirtschaftung einerseits, weite
freie Landflächen bei dünner Besiedlung andererseits charakterisierten die
Gegenden an der mittleren Wolga und weiter gegen Osten hin. Die großen
Betriebe etwa des Gouvernements Saratov wurden durch Gutsverwalter
verwaltet, unter denen Polen und Deutsche als besonders rücksichtslos galten und nicht selten in die eigene Tasche wirtschafteten. Da der Adel oft
ständig abwesend war, ließen sich schwer kompetente Friedensmittler finden [181]. Im Wolgagebiet waren die Arbeitslöhne hoch, das Land billig; es
schien leicht, freien Boden zu pachten, und die Bauern hofften vor und nach
der Reform im Notfalle auf Besiedlungsmöglichkeiten weiter im Osten [182].
Daher fürchteten die Gutsbesitzer im Gouvernementskomitee von Samara,
daß die Bauern auf freie Ländereien jenseits der Wolga würden abziehen
wollen [183]. Aus dem gleichen Grunde — und das charakterisiert die Haltung der Bauern gegenüber der Reform in weiten Gegenden der Mittleren
Wolga, vor allem in den Gouvernements Samara und Simbirsk — finden
wir eine große Zahl von Empfängern des Gratisanteils; ebenso wollten
Bauern häufig nur einen kleineren als den Normanteil erkaufen. So gingen
nach den Grundverschreibungen im Simbirskschen Gouvernement einschließlich der Gratisanteile etwa 21 Prozent des Bauernlandes verloren.
Vielfach sind die Bauern freiwillig gewichen; öfter aber hatte die tatsäch-
liche Nutzungsfläche weit über dem festgestellten Höchstanteil gelegen. Ein
großer Steppenbesitz, wie etwa der der Gräfin Zubova, ließ bis zur Reform
alles Land durch die Leibeigenen nutzen; wenn jetzt eine eigene Wirtschaft
aufgebaut werden sollte, verloren die Hintersassen von den bisherigen 8

---

[179]) Vgl. z. B. Očerki po istorii Baškirskoj ASSR, t., č. 2, Ufa 1959, S. 33—35.

[180]) Siehe etwa den Bericht von F u c h s (1840) über Čeremissen und Čuvašen,
in: Istorija Tatarii v materialach i dokumentach, Moskva 1937, S. 275—276.

[181]) Aufzeichnungen des Friedensmittlers A. N. M i n c h in: Materialy po
krepostnomu pravu. Saratovskaja gubernija. Saratov 1911. S. 7—9.

[182]) Als Existenzminimum für das tjaglo für Fronbauern war vom Zivil-
gouverneur des Gouvernements Orenburg 1858 12,5 Desjatinen vorgesehen (genaue Aufstellungen). Čtenija v Moskovskom obščestve ljubitelej istorii i drevnostej Rossijskich 1911, t. 2, S. 612—623.

[183]) V. L e v a š o v Reforma 1861 goda v Samarskoj i Simbirskoj gubernijach,
Kujbyšev 1940, 72 S. (noch ohne Analyse der Grundverschreibungen) hier: S. 20;
überholt durch A. G. K a r e v s k a j a Provedenie krest'janskoj reformy 1861
goda v Samarskoj gubernii. Autoreferat, Kujbyšev 1959, 20 S.; die Ergebnisse in
einem sehr guten Aufsatz, d i e s., in: Materialy, t. 3, 1959, S. 325—367.

Desjatinen pro Revisionsseele nicht wenig. Eine einfache Berechnung der
otrezki braucht nicht viel zu besagen. Da nach der Reform die Bodennutzung sich grundlegend änderte, die Loskaufoperationen erst spät begannen und bald völlig steckenblieben, da ferner Fronrecht rasch überall
in Zins umgewandelt wurde, läßt sich aus den Grundverschreibungen allein
kein vollständiges Bild von der Agrarstruktur der Jahrzehnte nach 1861
gewinnen [184].

Im langsamen Fortschreiten der Ablösung sind immer mehr Anträge auf
Gratisanteile gestellt worden. So waren schließlich im Gouvernement Samara 32 Prozent der Bauern auf ein Viertel des Normanteils gesetzt. Für
größere Besitzungen war die sofortige Trennung vorteilhaft, da man so
die eigene Wirtschaft mit freien Lohnarbeitern rascher rationalisieren
konnte. Auch reiche Bauern ließen sich auf Gratisanteile setzen, um mit
ihrem eigenen Kapital sofort Land hinzuzukaufen, anstatt den Gutsherren
weiterhin Zahlungen zu leisten. Kaufpreis und Pachtgelder stiegen natur-
gemäß schnell an, so daß nur etwa ein Viertel dieser *darstvenniki* mittels
vorteilhaft genutzter Zeit und durch eigenen Unternehmungsgeist wohl-
habend geworden ist; ein weiteres Drittel ist dagegen bis zur Jahrhundertwende vollständig verarmt [185]. Während das Phänomen der Gratisanteil-
bauern für das übrige Rußland kaum behandelt worden ist, können vor
allem dank den Arbeiten von Frau K a r e v s k a j a für die Wolga-Gou-
vernements Samara und Simbirsk präzise Schlüsse gezogen werden: Entweder hatten die Bauern von jeher weniger Land als den Mindestanteil,
waren arm und sahen voraus, daß die Ablösungszahlungen den geringen
Landbesitz nicht lohnten. In diesem Falle verzichteten sie gern auf drei
Viertel des Landanteils, waren sofort frei und konnten in die Kolonisa-
tionsgebiete abziehen. Oder die Landausstattung vor der Reform war
wesentlich höher als die Norm gewesen; dann konnten die Bauern auch mit
einem Viertel des Landes existieren, da sie über eigenes Kapital für Pacht-
zukauf verfügten. Die unterschiedlichen Zukunftsaussichten der Viertel-
anteilsbauern hingen gewiß von der persönlichen Tüchtigkeit, aber auch von
der mehr oder weniger raschen Erschöpfung des Bodens ab; hinzu kam
wahrscheinlich die altertümliche Wirtschaftsweise, nicht zuletzt bei den
Raskolniki — man berechnete für das Jahr 1880 bei ihnen fast vier Monate

---

[184]) V. N. K a n a t o v über die Reform im Gouvernement Simbirsk, in:
Vestnik Moskovskogo universiteta. Serija IX — Istorija, 1964, 5, S. 37—54.
[185]) Über die darstvenniki in Samara K a r e v s k a j a , in: Ežegodnik 1960
(1962), S. 426—436; über diese in Simbirsk, K a n a t o v , in: Materialy t. 6,
1965, S. 304—332. — Über darstvenniki auch: Erinnerungen eines Dorfgeist-
lichen, dt., Berlin 1894, S. 72 (aus Russkaja Starina, t. 24—30).

Sonn- und Feiertage pro Jahr [186].

Über die südlichen Wolgagebiete, Saratov und Astrachan, kenne ich keine neueren Arbeiten; im letzt genannten Gouvernement gab es ohnehin keine Gutsbauern. Für die Reform und die bäuerlichen Bewegungen unter den Fremdvölkern nennen wir Dissertationen über die Čuvašen [187], die Mordvinen [188], die Tataren [189] und die Čeremissen [190] — sie sind zu einem Teil in zusammenfassenden Aufsätzen zugänglich, zeigen deutlich die ständige Benachteiligung der meist analphabetischen Völkerschaften durch die Russen aller Stände, gehen aber im allgemeinen auf die sozialökonomische Problematik nicht ein. Meist behandeln sie ohne Berücksichtigung der Grundverschreibungen nur die allgemeine Durchführung der Reform mit dem Hauptgewicht auf den bäuerlichen Unruhen.

Mit Ausnahme der vorzüglichen Arbeiten von Frau K a r e v s k a j a [191] werden die weiteren Auswirkungen der Reform und der beginnenden Marktproduktion auf die bäuerliche Wirtschaftsweise nicht berücksichtigt, fast nie wird auf die Gutswirtschaft eingegangen. Feldstudien über die Reform in einer großen Ökonomie und ihre Folgen liegen einer Arbeit von Frau T a r a s o v a über eine Besitzung der Grafen Šeremetev (3550 Seelen) in dem heutigen Gebiet der Mari ASSR zugrunde [192]. Hier gab es meist schlechten Boden mit recht viel Wald; ein großer Teil der Landleute wurde nur mit der Hofstelle befreit, es handelte sich vielfach um Fabrikbauern. Doch mußte der größte Teil der Manufakturen noch in den sechziger Jahren eingestellt werden, da sie bei ihrer niedrigen Produktivität nicht mehr konkurrieren konnten, sobald Lohn gezahlt werden mußte. Damit verelendeten die freigesetzten Fabrikbauern sofort; wahrscheinlich traf dasselbe Schicksal auch sonst viele „Possessionsbauern", über die, soweit ich sehe, weiterführende Studien fehlen. In der genannten Herrschaft haben sich die Unterneh-

---

[186]) I. L i š i n Očerk Nikolaevskago uezda (Samarskoj gubernii) v statističeskom i sel'skochozjajstvennom otnošenijach. SPbg 1880, 82 S.

[187]) T. G. G r i g o r' e v Krest'janskoe dviženie v Čuvašii v period podgotovki i provedenija otmeny krepostnogo prava. Autoreferat. Moskva 1952.

[188]) I. K o r s a k o v Krest'janskaja reforma 1861 goda v Mordovii, in: Zapiski Mordovskogo naučno-issled. instituta jazyka, literatury i istorii, t. 15, Saransk 1952, S. 139—154.

[189]) E. I. Č e r n y š o v Krest'janskaja reforma v Kazanskoj gubernii, in: Materialy po istorii Tatarii, vyp. 1, Kazan' 1948, S. 366—413.

[190]) M. I. T e r e š k i n a über die Befreiung der Staatsbauern 1860 im heutigen Mari-Gebiet, in: Trudy, Marijskij naučno-issled. institut jazyka, literatury i istorii, t. 9. Ioškar-Ola 1956, S. 3—35.

[191]) K a r e v s k a j a, wie Anm. 183.

[192]) Über die Reform auf Jušino, V. M. T a r a s o v a, in: Trudy. Marijskij naučno-issled. institut jazyka, literatury i istorii, t. 16, Ioškar-Ola 1961, S. 3—29.

menderen auf ein Handwerk geworfen; etwa 20 Prozent der Bauern stiegen wirtschaftlich auf, der Rest verarmte. Die Armen lebten von Gelegenheitsarbeiten, wohl auch vom Diebstahl: von illegalen Rodungen ist ständig die Rede; der Wald wurde immer weiter zerstört. Ein gleiches Bild würden wir auch aus anderen Gutsarchiven für diese Zeit wirtschaftlicher Neuausrichtung bei mangelnder Anpassungsfähigkeit von oben und von unten erschließen können. Die Besitzer verstanden oftmals nicht, was die Stunde geschlagen hatte: Obwohl die Šeremetev total verschuldet waren, bauten sie sich in den sechziger Jahren in Jušino ein aufwendiges Schloß und mußten später einen großen Teil des Besitzes verkaufen.

Ähnliche Bedingungen wie an der mittleren und unteren Wolga — weite, noch ungenutzte Flächen, niedrige Bodenpreise und hoher Wert der Arbeitskraft — fanden sich in den Steppen nördlich des Kaukasus, die hier nur interessieren, soweit sie im wesentlichen von Russen besiedelt waren. Den eigentlichen Kaukasus mit den sehr andersartigen Rechtsvorschriften und sozialen Verhältnissen lasse ich unberücksichtigt. Im Nordkaukasus bestimmten Staatsbauern und Kubankosaken das Bild; mit der aufkommenden Marktproduktion und dem größeren Geldumlauf löste sich die ursprüngliche kosakische Gemeinschaft zugunsten des Kampfes um die besten Ländereien, für Einzelwirtschaften (*chutora*) auf. Allerdings sind die sowjetischen Historiker bestrebt, die kosakische Verfassung ausschließlich als Herrschaft der ausbeutenden Staršina darzustellen [193].

Im Gebiet der Donkosaken und vor allem der Kubankosaken hatten sich in rasch wachsender Zahl Bauern angesiedelt, die das freie Feld nach Belieben bebauten bzw. brachliegen ließen. Als die Normanteile zugeteilt werden sollten — sie waren zwar relativ hoch, umfaßten aber nur ein Viertel des tatsächlich genutzten Landes — erhoben sich die Bauern gegen Behörden und Kosaken. Sie nahmen es am Kuban als ihr Recht, sich Ländereien von Tataren, Nogaiern und Kosaken anzueignen. Da in jenen Grenzlandverhältnissen sich die unabhängigsten Charaktere gefunden und durchgesetzt hatten — vielfach ehemals flüchtige Leibeigene — dauerten die Auseinandersetzungen lange Jahre an. Im März 1863 wurde eine Regelung für die Umsiedlung der Bauern, die Ländereien der Donkosaken besetzt hatten, auf freies Gebiet mit finanzieller Hilfe der Regierung vor-

---

[193]) A. V. F a d e e v Očerki ekonomičeskogo razvitija Stepnogo Predkavkaz'ja v doreformennyj period. Moskva 1957, 288 S. (ein inhaltsreiches und objektives Buch). — Ergänzend, ebenfalls interessant für die Erschließung der nordkaukasischen Territorien S. A. Č e k m e n e v, in: Ežegodnik 1964 (1966), S. 453—463; über die Aneignung von Staatsland zugunsten der *chutora*, d e r s. in: Ežegodnik 1966 (1971), S. 298—209.

gesehen [194]. Die Regierung bemühte sich übrigens, im eigenen Interesse für die gleichmäßige Zuweisung des Bodens an die Kosaken Sorge zu tragen [195].

Im Gouvernement Stavropol' umfaßte der Adelsbesitz nur 8 Prozent der Fläche. Hier herrschten echte Grenzlandverhältnisse, d. h. starke Ausbeutung bei großen Gewinnen einer sehr verschuldeten, parasitären Adelsschicht. Selbstherrliche *Barine* boykottierten die Wahl von Deputierten nach Petersburg in Sachen der Reform. Der Adelsdeputierte Šan-Girej, also ein Tatare, erklärte, die Gutsherren hätten bei der Besiedlung die Bauern mitgebracht; also müßte die Regierung für jede Freilassung 300 Rubel zahlen. Mit Recht fürchtete er, die Bauern würden keine Ablösung leisten, sondern in das freie Feld abziehen. So geschah es auch: Bis 1866 waren etwa zwei Drittel aller Gutswirtschaften verschwunden [196]. Wie eh und je galt Flucht bzw. Abzug als einzig wirksame Waffe der Bauern; nur standen in anderen Gegenden den wenigsten diese Möglichkeiten offen.

Blicken wir von der Wolga kurz gen Osten: die vielschichtigen Probleme der Bergwerksbauern des Ural sind früher mehrfach behandelt [197] und neuerdings in der ausgezeichneten Dissertation von G o r o v o j auf Grund der *ustavnye gramoty* geklärt worden [198]. Im Ural hatten die Besitzer, vorab die Grafen Stroganov, bisher fast ohne Kontrolle schalten und walten können. Die leibeigenen Arbeiter waren entweder „Meister", d. h. eigentliche Facharbeiter, oder Hilfskräfte die nebenbei Landwirtschaft be-

---

[194]) V. P. K r i k u n o v Krest'janskoe dviženie na Donu i Severnom Kavkaze v 60—70 ch godach XIX veka. Groznyj 1965, 233 S., gibt viel Material, aber kaum den Ansatz einer sozialökonomischen Analyse. — Über den Landfonds (2,8 Mill. Desjatinen) der Donkosaken und dessen Verpachtung an Bauern, I. I. C h l y s t o v, in: Ežegodnik 1960 (1962), S. 465—476.

[195]) Über das Aufkommen privaten Landbesitzes bei den Kubankosaken nach 1860, P. A. Š a c k i j, in: Ežegodnik 1960 (1962), S. 477—488.

[196]) Žurnaly 1915, t. 1, SPbg., S. 447. V. P. K r i k u n o v Krest'janskaja reforma 1961 g. v Stavropol'skoj gubernii. Stavropol' 1949, 82 S. (nur 3 % Gutsbauern).

[197]) Über die Landnutzung der Bergwerksbauern des Ural vor der Reform eine Reihe wertvoller Aufsätze von V. J a. K r i g o n o g o v, V. V. M u c h i n, R. E. R u t m a n und L. A. T r e f i l o v a in dem Bande: Voprosy agrarnoj istorii Urala i Zapadnoj Sibiri = Učenye zapiski. Sverdlovskij gosud. pedag. institut — Kurganskij gosud. pedag. institut, sb. 38, Sverdlovsk 1966; vgl. auch Žurnaly, 1915, t. 1, S. 337—346.

[198]) Über das Jahr 1861 bei den Bergwerksbauern im Ural, E. A. L i f s i č in: Isttorčeskie zapiski t. 30, 1949, S. 140—164; überholt durch: F. S. G o r o v o j Padenie krepostnogo prava na gornych zavodach Urala. Perm' 1961, 407 S. (Dissertation von 1954), zusammengefaßt in seinen Beiträgen zu: Iz istorii reformy 1861 goda na Urala. Sbornik statej i dokumentov. Perm' 1961, 122 S.; weitere Literatur bei B. G. L i t v a k in: Istorija SSSR 1960, 6, S. 115.

trieben. Wenn — so fürchteten die Besitzer — die Bauern nach der Freisetzung ins unbesetzte Sibirien abziehen könnten, würden die Betriebe zum
Stillstand kommen. (Allerdings waren an mehreren Orten etwa 40 Prozent
freie Lohnarbeiter beschäftigt.) Bis zur Reform waren die Bergwerksbauern
teilweise mit ansehnlichen Landanteilen ausgestattet (Barlohn ca. 57 Prozent, Einnahmen aus Landnutzung ca. 43 Prozent); diese wurden jetzt, im
„wilden Osten", erheblich gekürzt. Vor allem nahm man den Fabrikbauern,
Meistern wie Hilfskräften, die Waldweide weg, damit sie ganz vom Unternehmer abhängig würden. Als auch die Löhne herabgesetzt wurden, folgten
Unruhen; die Betriebe standen still [199]. Also mußte etwas getan werden:
Während der Innenminister Valuev sich den Vorstellungen der Fabrik-
besitzer öffnete, die um ihre Einkünfte bangten, ging es dem Finanzministerium darum, die Bauern aller Kategorien so zu stellen, daß sie künftig
die Ablösungssummen würden zurückzahlen können. Im Jahre 1870 wurde
zur Revision ein Senator entsandt, der eine vernichtende Charakterisierung
der örtlichen Behörden, ihrer Willkür gegenüber dem Volk und ihrer Hörig-
keit gegenüber den Fabrikherren zeichnete. Zwar besserte sich die Lage der
Bauern ein wenig, aber das Monopol der konzessionierten Bergbauunter-
nehmer wurde nicht zugunsten absoluter Freizügigkeit des Gewerbes —
freier Wahl des Arbeitsplatzes — aufgehoben [200]. Noch aus dem Jahre 1903
haben wir den Bericht eines Beamten, wonach die Bauernbehörden seit
ihrer Gründung ständig unter dem Einfluß der Bergwerksherren und der
staatlichen Bergbaubehörden gestanden hätten und die Grundsätze der
Reform oft verletzt worden seien [201]. Selbstverständlich war der Staat
interessiert, die Schwerindustrie im Ural intakt zu halten; er hat aber
jedenfalls bis zur Jahrhundertwende wenig dazu getan, die Betriebe zu
modernen Produktionsformen zu zwingen. Vielmehr zog er es vor, die
Bauern an den Betrieb gefesselt zu halten. Die den Fabriken des Kriegs-
ministeriums zugeschriebenen Bauern erhielten erst 1862 — für jede Fabrik
unter gesonderten Bedingungen — den Status von Staatsbauern [202]. Einem

---

[199]) Hierzu außer G o r o v o j den Aufsatz von V. E. Č e t i n über Unruhen
unter den Uralarbeitern 1861—1862, in: Iz istorii revoljucionnogo dviženija i
socialističeskogo stroitel'stva na Južnom Urale. Sbornik statej. Čeljabinsk 1959,
S. 21—47. — Für die Zustände in den Bergwerken und Hütten von Iževsk im
westlichen Ural vor der Reform, siehe N. N. L a t y š e v, Udmurty nakanune
reformy 1861 goda. Iževsk 1939.
[200]) N. M. D r u ž i n i n, in: Istoričeskie zapiski 79, 1967, S. 163—174.
[201]) Zitiert im Aufsatz von K. S. M a c h a n e k des Sammelbandes: Iz istorii
reformy ... na Urale, a. a. O., S. 32—64, hier S. 46.
[202]) F. S. G o r o v o j, in: Voprosy istorii Urala = Učenye zapiski. Permskij
gosud. universitet. t. 158. Perm' 1960, S. 149—183.

Teil nicht nur der Staatsbauern in den Getreideüberschußgebieten des westlichen Uralgebiets, den Gouvernements Vjatka und vor allem Perm' gelang es, durch relativ früh einsetzende, straff organisierte Ausfuhr über Archangel'sk zu Wohlstand zu kommen [203].

Für das eigentliche Sibirien hat sich das Problem der Agrarreform kaum gestellt; nach 1861 konnten die wenigen Bauern der 65 Güter ohne Ablösung auf Staatsland übersiedeln. Erst kurz vor der Jahrhundertwende wurde die Aneignung von Staatsland bzw. Domänenland durch übersiedelnde bzw. rodende Bauern eingedämmt; die Umsiedlungen aus den Zentren der Übervölkerung, etwa der Ukraine, schufen Besitzprobleme [204]. Schwieriger waren Änderungen der Rechtsstellung der Bauern in den Bergwerken des Altai, die auf Privatland des Zaren saßen und zu Frondiensten verpflichtet waren [205].

[203]) Über den Handel der Bauern im Gouvernement Perm', M. I. Č e r n y š , in: Voprosy agarnoj istorii Urala i Zapadnoj Sibiri = Učenye zapiski. Sverdlovskij gos. pedag. institut, Kurganskij gos. pedag. institut., t. 38, Sverdlovsk 1966, S. 181—190; über bäuerliche Unternehmungen im Gouvernement Vjatka, B. G. P l j u š č e v s k i j , in: Ežegodnik 1961 (1963), S. 390—398, ebendort Berichte über soziale Konflikte, d. h. Anschläge auf die Bauernhändler; s. a. L a t y š e v a. a. O., und A. V. E m m a u s k i j , in: Učenye zapiski. Gor'kovskij gos. universitet, t. 85, Gor'kij 1967, S. 69—74; ferner: A. T o k a r e v a Krest'-janskaja reforma 1861 g. v Vjatskoj gubernii. Kirov 1941, 76 S. (nicht gesehen).

[204]) Zur Bauernreform in Westsibirien L. G. S u c h o t i n a in: Učenye zapiski Tomskogo gos. universiteta t. 43, Tomsk 1962, S. 133—145, sowie I. N. N o v i k o v in: Ekonomičeskoe i obščestvenno-političeskoe razvitie Sibiri v 1861—1917 gg. = Materialy po istorii Sibiri. Sibir' v period kapitalizma, t. 2, Novosibirsk 1965, S. 49—61. — Zur Geschichte der Landnahme, Landnutzung und Agrarverfassung der Staatsbauern Sibiriens liegen ausgezeichnete Arbeiten vor, die in unserem Zusammenhang nur erwähnt werden können: Das gerodete Land wurde als Staatsland frei genutzt und erst allmählich belastet. 1828 wurde vorgeschrieben, daß Rodeland nach 40 Jahren in die Umteilung der Volost' einbezogen werden sollte. Es konnte nicht verkauft, nur verpfändet werden. Die Wohlhabenden hatten in der Regel ihr Vermögen durch Spanndienste gewonnen. Für Mittel- und Ostsibirien zusammenfassend die sorgfältige inhaltsreiche Darstellung von J u. K o ž u c h o v Russkie krest'jane Vostočnoj Sibiri v pervoj polovine XIX veka (1800—1861 gg). Leningrad 1967, 384 S. (= Učenye zapiski. Leningradskij gosud. pedag. institut, t. 356); vorher d e r s., in: Voprosy istorii Sibiri = Učenye zapiski. Leningradskij gos. pedag. institut, t. 222, Leningrad 1961, S. 101—158; ergänzend für „Zapadnoe Zabajkal'e" M. M. Š m u l e v i č , in: Issledovanija i materialy po istorii Burjatii = Trudy. Burjatskij institut obščestvennych nauk Burjatskogo filiala AN SSSR, Sibirskoe otdelenie, t. 5, Ulan-Ude 1968, S. 126—139. (Vgl. dessen Autoreferat, Universität Irkutsk 1967.) Zur Vermögensbildung unter den Staatsbauern auch A. S. K u z n e c o v, in: Voprosy istorii Sibiri = Učenye zapiski. Irkutskij gos. pedag. institut, t. 28, Irkutsk 1967, S. 3—35. — Im westlichen Sibirien bis ins Tomsksche Gouverne-

7. Die Reform der Apanage-Bauern

Zur Geschichte der Apanage-Bauern (Udel-Bauern) — die zum kaiserlichen Familienvermögen gehörten — vor und nach der Reform von 1863
liegen zwei neuere Arbeiten vor, die materialreiche von G r i c e n k o aus
dem Jahre 1959 [206], ergänzt durch einen nachgelassenen Aufsatz von
F u r g i n [207], sowie die Kandidaten-Dissertation von Frau B o g a t i -
k o v a von 1956, in einem grundlegenden Aufsatz 1958 zusammengefaßt [208]. Gricenko behandelt nur das Mittlere Wolgagebiet, wo allerdings
die meisten Udel-Bauern saßen, und beschreibt deren Lage seit der Ein-
richtung der Udel-Verwaltung von 1797 — wegen seiner vorgefaßten
Meinung gegen die „böse" oder „unfähige" Behörde manchmal mit recht
unlogischen Schlußfolgerungen.

ment hat der Staat schon früher die verschiedenen Rechtskategorien der Siedler
als kopfsteuerpflichtige Staatsbauern zusammengefaßt. Wegen des Fehlens sta-
tistischer Unterlagen konnte die Kopfsteuer erst allmählich ersetzt werden, das
Steuersystem war nicht ohne Ungerechtigkeiten; jedoch wissen wir über das
Budget der Bauern in den Gouvernements des mittleren und westlichen Sibirien,
soweit ich sehe, noch wenig. L.-G. S u c h o t i n a, in: Voprosy istorii Sibiri i
Dal'nego Vostoka. Trudy konferencii po istorii Sibiri i Dal'nego Vostoka ...
Mart 1960. Novosibirsk 1961, S. 129—138. Über die Agrartechnik d i e s., in:
Trudy Tomskogo gos. universiteta, t. 190, Tomsk 1967, S. 58—70; zum recht-
lichen Status Z. A. B o j a r š i n o v a in: dto., t. 177, 1964, S. 44—55, sowie
A. F. L j a p i n a in: dto., t. 171, 1963, S. 120—134.
[205]) Die Übersicht von V. I. T j u ž i k o v in: dto., t. 171, 1963, S. 201—212
enthält mehr als N. S a v e l' e v, Krest'janskaja reforma 1861 goda na Altae.
Barnaul 1950, 62 S. Neueste Übersicht von G. P. Ž i d k o v in: Tezisy 1969,
S. 197—198; d e r s., in: Bachrušinskie čtenija 1966 g. Novosibirsk 1968, S. 92
bis 103.
[206]) N. P. G r i c e n k o, Udel'nye krest'jane Srednego Povol'žja. Očerki.
= Učenye zapiski. Čečeno-Ingušskij gos. pedag. institut, t. 11, Groznyj 1959,
590 S. Über die Reform selbst vorher d e r s., in: Učenye zapiski. Groznenskij
gos. pedag. institut, t. 9, Groznyj 1956, S. 21—97, dort auch ein interessanter
Aufsatz über die Warenproduktion bei den Udelbauern (Bauernhandel, burlaki,
Gartenwirtschaft etc.) dto., S. 98—126. G r i c e n k o s Urteile und Folgerungen
sind nicht immer haltbar, etwa in seinem Buch S. 114: Er beklagt sich, daß die
Bauern mehr Zins zahlen müßten, da das bisher illegal steuerfrei genutzte Land
eingezogen wurde — dafür haben sie vorher auch nichts gezahlt, also blieb der
Zins sich gleich.
[207]) F. A. F u r g i n über Apanagebauern um 1860, in: Rev. situacija 1962,
S. 156—188.
[208]) G. I. B o g a t y k o v a, Reforma udel'nych krest'jan 1863 g. Autoreferat
Moskau 1956; ihr umfassender Aufsatz in: Istoričeskie zapiski, t. 63, 1958,
S. 83—123.

Das Apanagen-Departement war eine Art riesiger Votčina-Verwaltung, mit allen Vor- und Nachteilen. Anfangs war der Zins der Bauern einigermaßen großzügig festgesetzt, je nach der wirtschaftlichen Lage der Gegend. Doch herrschten die Vertreter am Ort, die Starosten und Schreiber durchaus selbstherrlich, mit Übergriffen, Protektion und Bestechungen. Zwar sollten die Starosten aus der Bauernversammlung *(sel'skij schod)* gewählt werden, indessen hatten sich bestimmte wohlhabende Cliquen installiert. Gelegentlich wurden bei Revisionen ganze Scharen örtlicher Beauftragter abgesetzt, doch wird das keine andauernde Besserung gebracht haben. Die Verwaltung blieb bemüht, die Großfamilien zusammenzuhalten, um das Steueraufkommen zu sichern und Verarmung zu verhindern. Dennoch teilten sich trotz der Strafandrohung in den 30er bis 50er Jahren die Familien immer neu [209] — der Halt der patriarchischen Sitte zerbrach mit dem Ausscheren der Jungen in die neue Arbeitswelt draußen. Vor allem jenseits der Wolga waren riesige Gebiete „frei", d. h. russische Siedler nahmen das Land den Baschkiren oder sonstigen schutzlosen Fremdstämmigen fort, behielten aber ihren rechtlichen Status. Das Besitzrecht an derartigen Ländereien machten ihnen dann häufig Adlige streitig; um 1800 waren die Besitztitel von etwa 60 Prozent des Landes im Gouvernement Simbirsk umstritten, ob es sich um Adels-, Staats- oder Udel-Land handelte. Kaiser Pauls Schenkungen von besiedeltem Land an seine Günstlinge betrafen in erster Linie die Apanage-Güter des Wolgagebietes. Dabei wurde jede verschenkte Revisionsseele mit 15 Desjatinen ausgestattet, oft auf Kosten der verbleibenden Apanage-Bauern. Der beschenkte Adlige wählte sich unter den Udel-Bauern die tüchtigsten aus; das Departement behielt den Ausschuß. Kam es zu Streitigkeiten mit dem Adel, zog die Apanagebehörde meist den kürzeren.

Die Landausstattung der verbliebenen Udel-Bauern war völlig verschieden; wesentlich unter der Norm blieb sie etwa in der Nähe der Stadt Kazań mit Gärtnereibetrieben oder im dichter besiedelten, fruchtbaren Gouvernement Penza. 1802 sollten die Apanagebauern insgesamt besser ausgestattet werden, doch hatte die Udel-Verwaltung nunmehr kaum Vorräte an unbesetztem Land und versuchte ohne rechten Erfolg, freies Staatsland zu Pachtungen für die Apanage-Bauern heranzuziehen. Die Staatskasse gab es lieber Adligen und Kaufleuten, die mehr zahlten. Das Interesse des Zarenhauses ist von den staatlichen Instanzen nicht wahrgenommen worden. Wie bei den Staatsbauern wurde auch bei den Udel-Bauern der Bevölkerungsdruck laufend stärker (in 20 Jahren nahm in einer Reihe von Dörfern des Gouvernements Simbirsk die Bevölkerung um 20 Prozent zu).

[209]) G r i c e n k o 1959, S. 50.

Als Ausweg blieben Rodungen, die allerdings nur Bauern mit genügend
Zugpferden zugute kamen, außerdem die Übersiedlung auf freie Ländereien
des Südostens in ungeregelten, fluchtartigen Massenbewegungen. Auch hier
trat das Domänenministerium nicht ohne weiteres Staatsland an das Apa-
nagedepartement ab. Die Verwaltung hat vielfach getan, was sie konnte;
die örtlichen Instanzen versagten wie überall. Manche gutgemeinten Maßnahmen, wie die Anlage von Musterwirtschaften und die Verbesserung
der Viehzucht, scheiterten an der Dickköpfigkeit der Bauern, wie auch in
G r i c e n k o s recht unfreundlicher Darstellung durchscheint [210].

Wirtschaftlich waren die Udel-Bauern meist besser ausgestattet als die
Gutsbauern der gleichen Gegenden [211]. Das Departement setzte sich im
Interesse eines sorgfältigeren Ackerbaues für seltenere Umteilungen des
Gemeindelandes ein; die Bauern wollten vielfach jedes Jahr das Land neu
verteilen. Anscheinend wurden nur die Gärten, die ja dem Besitzer blieben,
regelmäßig gedüngt. Dies führte in trockeneren schwarzerdigen Gebieten
— etwa im Gouvernement Samara — zu Auszehrung des Bodens, Mißernten, Hungersnöten. Seit 1827 wurde ein kleinerer Teil des Bauernlandes
als öffentlicher Acker (*obščestvennaja zapaška*) abgetrennt, dessen Ertrag
die Getreidemagazine für Notzeiten füllen sollte. Die Bauern sabotierten
diese Maßnahme — später wurde der „öffentliche Acker" als zusätzliche
Einnahmequelle der Udel-Beamten genutzt, daher die Revolte des Jahres
1843 [212].

Auch unter den Udel-Bauern an der Wolga bildeten sich Handwerke
aus; Handelsleute kamen hoch, nicht zuletzt wegen der Reduktion des
Landanteils durch die zunehmende Bevölkerung. Auch hier wurde der
Zusammenhang der Dorfgemeinde durch die Wanderarbeiter gelockert: das
Departement zögerte mit der Ausgabe langfristiger Wanderpässe, um das
Verschwinden der Zinspflichtigen zu verhindern. Andererseits versuchte es,
bodenständiges Handwerk durch Gewerbeschulen und Krediteinrichtungen
zu heben. Der bäuerliche Handel entwickelte sich kräftig; damit nahm
trotz aller Versuche des Departements die Ausbeutung der ärmeren Bauern
durch die zu Wohlstand gekommen zu, das bedeutete Verschuldung und
Durchlöcherung der solidarischen Dorfgemeinschaft. Sich freizukaufen und
in das Kleinbürgertum überzugehen, kostete den bäuerlichen Händler um
1820 etwa 700 Rubel.

[210] Ebenda S. 456—466.
[211] Genaue Ertragsberechnungen, ebenda, S. 150—171.
[212] Ebenda S. 334—347.

In der gleichen Zeit bemühte sich das Departement, die Landwirtschaft zu intensivieren, um die eigenen Einkünfte zu heben, gemäß der dichteren Bevölkerung und der Steigerung des Bodenwertes [213]. 1830 wurde statt des persönlichen Zinses *(obrok)* eine Grundsteuer *(pozemel'nyj sbor)* eingeführt und dabei das Land ohne fernere Umteilung gleichmäßig auf die *tjagla* (2 Revisionsseelen) verteilt, Handels- und Handwerksbauern hatten von ihrem Lande gesonderte Abgaben zu zahlen. Der Bodenanteil der tjagla wurde in der Steuer daher eher niedrig bewertet; dennoch stieg die Belastung der Bauern ständig an, weil — abgesehen von der Neubewertung des Landes 1834 — mit der Zunahme der Bevölkerung auch die der *tjagla* auf der einmal gegebenen Fläche stieg, jedes *tjaglo* aber die zugewiesene feste Summe weiter zu zahlen hatte. Dieses Steuersystem funktionierte nicht: Es war nicht die Landgemeinde mit einer Gesamtsumme belastet, die sie vielleicht gerecht verteilen konnte, sondern die Steuer traf den Hof unmittelbar ohne Rücksicht auf seine derzeitige Leistungskraft. Außerdem war der Boden noch nicht so weit vermessen, daß die Fläche jedes Hofes gesondert gerecht belastet werden konnte [214]. (In allen genannten Arbeiten wird der Faktor Bevölkerungszunahme und der fallende Geldwert des Rubels außer acht gelassen.)

Die Bauern halfen sich dadurch, daß sie beständig mehr Land unter den Pflug nahmen, als sie versteuerten. Die Zentrale in Petersburg versuchte mit immer neuen Kontrollen die Übersicht zu behalten und zu ihrem Gelde zu kommen [215]. Doch konnten die Revisionen nicht durchgreifen; deutlich versteifte sich der Widerstand der Udel-Bauern. 1849 wurden etwa 50 000 Flüchtige aufgegriffen. Wanderhandwerker und Kaufleute brachten Gerüchte von der bevorstehenden Freiheit wie sie schon seit Jahrzehnten hier und dort den Anlaß zu wiederholtem Aufbegehren gegeben hatten. Vielfach haben ja — gerade an der mittleren Wolga — die besser gestellten, freizügigeren und selbstbewußteren Staatsbauern und Apanage-Bauern am ersten und nachdrücklich gegen ihre Rechtsstellung aufgemuckt [216].

Die Reform der Apanagebauern wäre mit der der Staatsbauern fällig gewesen [217]; nun mußte sie gleichzeitig mit der Reform der Gutsbauern verwirklicht werden. Nach dem Ukaz vom 5. März 1861 und dem Vorschlag des Hauptkomitees vom 27. Juli des Jahres sollte den Bauern ihr

---

[213]) Außer Gricenko ausführlich F u r g i n , S. 159—168.
[214]) G r i c e n k o a. a. O., S. 418.
[215]) Ebenda S. 528.
[216]) Ebenda S. 492—494.
[217]) Die Reform der Staatsbauern von 1843 wird nicht behandelt; es sei auf M. N. D r u ž i n i n s klassisches Werk verwiesen.

Tjaglo-Land gemäß der Höchstnorm in jener Gegend als Eigentum überlassen bleiben, das übrige versteuerte Land *(zapasnyj nadel)* nur zur Nutzung auf fünf Jahre; dabei sollte der Zins zwanzig Jahre lang nicht erhöht
werden. In der endgültigen Regelung erhielten die Bauern das gesamte
bisher genutzte Land, also auch den *zapasnyj nadel;* die Loskaufsumme entsprach dem kapitalisierten Zins (Verordnung vom 26. Juni 1863). Der
Gesamtanteil mußte abgelöst werden; vernünftigerweise wurden keine
Gratisanteile gewährt [218].

Verglichen mit den übrigen Ergebnissen der Reform schien die Lösung
für die Apanage-Bauern nicht ungünstig. Dennoch rebellierten diese und
weigerten sich in ihrer Mehrzahl, die Grundverschreibungen zu unterzeichnen. Unter ihnen gab es einmal viele Altgläubige, die grundsätzlich Dokumente des Antichrist nicht annehmen wollten; andere Bauern behaupteten,
ihre Vorväter hätten ihr gesamtes Land von den Baschkiren gekauft [219].
Vor allem fielen nach der Reform die illegalen unversteuerten Nutzungen,
überwiegend in den nördlichen Waldgebieten, fort; allerdings wurde dafür
in den Gegenden mit Meiler- bzw. Schwendwirtschaft der bäuerliche Anteil
um 41 Prozent heraufgesetzt [220]. Wenn auch die Bauern das gesamte versteuerte Land behalten sollten, so bedeutete die Revision und neue Zumessung doch einen Verlust von 8 Prozent des bisher tatsächlich genutzten
Landes. Die Chance, dieses überschüssige Land (ca. 700 000 Desjatinen)
einzuziehen, hat die Apanage-Verwaltung durchaus genutzt. Die Friedensmittler — das räumt sogar das offizielle Jubiläumswerk der Udel-Verwaltung ein [221] — waren offensichtlich angesichts des mächtigen Gutsherrn,
der Zarenfamilie, recht vorsichtig [222], und die Verwaltung wird in der
großen Bereinigung der Fluren in Gemengegelage die Interessen der Bauern
nicht immer vertreten haben. Mit der Befreiung entfiel auch hier eine Art
Schutzfunktion; die freigesetzten Bauern waren vielfach die schwächeren
Partner.

Oftmals sind die Landanteile zu klein geworden und unterschritten in
einzelnen Fällen die Landzuteilung der Gutsbauern. Dies wirkte sich vor

---

[218] Nach dem Vorschlag des Hauptkomitee sollten die Udelbauern diesen
überschüssigen Landanteil 20 Jahre lang nutzen können; doch erhob der Hofminister Einspruch, da nach einer so langen Frist eine Kürzung nicht mehr durchzuführen sei (Juli 1861). Žurnaly 1918, S. 253—260.

[219] Istorija udelov za stoletie ich suščestvovanija (1797—1897), t. 2, SPbg.
1901, S. 554.

[220] B o g a t y k o v a, Autoreferat; P e r š i n, S. 22.

[221] Istorija udelov, a. a. O., t. 2, S. 553.

[222] G r i c e n k o, a. a. O., S. 531.

allem bei den extensiv genutzten Brandwirtschaften des hohen Nordens
aus, wo die Bauern bisher nur durch den ständigen Raubbau am Walde
durch intensive Köhlerei hatten leben können [223]. Man kann eigentlich nicht
von „Beraubung" sprechen, denn es handelte sich um juridische Bereinigung,
d. h. um Rücknahme von Ländereien, die die Apanage-Bauern sich gewohn-
heitsrechtlich zu eigen gemacht hatten. Es scheint so, daß die Verwaltung
in Petersburg die Verhältnisse an Ort und Stelle nur zum Teil kannte und
gleichsam überrascht war davon, wie wenig das scheinbar ausreichend ausge-
teilte Land infolge der zusätzlichen bisherigen Nutzungen wert war [224].
Jede Lösung eines Verhältnisses von Herrschaft und Untertanen bringt das
Aufhören jener Gewohnheitsrechte und Übergriffe mit sich, die in dem
Maße nicht mehr geduldet werden können, in dem die Herrschaft beginnt,
selbständig zu wirtschaften. Man glaubte im Petersburger Ministerium seine
Bauern besser gestellt zu haben als die Gutsbauern, wenn man ihnen allen
bisher genutzten, d. h. als solcher in den Steuerlisten erscheinenden Boden
beließ. Als man im nachhinein erkannte, daß vieles nicht mit der Wirklichkeit übereinstimmte, wollte man dem Druck der Proteste nicht nachgeben [225]. Hier wie auch sonst oft versagte die in die Defensive gedrängte
Obrigkeit aus Furcht vor unübersehbaren Weiterungen.

Da die Apanage-Verwaltung sich die gesamte Loskaufsumme in jährlichen Raten vom Finanzministerium vorschießen ließ, trug sie keinerlei
Risiko in bezug auf voraussichtliche Zahlungsrückstände, hatte vielmehr
erhebliches Geld zum Ankauf neuer Ländereien frei. Das überschießende,
wieder eingeforderte Land wurde sorgfältig vermessen und verpachtet, der
Wald geschont und nach Möglichkeit industriell ausgebeutet; so konnte das
Kapital zusammenbleiben [226]. Die vielfach schönfärbende offizielle Geschichte der Apanagen kann hier Wichtiges beitragen; die sowjetischen
Historiker sollten einsehen, daß keine noch so reiche Verwaltung wesentliche Teile ihres Betriebskapitals verschleudern kann. Es bleibt festzuhalten,
daß die Apanage-Behörde nach der Reform vorteilhaft gewirtschaftet hat.
Die Abzahlungen der Bauern sollten dem Plane nach so angelegt werden,
daß 1914 mit 100 Millionen Rubel Kapital und 3 Millionen Rubel jähr-

---

[223]) Istorija udelov, a. a. O., t. 2, S. 564.

[224]) B o g a t y k o v a , passim. Auch hier bleibt der nicht unerhebliche Tausch
von Land und Bauern mit dem Fiskus von 1860 unerwähnt. Istorija udelov t. 1,
S. 222; E. A m b u r g e r , Geschichte der Behördenorganisation Rußlands von
Peter dem Großen bis 1917, Leiden 1966, S. 108: Viele Tausende von Udelbauern
erhielten noch vor der Reform den Status von Staatsbauern.

[225]) Hofminister Graf Adlerberg, zitiert Istorija udelov, t. 2, S. 556.

[226]) Ebenda, t. 1, S. 134, t. 2, S. 579.

lichem Ertrag für den Zarenhof gerechnet werden konnte. Tatsächlich kam viel mehr heraus; das Kapital verzinste sich mit 6 Prozent; schon 1898 hatte das Hofministerium aus Abzahlungssummen, Landankäufen und Land- bzw. Waldverkäufen über 42 Millionen Kapital zusammengebracht, das schon damals jährlich 3 Millionen an Zinsen einbrachte [227].

[227]) Diese Angaben in dem materialreichen und hoch interessanten Buch von N. D. K u z n e c o v , Krest'janstvo Čuvašii v period kapitalizma = Naučno-issled. institut jazyka, literatury, istorii i ekonomiki pri Sovete Ministrov Čuvašskoj ASSR, t. 24, Čeboskary 1963, 583 S., hier S. 40.

ANHANG

B(oris) G(rigor'evič) Litvak, Russkaja derevnja v reforme 1861 goda. Cernozemnyjcentr 1861—1895 gg. Izd. „Nauka" Moskau 1972, 423 S.

Nach einer ausführlichen Darlegung der Ansichten der „Klassiker" zur Problematik der russischen Bauernreform wird die Wahl des Ausschnittes begründet: das zentrale Schwarzerdegebiet umfaßte die Gouvernements Kursk, Orel, Rjazan', Tambov, Tula und Voronež mit 23 700 Gutsherren und ca. 1,86 Millionen Gutsbauern, d. h. 17% des ganzen Bauerntums der 45 Gouvernements mit Leibeigenen im Reich. Hier in diesen Gebieten mit vielfach relativ dichter Besiedlung, intensiverer Bodennutzung war das Interesse der Gutsherren in der Regel auf die Erhaltung des Grund und Bodens zum Aufbau einer Eigenwirtschaft gerichtet. — Mit einem ungewöhnlichen Arbeitsaufwand wurden die Grundverschreibungen (ustavnye gramoty) und die Ablösungsakte (vykupnge akty) durchgearbeitet, so daß für nur etwa 5% aller Wirtschaften die Verhältnisse vor der Reform und die Bedingungen der endgültigen Ablösung nicht geklärt werden konnten. Die Grundverschreibung gibt Auskunft über Größe des Bauernlandes und der Seelenzahl, Art und ungefähren Umfang der Verpflichtungen (Fron, Zins und „gemischte Pflichten"), ferner über die den Bauern zuzuweisenden Landanteile und ihre künftigen Leistungen. Das Ablösungsdokument beschreibt die Bedingung der Geldablösung und die Schulden des Gutsherrn. Außerdem wurden allerlei andere Berichte ausgewertet, vor allem Klageschriften der Bauern. Die Angaben sind in den Quellen nicht immer genügend genau, aber lassen sich im großen und ganzen überprüfen. Jedenfalls waren die Pflichten der Bauern vor den Reformen fast überall wesentlich geringer als nach den bisher in der Literatur meist herangezogenen Materialien des Redaktionskomitees, da die Gutsherren aus naheliegenden Gründen die angeblichen Pflichten der Bauern übertrieben haben. Alle denkbare Sorgfalt ist angewandt und der Arbeitsaufwand bewundernswert, das Bild über das russische Gutsdorf vor und nach der Reform wesentlich differenzierter geworden.

Die Landgüter sind in drei Gruppen eingeteilt, Betriebe mit bis zu 21 Revisionsseelen, dann von 21 bis 100, und die über 100 Seelen. Die

erste Gruppe wurde bei der Beschreibung der Ablösungsdokumente unberücksichtigt gelassen, da diese meist von der Staatskasse aufgekauft
wurden und ohnehin in der Zwischenzeit zwischen Befreiung und Ablösung im wesentlichen verschwunden sind. Mir scheint die Gruppe der
„Großen" zu uneinheitlich: denn aus dem einigermaßen wohlsituierten Adel
etwa wie Ivan Turgenev, hob sich deutlich die kleine Zahl ungemein
reicher Magnatenfamilien heraus, die vielfach aus dem Vollen wirtschafteten, aber übermäßig verschuldet waren und dennoch wegen ihrer engen
Beziehung nach oben immer wieder neue Kapitalien geliehen erhielten.
Man hätte sich hier eine größere Differenzierung gewünscht. So wäre die
große Arbeit einer noch zu schreibenden Geschichte des russischen Groß-
grundbesitzes im Übergang zur kapitalistischen Produktionsweise in wesentlichen Teilen vorweggenommen.

Das Werk selbst setzt weitgehend die Kenntnis des sowjetischen Forschungsstandes voraus bzw. setzt sich mit ihm auseinander, d. h. es gibt
also keine Beschreibung des gutsherrlichen Dorfes vor und nach der Reform
als solchem. Eingangs werden die Pflichtigen charakterisiert, an erster
Stelle die Hofleute, die im wesentlichen als im Unterhalt recht teure
Spezialisten auf Frongütern mit eigener Gutswirtschaft bezeichnet wurden.
Der Anteil der Gutsbauern an der gesamten Bevölkerung der sechs Gouvernements hat sich seit der I. Revision von 1744 um 11,6 % verringert, obwohl
ihre absolute Zahl anstieg. D. h. es wurden im zentralen Schwarzerdegebiet
weder Staatsbauern zusätzlich zu Leibeigenen gemacht, noch war die
Sterblichkeit der Gutsbauern größer als die der Bevölkerung insgesamt.
Neben den klassischen Verpflichtungsformen Fron und Zins spielten
„gemischte Verpflichtungen" eine bedeutende Rolle. Sie waren am schwer-
sten dort, wo die Bauern außer Zins und definierten Fronen noch Naturalleistungen an die Gutshaushaltung abzuliefern hatten; im großen und ganzen erscheinen sie nicht ganz so belastend wie in den Waldgebieten des
Nordens mit Holzfällen und schweren Fuhraufgaben.

Weder der Umfang der Gutswirtschaft noch die Bodenqualität entschied
über die Form der Ausbeutung bzw. Verpflichtung. Alle überkommenen
Modelle seit *Semevskijs* klassischer Einteilung sind viel zu allgemein.
Eigentlich sind die Voraussetzungen bei jedem Gute anders. Man hätte
nach dem Einsetzen der Debatten über eine künftige Reform größere
Aktionen der Gutsherren zur Verbesserung ihrer Ausgangssituation bei
der Reform erwartet: doch sind z. B. wenige Bauern freigelassen oder umgesiedelt worden. Offenbar sind sich die Gutsherren über ihre wahren
ökonomischen Interessen nicht immer im klaren gewesen.

Der Bauernanteil vor der Reform richtete sich danach, ob der Gutsherr
seine eigene Wirtschaft führte oder nicht. Daher ist in vielen Fällen, aber

durchaus nicht immer, der Nutzungsanteil von Zinsbauern oder „Gemischten" etwas größer gewesen als der von Fronbauern. Auf jeden Fall ist, wie der Autor schon früher ausgeführt hatte, die traditionelle Vorstellung von einer Art fortschreitender Landberaubung der Bauern durch die Gutsherrn in der ersten Hälfte des 19. Jahrhunderts falsch. Die Arbeitsproduktivität der pflichtigen Bauern hatte ihre engen Grenzen; der Gutsherr hatte auch ein Interesse, daß der Nutzungsanteil der Pflichtigen zu deren Ernährung ausreiche. Merkwürdigerweise war für den Durchschnittsanteil der Bauern die Bodenqualität wenig entscheidend; man sieht also, wie traditionell hier gewirtschaftet wurde. Die Bevölkerungsdynamik spielt selbstredend ihre Rolle; *Confino* weist auf die in keinen Inventaren etc. erfaßten Landreserven der Gutskomplexe hin, aus denen etwa bis um die Reformzeit die zuwachsenden Revisionsseelen ausgestattet werden konnten. *Litvak* bleibt hier (S. 111) leider recht allgemein; er kennt jenes Buch nicht. Schon Lenin hat die Krisis des Leibeigenschaftswesens zu einem Teila aus dem Anwachsen des Landvolkes hergeleitet. Im zentralen Schwarzerdegebiet haben aber die Bauern vor der Reform viel weniger privaten Eigenbesitz an Land erwerben können als in den Gewerbegebieten des Nordens, zum Teil mit Spezialkulturen, wo unter Umständen weichende Erben aus eigenem Besitz versorgt werden konnten.

Die Geldverpflichtungen der zinsenden Bauern richteten sich weniger nach Größe und Güte seines Bodenanteils, als nach der Möglichkeit, außerhalb des Landbaus bares Geld hinzuverdienen zu können (S. 124); die Einnahmen des Bauern sind, soweit man sieht, stärker gestiegen als der Zinssatz. Die Leistungen der Bauern mit gemischten Verpflichtungen waren in der Regel nicht höher als die der Zinsenden, nur die Belastungen offenbar ungleichmäßiger. Fronpflichtige Bauern wurden je nach tjaglo belastet, also in der Regel ein arbeitsfähiger Mann und seine Frau. *Litvak* hat die Reservearbeitskräfte auf dem Bauernhof berechnet und herausgefunden, daß auch bei einer Fronpflicht von sechs Tagen pro Woche und tjaglo die Arbeitskräfte auf dem Hofe mindestens für die einfache Reproduktion ausreichten; d. h. eine volle Arbeitskraft wenigstens pro Eigenwirtschaft blieb auch im ungünstigsten Falle übrig (S. 158). Mit anderen Worten, die Ausbeutung stieß hier an ihre natürlichen Grenzen.

In einem weiteren Hauptteil werden die Veränderungen der bäuerlichen Nutzung aufgrund der Reformgesetze mit den Normanteilen untersucht. Wer sich mit einem Viertel des ihm zustehenden Landes begnügte, konnte ohne weitere Verpflichtungen sofort loskommen. Die Motive der Gutsbesitzer für ihre Zustimmung waren verschiedenartig; entweder wollten sich manche Magnaten „das Land säubern", um eine Großwirtschaft zu führen, oder viele kleinere versuchten mit dem Kapital „Boden" zu leben bzw. es zu verleben oder günstig zu verpachten. Vorteilhaft war diese plötzliche Freisetzung wegen des Mangels unmittelbarer verfügbarer Arbeitskräfte nicht in allen Fällen. Die Minderungen des bäuerlichen Landanteils (otrezki) sind nach Kreisen untersucht: es bestätigt sich die von *Litvak* zuerst in seiner Kandidatendissertation von 1956 aufgestellte, von *Zajončkovskij* 1958 und 1960 bestrittene These, daß die Veränderung von der Art der Wirtschaftsführung vor der Reform und den Plänen der Gutsherren für ihre künftige Wirtschaft abhinge. Wo zinsende Bauern mehr als den künftigen maximalen Normanteil bisher genutzt hatten, verloren sie unter Umständen recht viel Land, da der Zins nicht erhöht werden durfte und die erste Desjatine des zuzuteilenden Landes als Ersatz für den Verlust der Leibeigenen als Person bzw. Arbeitskraft in Zins höher bewertet worden ist. Wo Fronbauern künftig bis zur Ablösung weiter arbeiten würden, bekamen sie unter Umständen noch zusätzliche Landanteile (prirezki). Am Beispiele des Dichters Turgenev, der seinen Bauern erhebliches Land abnahm, erläutert der Verfasser, daß das Vorgehen der Gutsherren nicht von ihren negativen persönlichen Eigenschaften abhing, sondern von den objektiven Existenzbedingungen ihrer eigenen Wirtschaft wie der ihrer Bauern bestimmt war (S. 223). Wo nach dem Gesetz der Jahreszins gegenüber dem bisherigen erhöht wurde (9 Rubel), haben die Bauern auch auf einen Teil ihres ihnen zustehenden Anteiles verzichtet. Die Kürzung bzw. Vergrößerung des Landanteils hing allem Anschein nach nicht nur von den jeweiligen Maximal- oder Minimalnormanteilen ab, sondern von den jeweiligen Interessen beider Parteien bestimmten künftigen Pflichtigkeiten. Man kann allgemein sagen: je schlechter der Boden, um so großzügiger wurde der Landanteil berechnet. Größere Besitzer, die entweder schon vor der Reform eine Eigenwirtschaft betrieben hatten oder genügend Geld besaßen, eine solche aufzuabuen, haben ihre fronenden Bauern vielfach geschont und sich mit der Ablösung nicht beeilt. Es bleibt nur offen, ob sich diese Gutsherren nicht manchmal verkalkuliert haben, insofern nach geminderter Strafgewalt die Fronwirtschaft sich als unrentabel erwies oder erhebliches Inventar hinzugekauft werden mußte. Im Effekt haben öfters die Bauern durch ihren passiven Widerstand Termin und Bedingungen der Ablösung bestimmt. Die Besitzer von Gütern mit Zinspflichtigen sind bei größerem Landgewinn besser davon gekommen, da sie nun einen Fundus verpachtbaren Landes zur Verfügung hatten, der mehr als das Doppelte des möglicherweise entgangenen Zinses, (im Vergleich zur Zeit vor der Reform) ausmachte. Während die Zinsbauern den Binnenmarkt durch Gewerbe, Handel oder sonstige Neben- bzw. Hauptverdienste schon früher kannten, war dies bei „Gemischtpflichtigen" oder

Fronbauern nicht immer der Fall, es sei denn, die örtlichen Markt-
beziehungen änderten sich durch Eisenbahnbau grundlegend.

Überdies kam die Reform in erster Linie den Besitzern größerer Güter
(über 100 Seelen) zugute, die von dem Landverlust der Gutsbauern von
insgesamt 14,4 % nicht weniger als 86,4 % einsteckten. Man müßte eine
Rechnung des Verhältnisses von „Seelen" und Desjatinen pro Betrieb und
Bodenklasse aufstellen können, um abzuschätzen wo im Durchschnitt der
Gutsbetrieb nach der Reform objektiv lebensfähig blieb. *Litvak* stellt fest,
daß die durchschnittliche Landausstattung pro Bauernhof (11,8 Desjatinen
im Gouvernement Rjazan', bzw. 13,6 Desjatinen in Orel auch nach Lenins
Kriterien als ausreichend bezeichnet werden konnte. Die Verelendung
(S. 320) ist in erster Linie der Bevölkerungszunahme, der Teilung der
großen Höfe und der Auslaugung des Bodens zuzuschreiben.

In einem weiteren Hauptteil wird der Prozeß der Ablösung behandelt:
ihr Tempo bis zur Pflichtablösung seit 1881 hing an der Verschuldung der
Gutsherren bzw. am Wert des Landes — je besser der Boden, desto länger
wollten die Herren an der Fronwirtschaft festhalten, was nicht immer gelang. Die Bauern konnten um so hartnäckiger bleiben, je besser sie über
die Finanzverhältnisse ihrer Gutsherren informiert waren. Ganz anders
bei den Zinsbauern, deren Herren den Übergang zur Ablösung zu verhindern suchten; in allen Fällen war die Jahresrate der Ablösungssumme
niedriger als der bisherige Jahreszins. —

Doch waren längst nicht alle Gutsherren nahe am Bankrott die Deposita
in den russischen Banken waren zeitweise die höchsten in Europa (S. 379).
Zinsgüter waren übrigens in der Regel stärker belastet als Frongüter, was
gegen die These von der tödlichen Krise der Fronwirtschaft spricht (S. 384).
Auf der anderen Seite überstiegen die Bodenpreise auf dem freien Markt
mindestens seit 1882 die Ablösungssummen wesentlich: der Widerstand der
Bauern richtete sich lange Zeit weniger gegen die Höhe der Ablösungszahlungen, vielmehr ging der Streit um Lage und Qualität der endlich zu
separderenden Landstücke. Die Ablösung hat den Bauern umso stärker
beschwert, als sie ihre allgemeinde Lge verschlechterte. Unstreitig haben
sie die gesamte Ablösungssumme weit überzahlt (im hier behandelten Gebiet um 115 Mill. Rubel). Das Geschäft hat die Staatskasse gemacht, vor
allem weil sie auf diese Weise die Schulden der Gutsbesitzer einziehen
konnte. Insofern die Dorfgemeinde mit den Ablösungsverpflichtungen belastet war und nicht der einzelne Hof sich freikaufte, verloren unter der
Hand die wirtschaftlich Schwächeren durch die Zahlungsrückstände ihre
Existenzgrundlage.

Das Buch ist keine leichte Lektüre, und der Autor läßt eher die Tatsachen sprechen als daß er rasch verallgemeinere. Es liegt auf der Hand, daß diese Arbeit für die Beurteilung der Sozialgeschichte Rußlands im 19. Jahrhundert geradezu revolutionierend sein wird.

PERSONEN- UND AUTORENREGISTER

GEOGRAPHISCHES REGISTER
(Regionen, Gouvernements und Fremdvölker)